U0883109

权威·前沿·原创

皮书系列为

“十二五”“十三五”“十四五”时期国家重点出版物出版专项规划项目

BLUE BOOK

智库成果出版与传播平台

北京社会心态蓝皮书
BLUE BOOK OF BEIJING SOCIAL MENTALITY

北京社会心态分析报告（2022~2023）

ANNUAL REPORT ON BEIJING SOCIAL MENTALITY (2022-2023)

组织编写 / 北京市社会心理服务促进中心

社会科学文献出版社
SOCIAL SCIENCES ACADEMIC PRESS (CHINA)

图书在版编目(CIP)数据

北京社会心态分析报告.2022~2023/北京市社会心理服务促进中心组织编写.--北京：社会科学文献出版社，2023.9
（北京社会心态蓝皮书）
ISBN 978-7-5228-2210-5

Ⅰ.①北… Ⅱ.①北… Ⅲ.①社会心理-研究报告-北京-2022-2023 Ⅳ.①C912.6

中国国家版本馆CIP数据核字（2023）第141157号

北京社会心态蓝皮书
北京社会心态分析报告（2022~2023）

组织编写／北京市社会心理服务促进中心

出 版 人／冀祥德
组稿编辑／邓泳红
责任编辑／桂 芳
责任印制／王京美

出 版／社会科学文献出版社·皮书出版分社（010）59367127
地址：北京市北三环中路甲29号院华龙大厦 邮编：100029
网址：www.ssap.com.cn
发 行／社会科学文献出版社（010）59367028
印 装／天津千鹤文化传播有限公司

规 格／开 本：787mm×1092mm 1/16
印 张：22 字 数：329千字
版 次／2023年9月第1版 2023年9月第1次印刷
书 号／ISBN 978-7-5228-2210-5
定 价／168.00元

读者服务电话：4008918866

《北京社会心态分析报告（2022~2023）》
编 委 会

主要编撰者简介

王业涌　北京市社会心理服务促进中心主任。

张胸宽　北京市社会心理服务促进中心副主任，北京市社会心理工作联合会副会长，毕业于中国社会科学院法学研究所，获法学博士学位，社会学博士后。主要从事社会心态和社会心理服务相关研究工作，担任北京市社会心理工作总督导，任《北京社会心态分析报告》副主编，专著有《司法侵权损害赔偿简明读本》《行政侵权损害赔偿简明读本》《工伤事故损害赔偿简明读本》等，发表《论民事诉讼法的诚信原则》《深圳精神抚育独立我的行为方式》等论文，组织起草制定《北京市加强社会心理服务体系建设的意见》等政策性文件。

王　惠　北京市社会心理服务促进中心研究部部长，北京婚姻家庭协会专家库专家，国家二级心理咨询师。主要研究方向为社会心理基础理论与实践应用研究、社会心态监测与分析。2004 年以来，多篇研究成果被刊登在《北京调研》《北京信息》《北京观察》《数据》《北京妇女》等期刊，多篇调研成果为市委研究室、市委组织部、市直属机关团工委、市容管委、市城管执法大队提供决策依据。2016 年至 2022 年，曾五度担任《北京社会心态分析报告》执行主编，参与编写《北京市加强社会心理服务体系建设的意见》《北京市“十四五”时期社会治理规划》《北京市“十四五”时期民政事业发展规划》，工作以来累积研究成果 46 万余字，编著成果 190 万余字。

杨智辉　北京林业大学人文社会科学学院心理学教授，博士生导师，美国佐治亚大学教育学院访问学者，主要研究方向为心理咨询与治疗、生态环境与个体发展。担任中国心理学会临床与咨询专委会委员、中国社会心理学会生态与环境心理学专委会委员、北京市社会心理学会理事。

石孟磊　北京师范大学心理学硕士，国家二级心理咨询师。目前在北京市社会心理服务促进中心从事心理学研究工作，研究领域是社会心态。参与过多项市级研究课题，连续多年参与《北京社会心态分析报告》的调研与报告撰写工作，并发表过《社会心态研究述评：概念、结构与测量》等多篇专业论文。擅长心理学科普写作与翻译工作。目前已出版《生活中的心理学》《开车心理学》等多本著作以及《论人的成长》《依恋理论与精神分析》《让思维自由起来》《不要对我说谎》《再也不见，拖延症》《告别拖延磨蹭的五步练习法》《心理学家看儿童艺术》《爱情是一个故事》等数十本译作。

摘 要

本书是北京市社会心理服务促进中心“北京社会心态研究”课题组在北京市委社会工作委员会和市民政局相关领导的指导下组织编写的第十部“北京社会心态蓝皮书”。本书主要包括三部分：总报告、社会心态调查篇和社会心理服务篇。社会心态方面，北京市居民的获得感、幸福感、安全感和心理健康处于中等偏上水平，应着重关注获得体验、公共安全感和职业安全感等的提升。北京市居民在工作、绿化及交通等方面的生活满意度相对较高，通勤时间、住房、停车设施以及老年居民的社会支持问题应得到重点关注。在社会心理服务方面，社会工作质量整体较高，但仍有较大的进步空间，应完善现有社会心理服务体系，强化网络社会心态监测，搭建普惠大众的服务体系，开展社会工作特殊问题培训，提高基层组织的治理本领。

基于调查，我们期望能够进一步了解北京市居民的社会心态，查明北京市社会心理服务建设现状，为培育自尊自信、理性平和以及积极向上的社会心态提供数据支持和理论依据。

关键词： 北京市　社会心态　心理健康　社会心理服务

目 录

I 总报告

II 社会心态调查篇

Ⅲ 社会心理服务篇

总报告

General Report

B.1

北京市社会心态现状与社会心理服务建设（2022~2023）

杨智辉　陈晓岩　杨靖渊*

摘　要： 本报告分析了北京市居民社会心态现状和社会心理服务体系建设现状。在社会认知方面，居民的获得感整体较高，应注重获得体验的提升；2019~2022年，北京市居民的主观幸福感水平呈稳步提升趋势；居民的社会安全感处于中等偏上水平，新冠疫情背景下居民的公共安全感和职业安全感相对较低；北京市居民的生活满意度在工作、绿化和交通等方面相对较高，应重点关注通勤时间、住房以及停车设施；在社会需求方面，相对于物质需求，老年居民更需要精神慰藉和家政服务；在社会情绪方面，北京冬奥会通过科技和民族文化提高了居民的民族自豪感；居民对热点事

* 杨智辉，北京林业大学人文社会科学学院教授，博士生导师，主要研究方向为心理咨询与治疗、生态环境与个体发展；陈晓岩，北京林业大学人文社会科学学院在读博士研究生，主要研究方向为社会与生态环境心理学；杨靖渊，北京林业大学人文社会科学学院在读硕士研究生，主要研究方向为临床心理学。

件的关注揭示了居民的公平正义价值观和国家认同感；自然接触可以提高居民的积极情绪；在心理健康方面，北京市居民的心理健康处于中等偏上水平，2019~2022 年呈先上升后下降趋势。就北京市居民对社会心理服务体系建设的认知而言，社区工作及社会工作质量整体较高，但仍有较大的进步空间，应完善现有社会心理服务体系，以促进北京市居民积极社会心态的引导培育。建议加强对居民心理健康的筛查，强化网络社会心态监测，搭建普惠大众的服务体系，开展社会工作特殊问题培训，提高基层组织的治理本领。

关键词： 社会心态　社会心理服务体系　北京市居民

一　社会心态的内涵与结构

社会心态（social mentality）指一段时间内普遍存在于居民群体中的心境状态[①]。社会心态的结构与维度在研究中被不断发展。杨宜音首先提出社会心态包括社会情绪、社会共识和社会价值取向三个维度，随后有学者在此基础上增加了“社会行为意向”，王俊秀进行了进一步补充与完善，在社会认知、社会需求、社会情绪、社会价值观和社会行为五个维度的基础上提出了二级测量指标，得到了学界和实务界的广泛认同。其中，社会认知指个体对其他社会群体行为及其行为发展变化规律的感知与认知，包括社会安全感、社会幸福感、社会自我效能感；社会需求指社会群体为了满足美好生活

① 杨宜音：《个体与宏观社会的心理关系：社会心态概念的界定》，《社会学研究》2006 年第 4 期。

需要而对生理、心理、经济、文化和社会的需求[①]，包括基本需求和中间需求[②]；社会情绪指社会成员对于各类社会现象的情感性反应及评价，包括社会焦虑、社会浮躁、社会愉悦等情绪；社会价值观是个体的价值准则，该准则可帮助个体评价社会现象及群体行为，当某一价值观被社会成员普遍接受，这一价值观就成了社会价值观，社会价值观包括国家观念、公民观念、人际观念和文化观念等；社会行为倾向指某种集体行动发生的可能性，包括公共参与、利他行为和矛盾化解策略等[③]。

社会心态的五个维度会相互影响、共同变动。社会需求直接反映社会现实，因而变动最为剧烈，是变动的社会心态；社会认知是稳定性社会心态，受社会需求是否被满足及社会情绪感受的影响；社会情绪由社会事件和社会需求直接影响，是阶段性社会心态；社会价值观是超稳定社会心态，发生变动的频率更低，维持时间更久，与社会需求、社会情绪和社会认知共同影响社会行为倾向。笔者认为，社会认知、社会需求和社会情绪是社会心态的直接反映，三者会对居民的心理健康状态共同产生影响。因此，本研究对社会心态的研究将围绕以下框架开展（见图 1）。

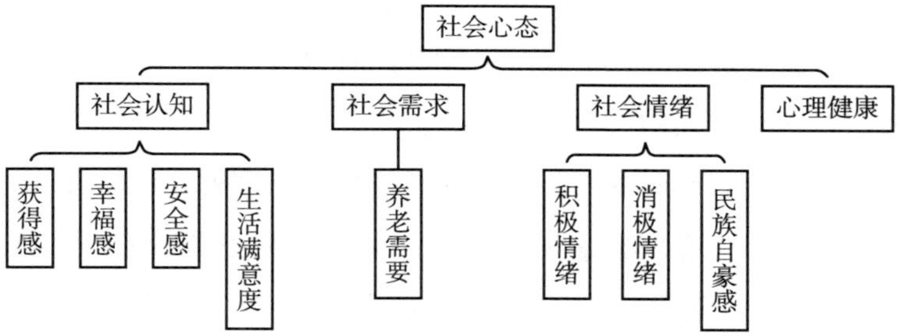

图 1　社会心态的内容和结构

① 刘继同：《美好生活需要满足与现代社会需求理论体系——现代社会福利制度化目标与原理》，《南开学报》（哲学社会科学版）2022 年第 4 期。

② 王俊秀：《社会心态：转型社会的社会心理研究》，《社会学研究》2014 年第 1 期。

③ 王俊秀：《社会心态的结构和指标体系》，《社会科学战线》2013 年第 2 期。

二　社会心理服务体系建设的内涵

良好社会心态的培育不仅可以通过培育共同积极情感，让个体的尊重需求、关系需求和自我实现需求得以满足，还有利于化解社会矛盾、维护社会稳定并促进公众幸福感的提升。基于此，国家出台一系列政策纲领对社会心态的建设做出指示。2006 年 10 月，《中共中央关于构建社会主义和谐社会若干重大问题的决定》指出，应塑造自尊自信、理性平和、积极向上的社会心态。随后，国家“十二五”规划纲要明确提出要加强人文关怀、弘扬科学精神，注重心理疏导，培育奋发进取、理性平和、开放包容的社会心态，培育和引导社会心态正式被纳入政府执政纲领。2017 年 10 月 18 日，党的十九大报告使社会心理服务体系建设正式被纳入国家战略，报告要求加强社会心理服务体系建设，培育自尊自信、理性平和、积极向上的社会心态[①]。2018 年，国家卫健委、中央政法委、中宣部等十部委联合下发了《关于印发全国社会心理服务体系建设试点工作方案的通知》，要求试点地区建设社会心理服务模式和工作机制，并要求到 2021 年底，试点地区逐步建立健全社会心理服务体系。在上述政策发布的背景下，学界对社会心理服务体系内涵界定及建设方案的讨论如火如荼。

目前，对社会心理服务体系的内涵有三种不同理解，有学者认为社会心理服务的目的为通过心理健康服务提升个体的心理健康水平，进而促进社会稳定[②]，因此社会心理服务是个体心理健康服务的整合与延续，其理论与实践应包含在个体心理服务的范畴中；有的学者则着眼于社会治理，提出社会心理服务并不仅是个体心理健康服务的拓展，更应成为社会治理的方式[③]。

---

① 吕小康、汪新建：《建设“力”“美”兼具的中国特色社会心理学》，《心理技术与应用》2020 年第 4 期。

② 陈雪峰：《用第三方评估促进社会心理服务体系建设》，《心理技术与应用》2018 年第 10 期。

③ 辛自强：《社会心理服务体系建设的定位与思路》，《心理技术与应用》2018 年第 5 期。

还有学者认为上述“心理健康服务观”与“社会治理观”并不冲突，具体来说，即社会心理服务可以为社会治理提供有效补充，良好的社会治理可以促进心理健康建设①。综合上述观点，大部分学者认为社会心理服务体系的建设应综合提升居民心理健康水平和补充社会治理功能②，运用心理学理念及技术解决社会治理难题③，即除了包括社会心理健康服务，还应包含积极社会心态培育和网络社会心态监测等。基于此观点，本研究阐述北京市居民的社会心态现状、社会心理服务体系建设现状、存在的问题及政策建议。

三　北京市居民社会心态现状

我们使用问卷调查法和网络数据分析法等从社会认知、社会情绪和社会需求三方面对北京市居民的社会心态现状进行了调查（本报告为本书主要观点和结论的汇总，具体被试信息见各分报告。）

在社会认知方面，首先，党的十九大报告指出要“使人民获得感、幸福感、安全感更加充实、更有保障、更可持续”，党的二十大报告中继续提出要让“人民群众获得感、幸福感、安全感更加充实、更有保障、更可持续”。获得感来自物质的满足，幸福感体现的是精神的愉悦，安全感归根结底来自对制度的稳定预期。“三感”紧密联系、相互作用。没有获得，幸福无从依靠；没有幸福，获得失去意义；没有安全，获得和幸福无从保障。因此，本调查从获得感、幸福感和安全感角度对北京市居民的社会心态进行分析。其次，生活满意度是个人基于自身情况给自己设定的标准，对生活质量作出主观评价，这也是衡量某一个社会人们生活质量的重要参数。随着物质生活水平的提高，人们对生活品质的追求也越来越高，生活满意度成功引起

① 王山：《社会心理服务的基层社会治理功能及其实现路径》，《安徽师范大学学报》（人文社会科学版）2020 年第 3 期。

② 王俊秀：《多重整合的社会心理服务体系：政策逻辑、建构策略与基本内核》，《心理科学进展》2020 年第 1 期。

③ 辛自强：《社会心理服务体系建设的定位与思路》，《心理技术与应用》2018 年第 5 期。

了人们的注意。由此，我们对北京市居民的生活满意度进行了分析，也就工作、婚姻和居住环境等与居民生活息息相关的问题进行了满意度调查。

在社会情绪方面，社会情绪可以分为积极、正向的情绪和消极、负向的情绪。在成熟健康的社会中，主导的情绪是积极、正向的。2020 年初新冠疫情突发后，居民处在疫情防控常态化背景下，社会情绪的状态或特点如何？本调查分析了 2019～2022 年北京市居民的积极和消极情绪特点。另外，党的二十大报告指出：“站在人与自然和谐共生的高度谋划发展。”人与自然的和谐共生是马克思主义生态自然观的核心。马克思在《1844 年经济学哲学手稿》中首次提出了人与自然的关系：自然界，就它自身不是人的身体而言，是人的无机的身体。在纪念马克思诞辰 200 周年大会上，习近平总书记阐明了“人类在同自然的互动中生产、生活、发展”。近年来，研究者越来越关注自然环境对个体身心健康的积极影响。因此，本调查也分析了自然接触频率、时间以及距自然场所的距离与居民积极情感的关系。民族自豪感是一种积极情感。2022 年 2 月 4 日，第二十四届冬季奥林匹克运动会开幕式在北京国家体育场举行，每个创意都让人拍案叫绝，每种情怀都直抵人心，向世界展现了一个科技文明和东方传统文化有机结合的中国，展现了中华民族的民族自信，体现了中国人强烈的民族自豪感。由此，本调查从民族自豪感的角度对北京市居民的社会心态进行了分析。

在社会需求方面，人口老龄化已经成为我国不可忽视的现实问题。根据 2020 年第七次全国人口普查数据，我国 60 岁及以上人口占全国人口的 18.70%，比 2010 年增长 5.44 个百分点。其中，北京市 60 岁及以上人口占全市人口的 19.63%，已远高于老龄化的划界标准。受年龄增长、精神体力衰弱以及退休丧偶等因素的影响，老人仅凭自己的力量无法解决生活中遇到的部分问题，对社会表现出敏感和依赖。党的二十大报告强调，要“实施积极应对人口老龄化国家战略”。本调查对北京市老年人的养老需求进行了分析。

最后，个体的心理健康是社会心态的重要组成部分。心理健康是人在成长和发展过程中形成的，认知合理、情绪稳定、行为适当、人际和谐和适应变化等是良好的心理健康状态。心理健康问题是影响经济社会发展的重大公共卫生问题和社会问题，心理健康服务涉及社会生活的方方面面，涉及社会各行业各领域及每一个社会成员，具有社会性和普遍性。《健康中国行动（2019—2030年）》指出，目前中国抑郁症患病率达到2.1%，心理疾患是不容忽视的社会问题。由此，我们也对居民的心理健康进行了调查。

经过调查分析，我们发现北京市居民的社会心态有以下几个特点。

（一）居民的获得感整体较高，应注重获得体验的提升

获得感反映的是民众在日常生活中感受到的基于国家制度建设而获得的实实在在的物质保障。本调查采用董洪杰、谭旭运、豆雪姣和王俊秀在2019年编制的《中国人获得感量表》①，该量表由获得体验、获得环境、获得内容、获得途径、获得分享五个维度构成。获得体验强调个体得到外部满足后的感受，比如圆满、幸福、愉快等；获得环境体现帮助个体实现需要的主客观现实条件，比如社会政策、社会风气等；获得内容强调个体的需求，比如金钱、地位、尊严等；获得途径强调个体获得满足的主观能动性，比如把握机会、拼搏奋斗等；获得分享强调个体获得之后积极参与社会建设，更多地回报社会，与他人分享成果如帮助他人等。

调查结果显示，北京市居民的获得感总分为75.43分（中值=50分），处于中等偏上水平。党的十八大以来，北京市始终坚持以人民为中心的发展思想，在立足新发展阶段、推动经济社会高质量发展的同时，持续加大稳就业、促增收、惠民生政策实施力度，城乡收入差距逐年缩小，共同富裕扎实推进，居民消费稳步增长，消费结构优化升级，人民群众的获得感显著提升。

对获得感各个维度的得分进行分析，获得体验维度为66.07分，获得环境维度为71.38分，获得内容维度为67.74分，获得途径维度为78.66分，获得分享维度为82.39分。单因素方差分析结果显示五个维度之间的得分具

① 董洪杰、谭旭运、豆雪姣、王俊秀：《中国人获得感的结构研究》，《心理学探新》2019年第5期。

有显著差异［F（4，16910）= 484.14，$p<0.01$］，其中获得分享维度显著高于其他维度（$ps<0.01$），而获得体验维度显著低于其他维度（$ps<0.01$）。不断反复的新冠疫情，给民众的生命健康带来了一定程度的威胁，破坏了人们常态化的社会交往和工作生活方式，使得负面情绪积累，造成居民的获得体验较低。

对居民的获得感进行潜剖面分析，按照获得感水平将居民分为高获得感群体、中获得感群体和低获得感群体［AIC = 139568.85；BIC = 139703.63；ABIC = 139633.73；Entropy = 0.80；LMRT（P）<0.01；BLRT（P）<0.01］。其中低获得感群体约占17.10%，中获得感群体约占42.00%，高获得感群体约占40.90%。中高水平获得感居民占82.90%，这验证了北京市居民的获得感处于中等偏上水平。高获得感群体在获得感各个维度上的得分都较高，低获得感群体在获得感各个维度上的得分都较低。中获得感群体在获得体验和获得内容维度上的得分较低，获得分享和获得途径维度上的得分较高。因此，在重点关注低获得感群体的同时，也应重点关注中获得感群体获得体验和获得内容的提升。

为了解不同群体居民的获得感特点，本报告分析不同工作状态、婚姻状态、受教育程度和籍贯居民的获得感后发现，已婚居民、有正式工作的居民、高收入居民、硕士及以上学历居民和京籍居民的获得感水平相对较高。以下群体的获得感水平需重点关注：未婚、离异和丧偶居民；有临时工作，无业、失业或下岗以及离退休居民；低收入居民；高中及以下学历的居民；非京籍居民。

为更加全面且真实地了解北京市居民的获得感现状及其需求，本调查基于获得感的定义，通过查阅文献和浏览微博确定获得感相关的关键词。使用python3.6.5获取了公开且有效的微博文本。结果表明，北京市居民对房子、就业和工资等方面的获得感较为关注。例如，有北京市民在微博上表示："最最最关心住房问题！什么都涨价，工资不涨，挣的金钱都给房子了！还得养孩子老人！真的好累啊!!"

（二）2019~2022年，北京市居民的主观幸福感水平呈稳步提升趋势

中国共产党从诞生那一天起，就把“为中国人民谋幸福、为中华民族谋复兴”作为自己的初心使命，100 多年来一直为人民利益而奋斗。2018 年 12 月 10 日，习近平总书记在致纪念《世界人权宣言》发表 70 周年座谈会的贺信中首次明确提出：“人民幸福生活是最大的人权”这一重要论断。

本调查使用生活满意度[①]、积极情绪和消极情绪[②][③]三个指标调查北京市居民的主观幸福感水平。结果表明，北京市居民主观幸福感的得分为 59.84（中值=50），处于中等偏上水平。居民的主观幸福感水平是动态的，掌握居民主观幸福感水平的发展变化趋势有利于政府了解居民生活的基本情况，根据“依民所想”的指导思想，有针对性地开展工作，提高居民的生活质量和幸福感。本调查基于北京市社会心态的系列调查数据分析了 2019~2022 年北京市居民主观幸福感的变化发展趋势。结果表明，北京市居民的主观幸福感水平呈稳步提升趋势。党的十九大以来，强调“必须多谋民生之利、多解民生之忧，在发展中补齐民生短板、促进社会公平正义”，基于此，北京市通过“七有”和“五性”提升居民的幸福感。“七有”即幼有所育、学有所教、劳有所得、病有所医、老有所养、住有所居、弱有所扶。“五性”是北京市委提出的，包括“便利性、宜居性、多样性、公正性、安全性”，通过各种贴近民生的政策提升居民的主观幸福感，本调查结果反映了以上政策取得了实际效果。

然而，不同群体的主观幸福感存在一定的差异。本调查发现，16~20

---

① 蔡华俭、林永佳、伍秋萍、严乐、黄玄凤：《网络测验和纸笔测验的测量不变性研究——以生活满意度量表为例》，《心理学报》2008 年第 2 期。

② Watson, D., Clark, L. A., & Tellegen, A. (1988). “Development and Validation of Brief Measures of Positive and Negative Affect: The PANAS Scales”, *Journal of Personality and Social Psychology*, 54 (6), 1063-1070.

③ 邱林、郑雪、王雁飞：《积极情感消极情感量表（PANAS）的修订》，《应用心理学》2008 年第 3 期。

岁居民、61岁及以上居民、无恋爱经历居民、初中以下文化程度居民、月收入为30000元以上的居民以及在北京居住时间为9年以上的居民主观幸福感水平相对较高。其他类型居民的主观幸福感水平相对较低，应重点关注中年群体，无业、失业或下岗居民，外地农村户籍居民以及离异或丧偶居民。

另外，本调查通过问卷数据分析和网络数据分析探讨了居民主观幸福感的影响因素。结果表明，主观幸福感的影响因素主要体现在以下方面。首先，通过转变观念、睡觉、享受美食、记录生活中的小美好和做减法等方式可以提升主观幸福感。其次，来自家人或朋友的社会支持，以及人们在人际互动中获得温暖、爱与归属感可以提升主观幸福感。最后，居民对自然环境满意度和居住地配套设施满意度越高，主观幸福感越高。

（三）新冠疫情背景下，注重提升居民的公共安全感和职业安全感

社会安全感是公众对一定时期内社会系统能否保持良性运行和协调发展的主观感受，是对合法权益受到或可能受到侵害时，外界及自身能否提供保护防御措施及能达到何种保护程度的综合心理预期及反应。社会安全感反映了社会公众对社会治安状况的认同程度和对社会发展的信心水平。近年来，随着西方国家恐怖事件以及恶意枪击事件的频繁发生，越来越多的人认同中国社会环境的安全程度，并认为中国是世界上最安全的国家之一。客观来说，安全的社会环境必然会带来较高的社会安全感，然而，也有研究表明现阶段我国居民存在安全感缺失的现象[①]。本调查对北京市居民的社会安全感现状进行了分析。

采用王大为等人[②]编制的社会安全感问卷对北京市居民的社会安全感现状进行调查。该问卷包含公共安全、家庭安全、职业安全、社会稳定、身体安全和社区安全6个方面。结果表明，北京市居民的社会安全感平均得分为

① 陈晓冰、张文宏：《不公正待遇对居民社会安全感的影响》，《社会发展研究》2022年第2期。

② 王大为、张潘仕、王俊秀：《中国居民社会安全感调查》，《统计研究》2002年第9期。

64.11（中值为60），处于中等偏上水平，表明北京市居民的整体社会安全感良好。具体来看，在社会安全感的各个维度中，职业安全感和公共安全感显著低于社会安全感总分、家庭安全感、社会稳定感、身体安全感和社区安全感（$ps<0.05$）。这可能是因为新冠疫情给居民的公共安全感知带来了非常大的冲击。另外，新冠疫情也在一定程度上影响了经济形势，互联网大厂及制造业等裁员现象普遍发生，导致居民产生职业危机感。

为全面了解北京市居民的社会安全感现状，我们根据社会安全感的六个分维度确定了68个关键词，包括"裁员""城乡差距""单亲家庭""电信诈骗""居住安全""疫情"等，并使用python3.6.5获取了北京市居民的微博公开文本，得出了与问卷数据相同的结果，职业安全感依旧是居民关心的主要内容之一。例如有居民表示："看知乎被裁员前的征兆，突然想起来自己竟然还妄想年终奖，真想裁你怎么会给个好绩效，没有好绩效怎么有年终奖啊。"另外，自我发展、人际关系、经济下行以及婚姻生育等也是北京市居民关注的重点内容。

对居民的社会安全感进行潜剖面分析，按照安全感水平将居民分为高安全感群体、中安全感群体和低安全感群体［AIC = 94690.400；BIC = 94851.074；ABIC = 94768.459；Entropy = 0.894；LMRT（P）<0.00；BLRT（P）<0.00］。其中高安全感群体约占22.9%，中安全感群体约占56.3%，低安全感群体约占20.8%。这一结果表明，绝大一部分居民为中安全感，与已有研究基本一致①。进一步分析发现，低安全感群体中，中专或职高学历居民，无业、失业或下岗居民，无房产居民所占比例较高，应予以重点关注。

（四）北京市居民的生活满意度稳步提升，对通勤时间问题需重点关注

生活满意度指个人基于自身情况给自己设定标准，据此对生活质量作出

① 陈晓冰、张文宏：《不公正待遇对居民社会安全感的影响》，《社会发展研究》2022年第2期。

的主观评价，同时这也是衡量某一个社会群体生活质量的重要参数。生活满意度不仅是个人对自己生活质量等各方面的综合判断，作为认知因素，它还影响个人的情绪以及各方面体验，从而影响个人对生活目标的制定以及对行为追求的取向，甚至会对整个社会产生影响。首先，使用蔡华俭等人①编制的《生活满意度》量表进行调查，结果表明，2022 年北京市居民的生活满意度得分为 62.32（百分制），处于中等偏上水平。另外，我们基于北京社会心态的系列调查对 2019~2022 年北京市居民的生活满意度进行对比分析，发现居民的满意度呈稳步提升趋势。

为进一步了解北京市居民的生活满意度，我们从与居民生活息息相关的工作、婚姻、居住环境和服务设施等方面入手调查生活满意度。结果如下。

1. 市民工作上最不满意的方面为通勤时间，其次为晋升机会、收入及福利待遇

本调查采用自编题目，询问居民对于工作环境、收入及福利待遇、同事关系、与领导关系、晋升机会和通勤时间的满意度。结果表明 10.30%的市民对通勤时间不太满意；9.40%的市民对收入及福利待遇不太满意；7.80%的市民对晋升机会不太满意。其中，通勤时间是比较突出的问题。因为时间对于每个人来说都是有限的，人们在生活中不只是为了一日三餐奔波，还需要满足自己的精神生活。人们每天在经过超长的通勤时间后，拖着疲惫的身体回到家中，其实真正留给自己的可用时间并不多，虽然想利用每天的下班时间看书、跑步以充实提高自己，却会被超长通勤时间耗费得没有精力。

为进一步了解北京市居民通勤时间与工作满意度和职业倦怠的关系，我们采用李超平等人②编制的《职业倦怠量表》对居民的职业倦怠程度进行了测量。结果表明，通勤时间在 0.5 小时以内的居民工作满意度最高且工作倦

---

① 蔡华俭、林永佳、伍秋萍、严乐、黄玄凤：《网络测验和纸笔测验的测量不变性研究——以生活满意度量表为例》，《心理学报》2008 年第 2 期。

② 李超平、汪海梅：《时间管理与教师工作倦怠的关系》，《中国临床心理学杂志》2009 年第 1 期。

息程度最低，其次是通勤时间为 0.5~1 小时的居民，工作时长为 6~7 小时的居民工作满意度最高。

2. 婚姻满意度高的市民继续生育的意愿更强烈

本调查探讨了居民婚姻满意度与生育意愿之间的关系。首先，采用 Olson 婚姻质量问卷中的婚姻满意度分量表①调查居民的婚姻满意度。结果表明，男性市民的婚姻满意度高于女性。女性市民的婚姻满意度为 75.14 分（百分制，下同），男性市民的婚姻满意度平均分为 79.80 分。另外，无论是未生育、已有一孩还是已有二孩的市民，有要下一胎打算以及还在犹豫的市民的婚姻满意度都高于没有要下一胎打算的市民。其中，已有二孩且有要下一胎打算的居民，婚姻满意度最高。

3. 市民对北京市自然环境的满意度总体处于中上等水平，居住地距离中心城区较远的市民对环境的满意度更高

为了解居民自然环境满意度现状，促进人与自然和谐共生，本调查采用訾非等人②编制的《城市环境满意度》量表对居民的城市环境满意度进行分析。结果发现，市民对北京市自然环境的满意度总体较高，居住地距离中心城区较远的市民对环境的满意度更高，包括延庆区、大兴区、通州区、密云区、门头沟区等。

4. 石景山区、平谷区和顺义区的市民对居住地周边设施配备的满意度较低

使用自编问卷对居住地周边设施配备的满意度进行调查分析。结果显示，北京市各区居民对居住地周边设施配备的满意度均较高。然而，各区市民对居住地周边设施的满意度差距较大，石景山区、顺义区和平谷区市民的居住地周边设施配备的满意度得分较低，在 16 区中位于最后三位。

---

① Fowers, B. J., & Olson, D. H. Enrich Marital Satisfaction Scale: A Brief Research and Clinical Tool. *Journal of Family Psychology*, 1993, 7 (2), pp. 176-185。

② 訾非、杨智辉、张帆等：《中国 10 城市环境满意度和生活满意度调查报告》，《北京林业大学学报》（社会科学版）2012 年第 4 期。

（五）自然接触可以提高居民的积极情绪

积极情绪就是让人感觉良好的情绪，比如喜悦、感激、宁静、希望、自豪、爱。积极情绪能够让一个人变得更积极，还能改变处事方法，取代即时快感，扩展思维，增进人际交往。积极情绪与消极情绪是相对而言的，面对生活的压力与历练，若积极情绪战胜了消极情绪，会促进人的进步，激发人性的优点使之为善；若消极情绪战胜了积极情绪，会阻碍人的进步，激发人性的缺点使之为恶。因此，本调查采用邱林等人（2008）修订的《积极情感消极情感量表》对北京市居民的积极和消极情绪进行了连续调查[①]。结果显示，与2019~2021年相比，居民的积极情绪在2022年有所下降。这可能是因为居民长期处于新冠疫情管控的生活环境下，购物、交往、娱乐、出行等受到影响，产生疲态，期望疫情消失、恢复到疫情前的生活状态。另外，居民的消极情感在不同年份间变化幅度较大，但总体而言处于较低水平。

另外，本调查采用自编居民自然接触问卷，调查了被试每周去自然场所的频率、从居住地到自然场所的距离和所需时间、去自然场所的方式、在自然场所停留的时间和活动类型等（该自然场所为居民最常去的公园、绿地、植物园或森林等），分析了自然环境接触与居民积极情感的关系。结果表明，居民接触自然环境的频次越高，积极情感水平越高；居民距自然场所的距离越近，积极情感水平越高；在自然场所中停留不同时间的居民，积极情感水平无显著差异；根据彭慧蕴的研究[②]，人们在自然场所的活动类型包括放松和思考（如静坐、看书、冥想、用餐、呼吸清新空气等）、接触自然（如欣赏自然美景、观赏动植物、听鸟鸣和水声等）、社会交往（如聊天、聚会、打牌、喝茶等）、设施活动（如依托娱乐设施、健身设施的活动）、场地活动（如球类运动、舞蹈武术等健身活动）、自由活动（如嬉戏玩耍、拍照、带小孩等活动）、散步、跑步和因工作或生

① 邱林、郑雪、王雁飞：《积极情感消极情感量表（PANAS）的修订》，《应用心理学》2008年第3期。

② 彭慧蕴：《社区公园恢复性环境影响机制及空间优化》，重庆大学博士学位论文，2017。

活需要而穿越公园等。居民的积极情感水平与其在自然场所进行各类活动均具有显著相关性。

另外，从北京市各区中选取热门公园，例如海淀区的玉渊潭公园、朝阳区的奥林匹克森林公园和西城区的北京动物园等，通过微博搜索原创微博地点定位，对相关定位的原创微博进行搜索和分析。结果发现，83.86%的微博文本展示出积极情感。其中，微风、春天、摄影、花花、天气、夏天、爬山等词出现得较多，表示该类词语能够引发更多居民的积极情感。

（六）北京冬奥会通过科技和民族文化提高了居民的民族自豪感

民族自豪感是在各民族互动的社会背景下，人民对自我民族身份的肯定和对民族的积极情感，是人们对本民族的历史文化、传统精神、价值取向、现实状况和未来发展等高度认同和充满信心的表现。民族自豪感是一种积极的情感，能够加强本民族同胞的认同感和自信心，从而使之以乐观的心态、饱满的热情、向上的精神投身到中华民族伟大复兴的道路之中。从人类发展的历史来看，民族自豪感与民族的发展相辅相成。一个强大的国家和民族，必然有其精神力量的支撑，这样才能够坚持民族的发展方向。中华民族传承几千年，在变化万千的世界中始终立于不败之地，并且逐渐发展壮大，民族自豪感就是中华民族发展的动力源泉。

本调查采用田园①编制的国家认同感问卷中的部分题目对北京市居民的民族自豪感进行分析。结果表明，北京市居民的民族自豪感得分均值为86.15分，显著高于中位数50.5分，处于较高水平。然而，不同群体居民的民族自豪感水平表现出差异，其中年龄差异较为突出，50岁以上居民的民族自豪感显著高于40岁及以下的居民（$ps<0.05$）。50岁以上的居民见证了国家从改革开放到富起来、强起来的发展之路。因为国家的发展，他们也获得了改变命运的机会，因此相较其他年龄段拥有更强的民族自豪感。

---

① 田园：《大学生国家认同、自我建构与其社会责任的关系》，北京师范大学博士学位论文，2017，第21页。

对于一个国家的整体发展而言，除了经济发展外，宏观政策以及人民生活保障等方面能让人民产生强烈的自豪感，体育领域作为国家软实力的展现方式之一，也同样是人民民族自豪感的重要来源。本调查分析北京市居民的民族自豪感现状及其在2022年北京冬奥会中所表现出来的民族自豪感特点。研究结果表明，在2022年北京冬奥会中，过半居民认为自己的民族自豪感源于科技成就。除此之外，体育成就、政治影响力和公平地对待社会群体也是居民的民族自豪感来源。中国的科技成就在冬奥会全过程中给人们带来强烈震撼，尤其在开幕式上，借助电子信息技术和产品，中国向世界呈现了巨型“雪花”主火炬台、冰立方“雕刻”、60米高的冰瀑屏等壮阔场景，这场融合科技感、体验感和唯美感的视听盛宴离不开人工智能、超高清渲染、5G、8K、三维仿真技术等科技创新的力量。

另外，为真实且全面地了解北京市居民在2022年北京冬奥会中表现出来的民族自豪感，本调查采用python3.6.5获取“人民日报”官方微博于2022年北京冬奥会举办期间（2022年2月4日至20日）发布的原创微博。结果表明，北京居民的民族自豪感表现在历史文化、传统精神、身份地位和比赛战绩等方面。在历史文化领域，用诗词歌赋中的意象传递情感是文化的表达形式之一（如折柳），而2022年北京冬奥会吉祥物以熊猫和灯笼的形象传播世界文明交流互鉴以及和谐发展的理念则是一种新颖的形式，其背后的寓意也源于我们的民族文化。例如，有网友表示：“中国结、十二生肖、二十四节气、迎客松、折柳送别都是我们上下五千年的文化底蕴！”

（七）老年居民更需要精神慰藉和家政服务

受年龄增长、精神体力衰弱以及退休丧偶等因素的影响，老人仅凭自己的力量无法解决生活中遇到的部分问题，对社会表现出敏感和依赖。本调查着重对北京市老年人的养老需求进行了分析。

本调查分析了老年人更希望子女为自己提供哪方面的支持或服务。调查结果表明，在精神慰藉、生活照料、物质支持等方面，82.33%的老年人更希望从子女那里得到精神慰藉。这一结果表明，多数老年人不仅希望得到子女们的陪伴，更想让子女参与到自己的精神生活中，分享自己的喜怒哀乐，他们想让子女看看，自己不仅是被照顾的弱者，他们也还有价值，也有闪闪发光的一面。

另外，本调查也探讨了老年人更希望通过什么方式养老及原因。在自我养老、家庭养老和机构养老等养老形式中，68.26%的老年人更希望可以自我养老。在考虑养老方式时，46.59%的老年居民最先考虑养老费用的多少，21.69%的老年居民最先考虑对自身需求的满足程度，20.48%的老年居民最先考虑服务的质量，10.44%的老年居民最先考虑日常照料负担大小，0.80%的老年居民最先考虑其他因素。这一结果表明，养老费用是多数老年人在选择养老方式时的首要考虑因素。

在涉及老年人最需要的服务问题上，55.42%的老年居民需要医疗服务，44.98%的老年居民需要家政服务，27.31%的老年居民需要买菜做饭，23.69%的老年居民需要娱乐服务，23.29%的老年居民需要生活陪伴，21.69%的老年居民需要心理疏导，3.21%的老年居民需要其他服务。这一结果表明医疗服务仍然是老年人最需要的服务，其次是家政和娱乐等方面的服务。

（八）北京市居民的心理健康处于中等偏上水平，2019~2022年呈先上升后下降趋势

心理健康是指个体具有正常智力、积极的情绪、和谐的人际关系、良好的人格，而保持心理健康的方法主要有调整认知、情绪管理、维持良好人际关系、自我奖励、积极运动、保证睡眠等。在如今快节奏生活的时代，每个人或多或少会存在压力，因此了解保持心理健康的方法尤为重要。国家卫生计生委、中宣部、中央综治办、民政部等22个部门共同印发的《关于加强心理健康服务的指导意见》中指出："心理健康是影响经济社会发展的重大公共卫生问题和社会问题。心理健康是健康的重要组成部分，关系广大人民群众幸福安康、影响社会和谐发展。"因此，心理健康如身体健康一样需要

我们给予重视并对其进行持续监测。

本报告采用《自测健康评定量表》[1] 中的《自测心理健康评定量表》测量北京市居民的心理健康状况。结果表明，居民的心理健康得分为62.50分（百分制），高于中值（50分），表明北京市居民具有良好的心理健康状态。另外，我们对比了2019~2022年北京市居民的心理健康水平，结果发现2019~2022年北京市居民的心理健康呈先上升后下降趋势。总体而言，居民的心理健康处于良好水平，在正常的范围内波动。2020年全球新冠疫情蔓延，不可避免地影响人们的日常工作和生活，增加压力。英国爱丁堡大学的一项研究显示，在新冠大流行期间，英国有焦虑问题的人数几乎翻了一番，并且在整个疫情期间一直保持高位，直到2021年7月完全解除新冠限制才开始缓解。据《卫报》2022年5月22日的报道，英国卫生部披露，青少年儿童的心理健康情况最堪忧，疫情期间，每月有42万英国儿童因心理健康问题接受治疗[2]。另外，不同群体居民的心理健康水平存在差异，其中女性居民，21~30岁的居民，非京籍居民，无业、失业或下岗居民的心理健康水平相对较低，应给予重点关注。家人朋友支持与较高的生活满意度、自然环境满意度及居住地配套设施满意度对北京市居民的心理健康存在正向影响。

另外，我们使用网络数据对北京市居民的心理健康问题进行分析。本研究选取抑郁症、焦虑症、双相情感障碍、暴食症、社交恐惧症及强迫症等6个方面的心理健康问题，使用python3.6.5从新浪微博平台获取2022年IP所在地为北京的用户在相关心理问题超话中发表的微博文本。结果表明，2022年北京市居民各心理障碍微博超话发博数量女性均远高于男性，可能是因为相较于男性，女性通常更倾向于通过情绪表达来宣泄情绪、疏解压力，也就是说，女性患者可能更喜欢通过发微博的形式表达自己的感受和情绪。

在几种心理健康问题中，抑郁症是现在最常见的一种心理疾病，以连续

① 许军：《自测健康及其应用研究》，《国外医学（社会医学分册）》1998年第3期。

② 《新冠疫情下的心理健康危机》，澎湃新闻，2022年6月2日。

且长期的心情低落为主要的临床特征，是现代人心理疾病最重要的类型。表现为心情低落和生活不如意不开心，情绪长时间低落消沉，从一开始的闷闷不乐到最后的悲痛欲绝，自卑、痛苦、悲观、厌世，感觉活着每一天都是在绝望地折磨自己，消极、逃避，最后甚至有自杀倾向和行为。因此，本报告重点对北京市居民的抑郁症状进行分析描述。抑郁症超话微博关键词包括负面情绪词语，如“难受”“痛苦”“苦涩”，以及反映负面情绪的动词，如“不想”“哭”。此外，一些重点词值得引起关注，如“死”“活着”，部分微博原文提到“活着已经没有什么希望了”，自杀风险较高是抑郁症人群常见的特点，这一人群需要社会重点保护及持续关注。可喜的是，存在一些积极高频词展现着抑郁症人群的自我鼓励和希望感，如“近日开心事：坚持运动了。要慢慢变得自律，慢慢变好啊！”

四　社会心理服务体系建设现状

（一）社区工作及社会工作质量整体较高，但仍有较大的进步空间

党的十九大报告明确指出“加强社会心理服务体系建设，培育自尊自信、理性平和、积极向上的社会心态”，使社会心理服务体系建设上升到社会治理的高度，成为创新社会治理体系的重要内容[①]。由于社会心态建设无法独立于经济建设、政治建设、文化建设、社会建设和生态文明建设“五位一体”的总布局，因此社会心理服务体系建设也无须在已有治理体系中单独设立建设模块，应当用整合性思维，将社会心理服务体系建设融入已有相对成熟的治理模式中[②]。在国家治理体系和治理能力现代化发展的评估中，基层社区治理能力的高低是重要标准，因为基层社区工作往往与居民面

① 林颖、蒋俊杰：《从心理疏导到社会心理服务：我国社会治理体系的重大创新》，《上海行政学院学报》2019年第4期。

② 吕小康、付春野：《社会心态治理的元理论思考》，《苏州大学学报》（教育科学版）2022年第2期。

临的实际问题密切相关，其面临的问题常常具有直接性、激烈性和紧急性。因此，将社区工作纳入社会心理体系建设的一部分是社会心理服务体系建设的题中应有之义。此外，每位居民享受社会心理服务的权利得到充分保障（如，社会心理服务体系建设的具体活动真正落实到每个居民的日常生活中）不仅需要党和政府的统一领导，还需要多方资源和主体的参与[①]。社区工作与每位居民均直接相关，可在现实层面最大程度保障社会心理服务的公共服务属性。

2018 年 11 月，国家卫健委、中央政法委等十部门联合颁发了《关于印发全国社会心理服务体系建设试点工作方案的通知》（以下简称《通知》），以“社会工作室”“社会工作服务机构”“社会工作岗位”“社会工作者”“社会工作专业人员”“社会工作专业人才”“社会工作者队伍”共七种表述形式，累计 15 次强调社会工作建设内容，并在“加强心理服务人才队伍建设”的具体规划中，把“发展心理健康领域社会工作专业队伍”放在了首位。加强社会心理服务建设，必须依托专业的社会工作是《通知》一以贯之的一条主线[②]。基于此，将社区工作和社会工作融入社会心理服务体系不仅有利于社会心理服务建设，还有利于优化公共服务供给、创新基层治理模式。

本次调查采用《社会工作价值认知量表》、《社会工作服务质量评价量表》部分题目、《社会工作满意度问卷》测量北京市居民对社会工作的价值认知、服务质量及对社区工作的满意度。其中，《社会工作满意度问卷》包含六个维度：党群服务、政务服务、法律服务、健康服务、文化服务和管理服务。调查结果显示北京市居民对社会工作的价值认知得分为 79.53 分，对社会工作的服务质量评价得分为 76.63 分，对社区工作的满意度评价得分为 75.03 分，均高于中位数水平，说明北京市居民较为肯定社会工作的社会价值，对社会工作的服务质量评价较高，对社区工作的满意度较高。本次调查

① 吕小康、汪新建：《中国社会心理服务体系的建设构想》，《心理科学》2018 年第 5 期。

② 卢俊、陈成文：《从社会心理服务体系建设看社会工作的专业化发展》，《学海》2020 年第 6 期。

通过网络数据采集的方法，发现“北京 12345”官方账号微博数据的积极情感倾向比例达 86.20%，这从侧面反映出社会工作相关机构及其工作人员回应及时、解决高效、处置合理、素质过硬。但在某些具体问题方面（如疫情防控），仍存在较大的进步空间。

（二）网络社会心态监测缺失，居民社会需求满足乏力

在平台时代下，互联网平台在人们的日常生活和信息传播中发挥着越来越大的作用①，在这一背景下，各种热点事件引发网络舆论共振现象愈发频繁。对居民的网络心态进行监测，同时发掘其潜藏的社会需求并加以解决有利于预防负性社会心态造成的不利影响。

本次调查通过问卷调查及网络数据采集的方式发现对居民网络社会心态监测相对不足，对其潜藏的社会需求挖掘不足。具体而言，有 72.2%的居民要求杜绝一切网络谣言、85.9%的居民对网络喷子和网络暴力持不赞成态度，对粉丝经济、网红爆火、直播打赏等现象的讨论暗含了居民对价值观扭曲的担忧，体现了居民对理性平和积极社会心态的期待与追求。然而，上述网络社会心态体现的社会需求尚未得到系统解决。以网络谣言为例，目前对网络谣言的预警存在“识别—预警”和“传播—预警”两大路径②，但现有路径存在预测精度差、预警及时性差③、预警有效性存疑④等问题。且居民对网络谣言的反感反映了居民对“不确定性”信息的疑虑，对正确信息知情的心理诉求，相关部门及人员如何及时、主动地回应讨论事项显得尤为重要⑤。这正是由网络社会心态监测缺失所致，对网络社会心态监测的缺失

① 周葆华：《出圈与折叠：2020 年网络热点事件的舆论特征及对内容生产的意义》，《新闻界》2021 年第 3 期。

② 张桂蓉、董志香、夏霆：《突发公共卫生事件网络谣言网格化预警模型研究》，《中国管理科学》2022 年，DOI：10.16381/j.cnki.issn1003-207x.2021.1501。

③ 王征、叶长安：《微博谣言识别与预警算法研究》，《情报杂志》2019 年第 4 期。

④ 张鹏、兰月新、李昊青等：《突发事件网络谣言危机预警及模拟仿真研究》，《现代情报》2019 年第 12 期。

⑤ 王平、徐永伟：《涉众型网络谣言刑事治理的规范逻辑与责任边界》，《宁夏社会科学》2022 年第 3 期。

使居民社会需求无法被了解、满足，继而对其社会情绪、社会认知和社会价值观产生负面影响。

五　社会心理服务促进居民优化社会心态的途径

（一）强化信息网络社会心态监测，搭建普惠大众的服务体系

一直以来，大范围的问卷测评方法是研究社会心理态势的主要手段。但是受时效性和社会赞许性等因素的影响，该方法外部效应存在一定问题。同时，自陈方式的测评周期长、成本高，无法及时大规模获知用户的心理状态，而且纵向追踪研究不具有实施上的可行性。信息科学技术的发展和互联网平台的出现，为及时有效感知社会心理态势提供了新的契机，使通过网络数据实现对用户心理要素的计算预测成为可能。用户在微博平台上可以真实、自发地表达或分享自己的认知、情感、需求、价值观等，为社会心理研究提供了大量真实、可靠的潜在数据源。研究者可以通过网络数据及时监测、分析及预测居民的心理发展趋势等。

利用大数据分析开展社会心态监测有助于满足人民群众多层次、个性化、差异化的心理服务需求，助力人民满意的社会心态服务体系搭建。信息时代，每个人都是信息的发布者和接受者。将“共建、共治、共享”的社会治理理念与信息科技相融合，构筑人人有责、人人尽责、人人享有的社会治理共同体是社会心态监测的发展方向。借助信息技术的发展开展社会心态监测是提高社会心态监测能力的必要举措，也是实现公共空间公共治理的必然要求。要加强通过信息网络的社会心态监测能力、利用现代信息技术，针对社会舆情实现精准监测、快速反应、有效应对。

因此，应以大数据为支撑，建立社会心态分析平台。开发“互联网+社会心态”的新型发展模式，结合本地区的现实发展需要，建立社会心理服务和社会心态分析平台；通过构建社会心态常模来实现对网络数据的管理，将风险等级的预警功能叠加到个体心理服务中，并期待探索构建社会心态预

警指数。同时，利用线上的方式解决普遍问题，如防范、自助、教育、危机预警和简单咨询等；利用线上+线下的方式解决特殊问题，例如个体深度咨询、危机介入和教育等，使预警由个人、群体提升至社会面，由特殊到普遍，有的放矢地做好社会心态及时预警与疏导工作，正确疏导社会情感、社会心态，化被动防范为主动介入，把风险防范消解于萌芽之中。

（二）充分利用自然环境提升社会心态

党的二十大强调“从现在起，以中国式现代化全面推进中华民族伟大复兴”。中国式现代化其中一点就是要实现人与自然和谐共生的现代化。人与自然的和谐共生是马克思生态自然观的核心。马克思在《1844 年经济学哲学手稿》中首次提出了人与自然的关系：自然界，就它自身不是人的身体而言，是人的无机的身体。在纪念马克思诞辰 200 周年大会上，习近平总书记阐明了“人类在同自然的互动中生产、生活、发展”，强调了人与自然的融合。

由于工作忙碌和互联网的普及，居民越来越喜欢“宅”在 Wi-Fi 屋里，很少走进自然，或多或少地存在“自然缺失症”。而建设生态文明的系列举措，为居民走进自然提供了政策支持。已有理论及实践研究证明了自然环境在促进身心健康方面有重要作用。例如压力减少理论认为当个体面临压力时可能出现消极情绪、短期生理变化和行为失常，而在自然环境中，个体的注意力容易被吸引，从而阻断消极想法、抑制消极情绪、激发积极情绪，当积极情绪被充分激发后原本低落的认知和行为能力就随之恢复①。进而使受到干扰而失调的生理运行恢复平衡，实践研究也证明了自然接触对主观幸福感及心理健康的促进作用②③。因此，在社会心理服务中，可以提高居民对自然接触重要性的认知，引导居民提高自然接触的频次。

---

① Ulrich R. S. , Natural Versus Urban Scenes Some Psychophysiological Effects [J] . *Environment and Behavior*, 1981, 13 (5): 523-556.

② 韩冰冰、冷红：《寒地社区绿色空间对老年人主观幸福感影响——以长春市为例》，《风景园林》2022 年第 1 期。

③ 郝秀乔、冯蕾、宋博宁等：《芳香疗法对淋巴瘤患者焦虑抑郁的干预效果》，《临床医药文献电子杂志》2019 年第 6 卷第 41 期。

（三）社会心理服务应重视对老年人的精神慰藉

无论是家庭养老还是社会化养老，了解老年人的精神状态，是最基本的养老常识；让老年人吃穿不愁快快乐乐地生活，是养老的最终目的；让老年人安享一个幸福的晚年，是家庭养老和社会化养老的根本要求。那么，做好老年人的精神慰藉工作、满足老年人的精神需求，是养老过程中比较重要的方面，应该引起家庭养老和社会化养老服务人员的重视。

首先，要因人制宜做好老年人的精神慰藉服务。先把老年人的个人精神状态摸清（如，老年人希望的和厌烦的，喜欢的和不喜欢的），再针对老年人的精神状态制定出精神慰藉策略，研究出的服务方式和方法应做到"因人制宜"，将满足个人所需和引导参加集体活动相结合，让老年人能够通过精准服务得到精神上的愉快，达到精神慰藉的目的。其次是要鼓励老年人积极参与社会生活，体验人生的乐趣。根据一些老年人的喜好，面向社会举办各类活动，例如做游戏、做保健操、唱歌、跳舞；举办讲座、培训班、演讲比赛、着装表演、学术研讨；开展旅游采风活动等让老年人成为参与人或者受众，以丰富多彩的社会活动，激发老年人的热情和信心。

（四）继续加强居民心理健康的筛查

北京市现有社会心理服务体系建设初见规模，但普及率及利用率尚待提高。因此，如何帮助居民充分利用现有社会心理服务体系成为值得讨论的重点。基于上述问题，应提高现有社会心理服务的传播度，利用社区、学校等进行全覆盖式宣传，充分发挥现有心理服务热线、自我心理检测小程序等心理健康便民措施的效用。让居民在遇到压力和心理问题时"有处聊有处去"。

自 2020 年以来，北京市居民的心理健康水平持续降低，这可能是由于疫情暴发以来，疫情管控的常态化使居民出行、生活、工作等方方面面受到限制，居民产生的压力难以得到及时有效疏解，因此居民的心理健康受到影响。应充分利用新媒体为市民提供更多更广泛的新型解压方式。例如在微博、抖音等多平台为居民提供室内健身操、瑜伽、太极等身心解压带练视频，同时提高话题热度，促进全民参与。

同时，应充分利用大数据技术，通过风险关键词词库对在网络上发表威胁生命等言论人群进行锁定评估，对高危人群进行有针对性的危机干预。同时对已表现出高风险的账号给予重点关注和管理。通过网络等更多渠道给心理健康水平较低群体提供服务信息和情感支持，搭建具有积极导向的互助平台。

（五）开展社会工作特殊问题培训，提高基层组织的治理本领

开展社会工作要以习近平中国特色社会主义思想为指导，坚持以人民为中心的工作理念，牢记初心使命，强化服务意识，敢于担当，善于作为，找准问题，对症下药。针对重点民生领域、重大突发性公共卫生事件中的特殊问题要开展系统化培训，强化问题意识，提高作为本领。在遇有突发情况或者重大突发性公共卫生事件时要做到反应迅速、响应及时、处置科学。要科学制定有效预案，一定要做到未雨绸缪。适当开展综合演练和模拟实训，平时多出汗，战时少流血，强化社工应对特殊事件的反应能力。要构建统一高效、科学精准、权责明确的基层社会心理服务体系，以科学的社会心理服务理念助力实现基层治理体系和治理能力现代化。

社会心态调查篇

Social Mentality Survey

B.2 北京市居民获得感现状调查（2022~2023）

陈一笛　张任涛*

摘　要： 为了解北京市居民的获得感现状以及主要影响因素，本报告采用问卷法对3383名北京市居民的获得感进行了调查，并采用网络数据分析法对北京市居民获得感相关微博文本（1200条）进行了分析。根据问卷调查结果可知：（1）北京市居民整体获得感处于中等偏上水平；（2）已婚居民获得感显著高于未婚、离异和丧偶居民；（3）有正式工作的居民获得感显著高于有临时工作，无业、失业或下岗以及退休居民；（4）居民获得感随着月收入水平的增长呈上升趋势；（5）硕士及以上学历居民的获得感显著高于高中及以下学历的居民；（6）京籍居民获得感显著高于非京籍居民；（7）从潜剖面分析发现，低获得感群体占全

* 陈一笛，北京林业大学人文社会科学学院讲师，主要研究方向为应激应对、医患信任、健康心理学；张任涛，北京林业大学人文社会科学学院在读硕士研究生，主要研究方向为临床心理学。

体被试的 17.10%，中获得感群体占全体被试的 42.00%，高获得感群体占全体被试的 40.90%。高获得感群体在获得感的各个维度上都比中、低获得感群体高；中获得感群体在获得体验、获得内容上得分较低，在获得分享和获得途径上得分较高；低获得感群体的获得体验维度得分最低。根据网络数据分析结果可知：影响北京市居民获得感的因素主要为获得内容，如房子、就业、工资等。因此，本文建议通过以下几个方面提升居民的获得感水平：（1）关注就业问题，完善分配制度；（2）加强基础设施建设，提高社区服务水平；（3）关注未成年人和中年人群的获得感；（4）关注非京籍人群的权益保障；（5）进一步完善社会政策，增加居民对婚姻的安全感。

关键词： 北京市居民　获得感　社会心态

获得感是指在发展过程中人民由客观获得产生的主观体验。大部分学者认为获得感具有物质和精神双重性质[①]，其内涵结构包括获得体验、获得环境、获得内容、获得途径和获得分享五个方面。获得体验体现个体需要得到实现时积极的情绪体验，强调个体得到外部满足后的感受，比如圆满、幸福、愉快等；获得环境体现帮助个体实现需要的主客观现实条件，比如社会政策、社会风气等；获得内容体现对个体需求内容的客观获得和主观认知，强调个体的需求，比如金钱、地位、尊严等；获得途径体现个体在满足自身需要过程中对自身努力的认知，强调个体获得满足的主观能动性，比如把握机会、拼搏奋斗等；获得分享体现个体在满足自身需要之后的感激与反馈，强调个体获得之后积极参与到社会

① 张明霞：《人民群众获得感研究综述》，《西南石油大学学报》（社会科学版）2020 年第 2 期。

建设中，更多地回报社会，与他人分享成果，比如感恩他人、帮助他人等①。

2015 年 2 月 27 日，中央全面深化改革领导小组第十次会议上指出，要科学统筹各项改革任务，推出一批能叫得响、立得住、群众认可的硬招实招，把改革方案的含金量充分展示出来，让人民群众有更多“获得感”。同时党的二十大报告提到“要深入贯彻以人民为中心的发展思想，在幼有所育、学有所教、劳有所得、病有所医、老有所养、住有所居、弱有所扶上持续用力，人民生活全方位改善。要让人民群众获得感、幸福感、安全感更加充实、更有保障、更可持续，共同富裕取得新成效”。获得感能够真实反映人们的生活现状。

现有的对获得感的研究主要包括调查不同人群如学生、老年人、企业家、农民工等的获得感情况，探讨影响获得感的因素以及提升获得感的路径。影响获得感的因素有很多，从客观因素来看，袁浩等人调查发现，家庭收入是影响获得感的重要因素之一②；孙远太探讨了城市居民社会地位对获得感的影响，发现客观社会地位越低，居民的获得感越低③；徐延辉等人研究表明居住空间和客观社会地位对居民的获得感有显著影响，居住条件越好，居民的获得感越强④，同时他还发现社会质量如社会包容、社会经济保障、社会赋权等也会对获得感起促进作用，其中社会经济保障起了最大作用⑤；江维国等人指出就业质量对农民工获得

---

① 谭旭运、董洪杰、张跃、王俊秀：《获得感的概念内涵、结构及其对生活满意度的影响》，《社会学研究》2020 年第 5 期。

② 袁浩、陶田田：《互联网使用行为、家庭经济状况与获得感——一项基于上海的实证研究》，《社会发展研究》2019 年第 3 期。

③ 孙远太：《城市居民社会地位对其获得感的影响分析——基于 6 省市的调查》，《调研世界》2015 年第 9 期。

④ 徐延辉、刘彦：《社会分层视角下的城市居民获得感研究》，《社会科学辑刊》2021 年第 2 期。

⑤ 徐延辉、李志滨：《社会质量与城市居民的获得感研究》，《南开学报》（哲学社会科学版）2021 年第 4 期。

感影响最大[①]。由此可见，获得感水平在一定程度可以衡量社会的发展水平。

从主观因素来看，户籍、性别、年龄、学历、职业等人口学变量对获得感都有一定影响。同时袁浩等人发现互联网使用会影响获得感，互联网使用越多，居民的获得感越强[②]；黄聚云调查了休闲体育对获得感的影响，发现休闲体育参与度越高的居民，获得感越强[③]。

获得感更多强调实实在在的“得到”，因此了解居民的获得感现状、提高居民的获得感水平具有现实意义[④]。本文采用问卷调查法和网络数据分析法考察了北京市居民的获得感现状，意在为政府决策提供数据支持，加快社会建设，提升居民获得感水平，让居民生活得更有保障、更有质量、更有获得感。

一　研究方法

（一）问卷调查法

1. 研究对象

本调查于 2022 年 8 月 ~9 月通过面对面填答和“问卷星”填答等方式向北京市居民发放问卷，共发放问卷 3568 份，回收有效问卷 3383 份，有效回收率为 94.82%。调查样本人口学基本信息见表 1。

---

① 江维国、李湘容、黄雯敏：《就业质量、社会资本与农民工的获得感》，《决策与信息》2022 年第 11 期。

② 袁浩、陶田田：《互联网使用行为、家庭经济状况与获得感——一项基于上海的实证研究》，《社会发展研究》2019 年第 3 期。

③ 黄聚云：《休闲体育对上海居民获得感、幸福感、安全感的影响调查研究》，《第十二届全国体育科学大会论文摘要汇编——专题报告（体育社会科学分会）》，2022 年。

④ 吕小康、黄妍：《如何测量“获得感”？——以中国社会状况综合调查（CSS）数据为例》，《西北师大学报》（社会科学版）2018 年第 5 期。

表 1　人口学信息

单位：人，%

人口学信息	类别	人数	百分比	人口学信息	类别	人数	百分比
性别	男	1425	42. 10	民族	汉族	3167	93. 60
	女	1958	57. 90		少数民族	216	6. 40
户籍	京籍	2113	62. 40	月收入	1999 元及以下	985	29. 10
	非京籍	1270	37. 60		2000~4999 元	585	17. 30
受教育程度	初中及以下	92	2. 70		5000~9999 元	922	27. 30
	中专或职高	97	2. 90		10000~19999 元	645	19. 10
	高中	224	6. 60		20000~29999 元	159	4. 70
	大专	338	10. 00		30000 元及以上	87	2. 60
	本科	2216	65. 50	婚恋状况	未婚	2023	59. 80
	硕士及以上	416	12. 30		已婚	1302	38. 50
主观社会阶层	最上层	24	0. 70		离异	44	1. 30
	中上层	213	6. 30		丧偶	14	0. 40
	中层	1646	48. 70	年龄	16~20 岁	995	29. 40
	中下层	1220	36. 10		21~30 岁	848	25. 10
	最下层	280	8. 30		31~40 岁	925	27. 30
工作状态	正式工作	1708	50. 50		41~50 岁	474	14. 00
	临时工作	187	5. 50		51 岁及以上	141	4. 20
	无业、失业或下岗	124	3. 70	房产数	无房产	1588	46. 94
	离退休	86	2. 50		1 套房产	1337	39. 52
	学生	1238	36. 60		2 套房产	352	10. 40
	缺失	40	1. 20		3 套及以上房产	106	3. 13
				汽车数	无汽车	1639	48. 45
					1 辆汽车	1433	42. 36
					2 辆汽车	270	7. 98
					3 辆及以上汽车	41	1. 21

2. 研究工具

本调查收集的人口学信息包括：性别、年龄、民族、月收入、户籍、主观社会阶层、工作状态、婚恋状况、受教育程度、汽车数和房产数。

本调查采用的获得感问卷改编自董洪杰等人[①]编制的《中国人获得感量表》，该量表由获得体验、获得环境、获得内容、获得途径、获得分享五个维度构成，获得体验题目包括“现在的生活让我过得很舒适”“现在的生活让我过得很愉快”等，获得环境题目包括“社会公平给我的社会生活提供了保障”“安全的社会环境让我生活得很踏实”等，获得内容题目包括“我顺利升职加薪”“我自己身体健康”等，获得途径题目包括“我一直在为更好的生活拼搏”“我积极把握改善生活的机会”等，获得分享题目包括“同甘共苦胜过个人独占独享”“能够帮助他人让我感觉非常好”等。调查所用问卷一共 15 个题目，采用 7 级计分，从“完全不同意”到“完全同意”分别记 1～7 分。得分越高，则表明个体的获得感越强，本调查结果将总分换算为百分制。本调查问卷的内部一致性系数为 0.92。

本调查采用的社区服务满意度问卷是根据陈秋瑶对社区公共服务质量划分的维度[②]进行自编，共 34 个题目，包括党群服务、政务服务、生活服务、法律服务、健康服务、文化服务和管理服务 7 个方面，党群服务包括“党员社区报到”“线上党课、党性教育与书籍阅读”等；政务服务包括“卡证办理”“计划生育咨询”等；生活服务包括“社区内垃圾分类、绿化、卫生保洁、节水减排等”“困难家庭孩子的助学”等；法律服务包括“各种人群的维权服务”“防诈骗宣传”等；健康服务包括“心理辅导与心理咨询”“医疗救治相关”等；文化服务包括“社区公众号展示与更新”“社区宣传栏的展示与更新”等；管理服务包括“流动人员登记与管理”“治安巡逻”等。问卷采用 5 点计分，从“非常不满意”到“非常满意”分别计 1～5 分，总分越高，代表居民对社区工作的满意度越高，本调查结果将总分换算为百分制。本调查问卷的内部一致性系数为 0.98。

---

① 董洪杰、谭旭运、豆雪姣、王俊秀：《中国人获得感的结构研究》，《心理学探新》2019 年第 5 期。

② 陈秋瑶：《社区公共服务质量提升研究》，华东政法大学硕士学位论文，2020，第 24～25 页。

3. 统计学处理

本调查采用 Spss22.0 和 Mplus7.4 对数据进行管理和分析。

（二）网络数据分析法

本研究使用 python3.6.5 于 2022 年 8~9 月在社交网络平台新浪微博爬取“获得感”相关内容作为研究数据。首先，通过查阅文献、浏览微博，确定获得感相关的关键词 104 个，如“上班”“工作”“上学”“工资”“钱”“物价”“收入”“满意”“愉快”“感谢”“努力”“奋斗”等关键词；其次，爬取这些相关关键词的原创微博以及热门微博中的评论内容；最后，收集到“获得感”相关内容微博 3421 条。

在正式分析前需要对原始数据进行有效清洗与整理。首先，筛选出用户地点为北京地区的微博文本；其次，剔除关联程度不高的文本内容；最后，删除营销号/机构账号的文本内容。最终得到有效文本内容 1200 条。

之后将有效文本内容放入中文分词工具包中，对文本内容进行分词。分词后下载词频表，但此时词频还较为粗糙，需进一步处理，包括对同义词进行合并，如将“挣钱”“金钱”“工资”等合成为“钱”一词，由此获得更精确的高频词统计结果。

二　研究结果

（一）北京市居民的获得感基本特点

1. 北京市居民的获得感处于中等偏上水平

北京市居民获得感总分为 75.43 分（中值=50），其中获得体验维度为 66.07 分，获得环境维度为 71.38 分，获得内容维度为 67.74 分，获得途径维度为 78.66 分，获得分享维度为 82.39 分，见表 2 和图 1。同时采用单因素方差分析考察五个维度的差异发现，五个维度得分之间有显著差异［F

(4, 16910) = 484.14, $p<0.01$]，其中获得分享维度显著高于其他维度（$ps<0.01$），获得体验维度显著低于其他维度（$ps<0.01$）。

表 2　不同维度获得感的平均值与标准差

单位：分

项目	维度	$M\pm SD$	F 值
获得感	获得体验	66.07±21.84	484.14**
	获得环境	71.38±19.88	
	获得内容	67.74±17.92	
	获得途径	78.66±16.61	
	获得分享	82.39±16.22	

注：* $p<0.05$，** $p<0.01$，*** $p<0.001$；下同。

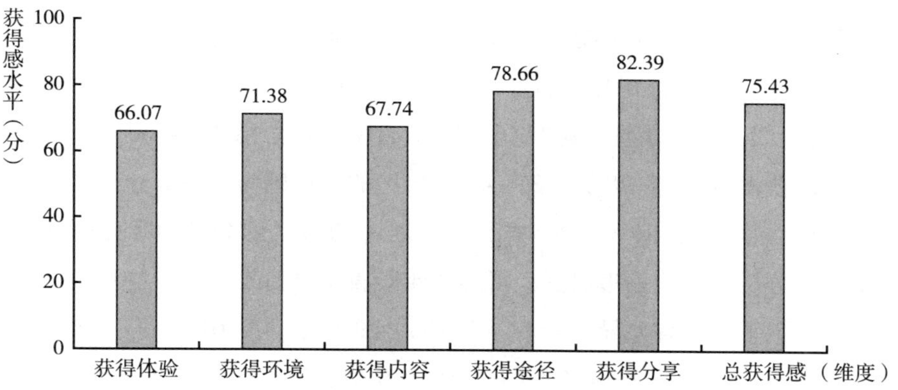

图 1　北京市居民的获得感水平

自改革开放以来，居民生活水平普遍提高，当个体生活达到一定的水平后，会更多出现积极的社会参与，因此居民在获得分享维度得分较高。此外，面对不断反复的新冠疫情，居民的学习、工作、出行等各方面都受到了极大影响，个体需求容易由于现实条件而得不到满足，负面情绪往往容易累积，因此居民的获得体验、获得内容方面得分较低。

2. 不同性别居民的获得感无显著差异

本调查将性别划分为男性、女性，其中男性的获得感为 75.93 分，女性的获得感为75.07分。采用独立样本t检验考察北京市居民获得感的性别差异后发现，不同性别居民的获得感水平无显著差异［t（3382）= 1.83、$p>0.05$］，见表3。这可能说明随着我国社会发展进步，男女地位逐渐平等，男性和女性所获得的资源、权利的差距正不断缩小，男女的各种需求在一定程度都能得到满足，因此男女的获得感无显著差异。

表3　不同性别北京市居民获得感的平均值与标准差

单位：分

项目	性别	$M±SD$	t值
获得感	男	75.93±14.39	1.83
	女	75.07±13.05	

3. 21~30岁居民获得感水平较高，16~20岁居民获得感水平偏低

本调查将年龄段划分为五个水平：16~20岁、21~30岁、31~40岁、41~50岁、51岁及以上，其中16~20岁居民的获得感为74.00分，21~30岁居民的获得感为77.70分，31~40岁居民的获得感为75.02分，41~50岁居民的获得感为75.01分，51岁及以上居民的获得感为76.07分。采用单因素方差分析检验北京市居民获得感的年龄段差异后发现，不同年龄段居民的获得感水平有显著差异［F（4，3378）= 9.06，$p<0.01$］。进一步分析发现，21~30岁居民获得感显著高于16~20岁、31~40岁、41~50岁居民（$ps<0.05$），见表4和图2。

表4　不同年龄段北京市居民获得感的平均值与标准差

单位：分

项目	年龄	$M±SD$	F值
获得感	16~20岁	74.00±12.96	9.06**
	21~30岁	77.70±14.36	
	31~40岁	75.02±13.28	
	41~50岁	75.01±14.32	
	51岁及以上	76.07±13.64	

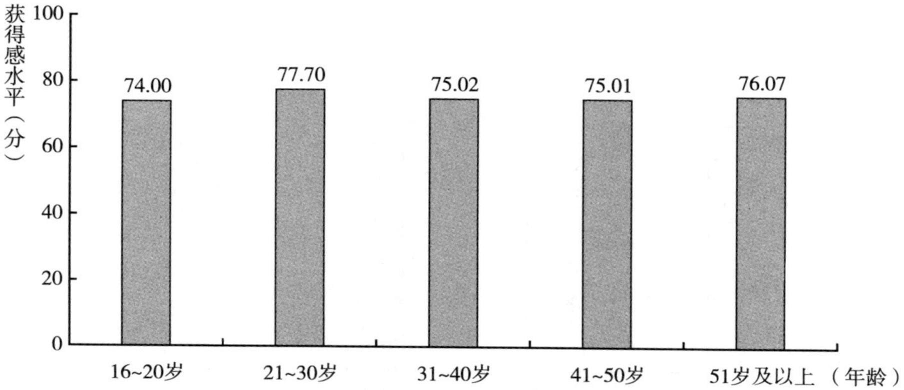

图 2　不同年龄段北京市居民的获得感水平

16~20 岁的居民多处于学生阶段，尚未完全进入社会，需求相对单一，大多数需求可通过父母得到满足，获得感相对弱化。21~30 岁的个体正处于成年早期，在学业、婚姻、事业、子女等方面的获得会比其他年龄居民更多，因此该年龄段居民必然获得感也会高于其他年龄段居民。

4. 已婚居民获得感水平高于未婚

本调查将婚恋状况划分为四个：未婚、已婚、离异、丧偶，其中未婚居民的获得感为 74.47 分，已婚居民的获得感为 77.29 分，离异居民的获得感为 68.37 分，丧偶居民的获得感为 63.63 分。采用单因素方差分析检验北京市居民获得感的婚恋状况差异后发现，不同婚恋状况居民的获得感水平有显著差异［$F(3, 3379) = 19.16$，$p<0.01$］，见表 5 和图 3。进一步分析发现，已婚居民获得感显著高于其他婚恋状态居民（$ps<0.05$）。

表 5　不同婚恋状况北京市居民获得感的平均值与标准差

单位：分

项目	婚恋状况	$M\pm SD$	F 值
获得感	未婚	74.47±13.50	19.16**
	已婚	77.29±13.57	
	离异	68.37±13.46	
	丧偶	63.63±13.86	

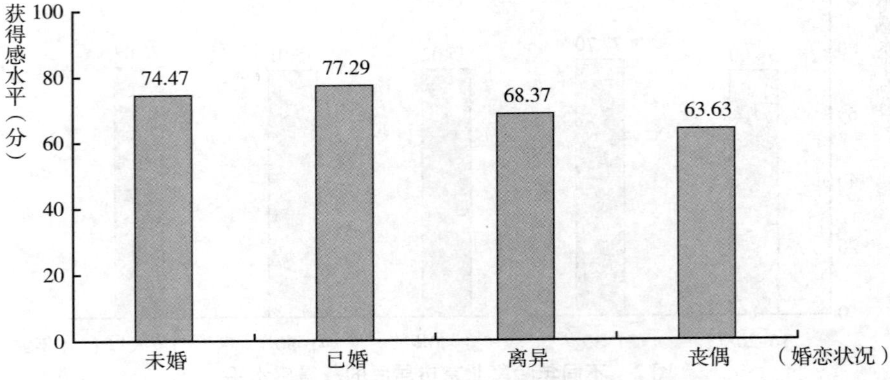

图 3　不同婚恋状态北京市居民的获得感水平

尽管随着社会发展，单身、晚婚、不婚等现象越来越多，但是婚姻的建立依旧对个体有巨大的影响。婚姻可以为个体提供情感支持，可以帮助提升个体身心健康水平或经济水平等主客观条件，使得个体能够拥有良好的社会支持，并且良好的婚姻关系能够满足个体的生理需求、安全需求、爱与归属的需求、尊重需求、自我实现的需求，从而提升个体的获得感水平。

5. 有正式工作居民获得感水平较高，无业、失业或下岗居民获得感水平较低

本调查将工作状态划分为五个：正式工作，临时工作，无业、失业或下岗，离退休，学生，其中有正式工作居民的获得感为 77.59 分，有临时工作居民的获得感为 71.09 分，无业、失业或下岗居民的获得感为 68.29 分，离退休居民的获得感为 73.91 分，学生的获得感为 73.93 分。采用单因素方差分析检验北京市居民获得感的工作状态差异后发现，不同工作状态居民的获得感水平有显著差异［F（4，3378）= 28.79，p<0.01］，见表 6 和图 4。进一步分析发现，有正式工作的居民获得感显著高于其他工作状态的居民（ps<0.05）。

表 6　不同工作状态北京市居民获得感的平均值与标准差

单位：分

项目	工作状态	$M±SD$	F 值
获得感	正式工作	77.59±13.77	28.79**
	临时工作	71.09±13.53	
	无业、失业或下岗	68.29±14.29	
	离退休	73.91±15.36	
	学生	73.93±12.69	

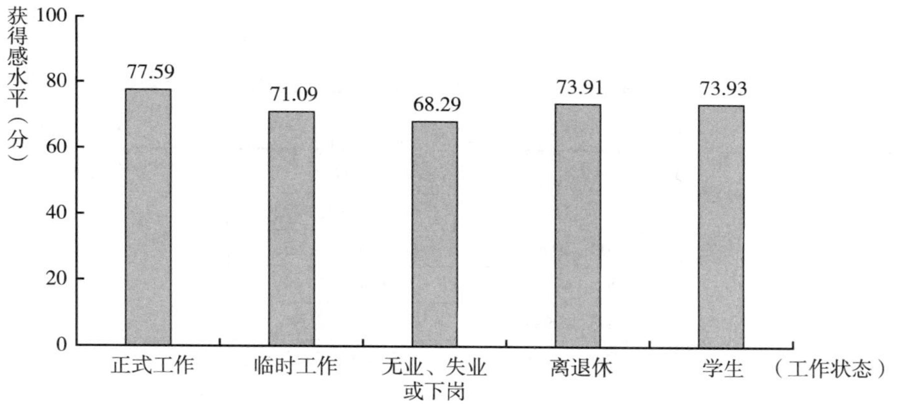

图 4　不同工作状态北京市居民的获得感水平

就业作为最大的民生，在个体获得感中起了巨大作用。有正式工作的个体往往经济水平稳定，能够在一定程度上满足自己的需求，生活状态较好，同时工作作为一种实现价值感与意义感的途径，使个体能够在工作中不断成长与提升，并且能够通过工作在生活中找到自己的位置，从而使其获得感得到了强化。而无业、失业或下岗的居民，往往无稳定收入来源，缺乏良好人际交往，会面临较大的生存压力和社会压力，心理遭受到较大冲击，因此无业、失业或下岗的居民获得感水平较低。

6. 获得感水平随着居民月收入的增长呈上升趋势

本调查将居民月收入划分为六个水平：1999 元及以下、2000~4999 元、5000~9999 元、10000~19999 元、20000~29999 元、30000 元及以上，其中收入为

1999 元及以下居民的获得感为 73.26 分，收入为 2000~4999 元居民的获得感为 72.94 分，收入为 5000~9999 元居民的获得感为 75.99 分，收入为 10000~19999 元居民的获得感为 78.37 分，收入为 20000~29999 元居民的获得感为 79.88 分，收入为 30000 元及以上居民的获得感为 80.92 分。采用单因素方差分析检验北京市居民获得感的月收入水平差异后发现，不同月收入水平居民的获得感水平有显著差异［$F(5, 3377) = 22.03$，$p<0.01$］，见表 7 和图 5。进一步分析发现，月收入 30000 元及以上的居民获得感显著高于月收入 9999 元及以下的居民（$ps<0.05$），同时也可以看出获得感水平随着居民月收入水平的增长呈上升趋势。

表 7　不同月收入水平北京市居民获得感的平均值与标准差

单位：分

项目	月收入水平	$M±SD$	F 值
获得感	1999 元及以下	73.26±12.72	22.03**
	2000~4999 元	72.94±13.65	
	5000~9999 元	75.99±13.69	
	10000~19999 元	78.37±13.84	
	20000~29999 元	79.88±12.82	
	30000 元及以上	80.92±15.04	

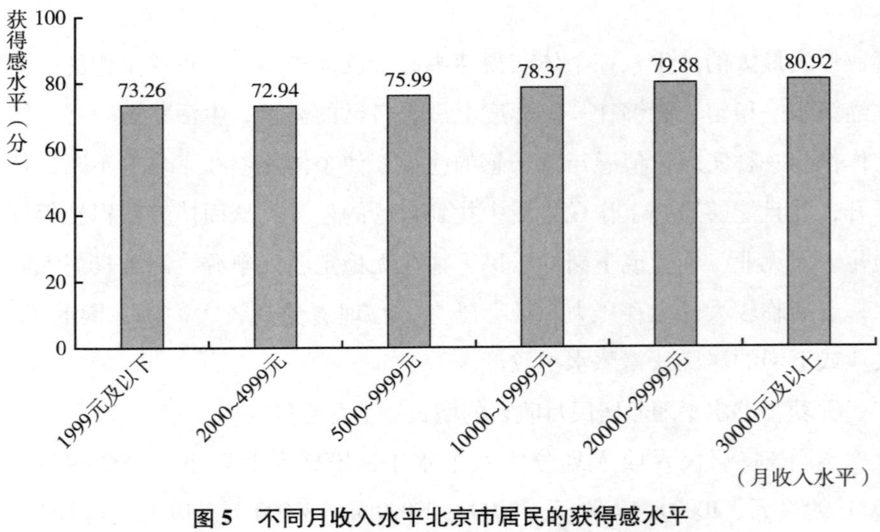

图 5　不同月收入水平北京市居民的获得感水平

收入的获得意味着资源的占有，高收入人群可能在住房、教育和医疗等资源方面的占有上有一定优势，能够拥有较高的生活水平，同时他们对未来生活的预期也较好。低收入居民收入来源单一，他们在教育、住房、医疗等方面的支出较大，因而会弱化了其获得感。同时不同收入人群所从事的工作性质也可能影响其获得感，不同工作性质的工作所带来的成就感和价值感可能会有一定差别。

7. 拥有两套北京房产、两辆汽车的居民获得感较高

本调查将拥有北京房产数划分为四个水平：无房产、1 套房产、2 套房产、3 套及以上房产，其中无北京房产居民的获得感为 72. 30 分，有一套北京房产居民的获得感为 78. 42 分，有 2 套北京房产居民的获得感为 78. 57 分，有 3 套及以上北京房产居民的获得感为 74. 10 分。本调查将拥有汽车数量划分为四个水平：无汽车、1 辆汽车、2 辆汽车、3 辆及以上汽车，其中无汽车居民的获得感为 72. 71 分，有 1 辆汽车居民的获得感为 78. 01 分，有 2 辆汽车居民的获得感为 78. 51 分，有 3 辆及以上汽车居民的获得感为 73. 49 分。采用单因素方差分析检验北京市居民获得感的房产数和汽车数差异后发现，不同房产数居民的获得感水平有显著差异［F（3，3379）= 58. 70，p< 0. 01］，不同汽车数居民的获得感水平有显著差异［F（3，3379）= 45. 41，p<0. 05］，见表 8、表 9、图 6、图 7。进一步分析发现，拥有 2 套北京房产居民获得感显著高于无北京房产、3 套及以上房产的居民（ps<0. 05）；拥有 2 辆汽车居民获得感显著高于无汽车（ps<0. 01）、3 辆及以上汽车的居民（ps<0. 05）。

表 8　不同房产数北京市居民获得感的平均值与标准差

单位：分

项目	房产数	$M \pm SD$	F 值
获得感	无房产	72. 30±12. 69	58. 70**
	1 套房产	78. 42±13. 65	
	2 套房产	78. 57±13. 65	
	3 套及以上房产	74. 10±16. 21	

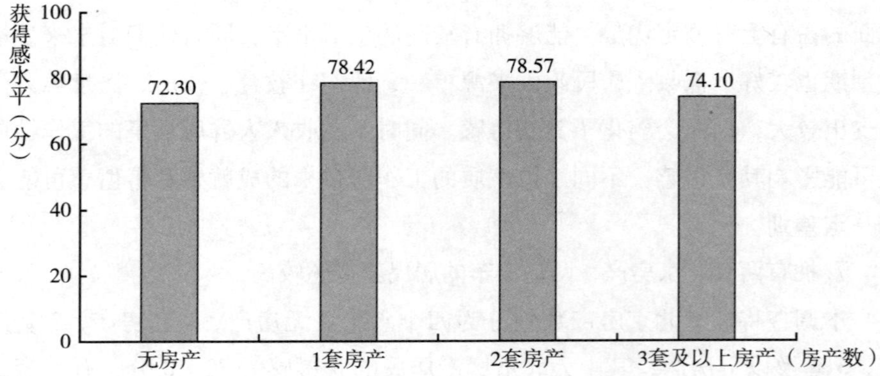

图 6　不同房产数北京市居民的获得感水平

表 9　不同汽车数北京市居民获得感的平均值与标准差

单位：分

项目	汽车数	*M*±*SD*	*F* 值
获得感	无汽车	72. 71±12. 62	45. 41*
	1 辆汽车	78. 01±13. 82	
	2 辆汽车	78. 51±14. 37	
	3 辆及以上汽车	73. 49±19. 30	

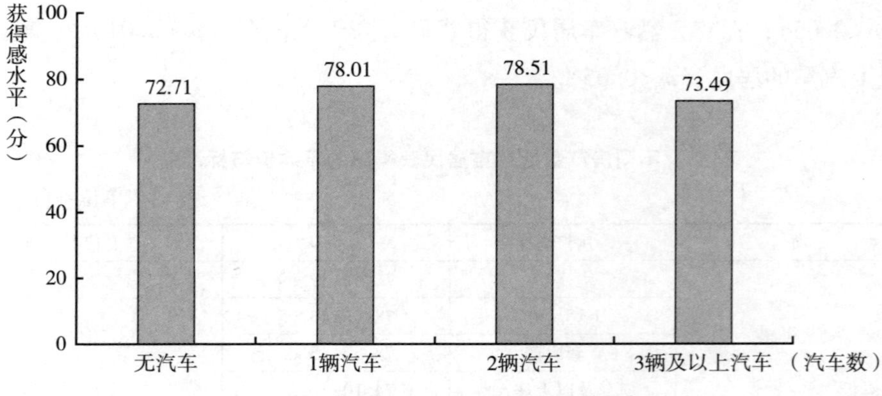

图 7　不同汽车数北京市居民的获得感水平

8. 硕士及以上学历居民的获得感水平较高

本调查将学历划分为六个水平：初中及以下、中专或职高、高中、大专、本科、硕士及以上，其中文化程度为初中及以下居民的获得感为 72.87 分，文化程度为中专或职高居民的获得感为 71.16 分，文化程度为高中居民的获得感为 73.77 分，文化程度为大专居民的获得感为 76.00 分，文化程度为本科居民的获得感为 75.65 分，文化程度为硕士及以上居民的获得感为 76.29 分。采用单因素方差分析检验北京市居民获得感的文化程度差异后发现，不同文化程度居民的获得感水平有显著差异［$F(5, 3377) = 3.80$，$p<0.01$］，见表 10 和图 8。进一步分析发现，硕士及以上学历居民的获得感显著高于高中及以下学历（$ps<0.05$）。

表 10　不同文化程度北京市居民获得感的平均值与标准差

单位：分

项目	文化程度	$M±SD$	F 值
获得感	初中及以下	72.87±15.64	3.80**
	中专或职高	71.16±16.06	
	高中	73.77±13.61	
	大专	76.00±14.14	
	本科	75.65±13.44	
	硕士及以上	76.29±12.96	

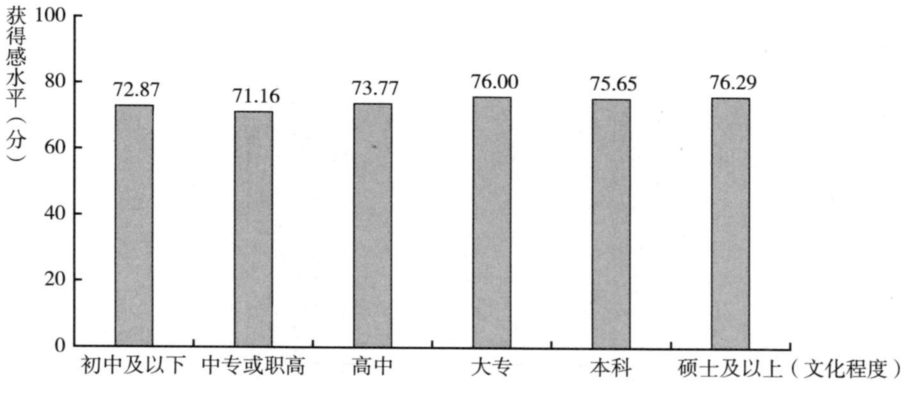

图 8　不同文化程度北京市居民的获得感水平

当学历不断增长时，个体可能会拥有更多的人力资本和社会资本。相比较低学历个体，高学历个体在各方面能力上往往有一定优势，并且有较丰富的人际关系以及更多信息获取途径，从而在竞争方面会有一定优势，高学历人群也容易有较好的就业与较高的收入，同时高学历人群主观认知也更加成熟，精神活动更加丰富，因此高学历居民获得感较强。

9. 京籍居民的获得感水平较高

本调查将户籍类型划分为两个：京籍、非京籍，其中京籍居民的获得感为 77. 17 分，非京籍居民的获得感为 72. 54 分。采用独立样本 t 检验考察北京市居民获得感的户籍类型差异后发现，不同户籍类型居民的获得感水平有显著差异［t（3382）= 9. 93，p<0. 01］，见表 11 和图 9。进一步分析发现，相比非京籍居民，京籍居民的获得感水平较高。本地居民在教育、医疗、住房和就业等资源方面可能比较占优势，非京籍的居民往往不能享受到同等的社会保障，因此本地居民可能有较多获得感。

表 11　不同户籍北京市居民获得感的平均值与标准差

单位：分

项目	户籍	$M±SD$	t 值
获得感	京籍	77. 17±13. 94	9. 93 **
	非京籍	72. 54±12. 60	

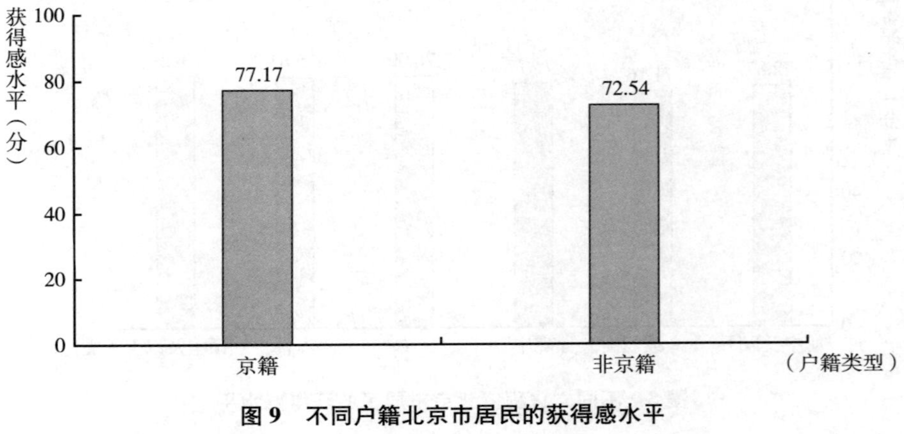

图 9　不同户籍北京市居民的获得感水平

10. 主观社会阶层为中上层的居民获得感较高

本调查将主观社会阶层划分为五个水平：最上层、中上层、中层、中下层、最下层，其中主观社会阶层为最上层居民的获得感为 79.51 分，主观社会阶层为中上层居民的获得感为 81.10 分，主观社会阶层为中层居民的获得感为 78.15 分，主观社会阶层为中下层居民的获得感为 72.52 分，主观社会阶层为最下层居民的获得感为 67.50 分。采用单因素方差分析考察北京市居民获得感的主观社会阶层差异后发现，不同主观社会阶层居民的获得感水平有显著差异［F（4，3378）= 68.63，p<0.01］，见表 12 和图 10。进一步分析发现，主观社会阶层为中上层的居民获得感显著高于主观社会阶层为中层、中下层和最下层居民（ps<0.05）。

表 12　不同主观社会阶层北京市居民获得感的平均值与标准差

单位：分

项目	主观社会阶层	M±SD	F 值
获得感	最上层	79.51±27.45	68.63**
	中上层	81.10±13.38	
	中层	78.15±13.05	
	中下层	72.52±12.68	
	最下层	67.50±13.39	

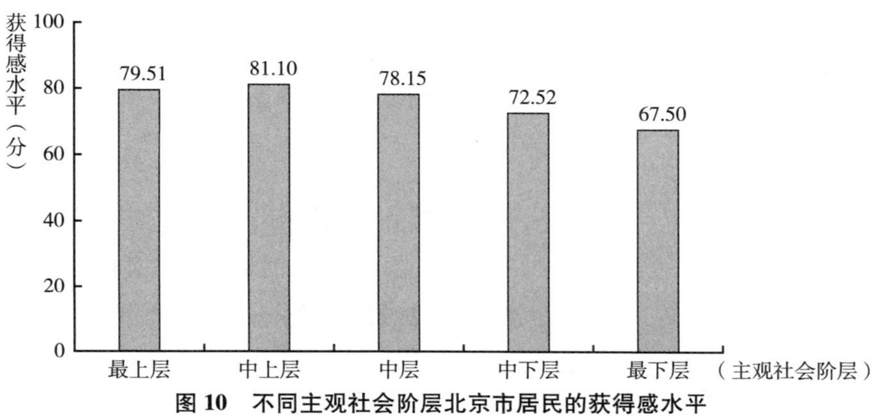

图 10　不同主观社会阶层北京市居民的获得感水平

主观社会阶层是指个体对自己所处社会地位的认知，已有学者指出，相比主观社会地位低的个体，主观社会阶层高的个体有更丰富的资源和更大的自主权，有更大的能力满足自己的需求①，因此主观社会阶层高的个体获得感较高。

（二）北京市居民获得感水平影响因素

1. 北京市居民获得感水平的潜剖面分析

潜剖面分析就是用来探究是否存在不同的群组以及结果变量和不同群组的关系。对北京市居民获得感水平进行潜剖面分析（见表 13），AIC、BIC、ABIC、Entropy 随着分类的增加依次减小，LMRT、BLRT 在 2~4 类的拟合均良好，Entropy 值在 2、3 类模型时大于等于 0.80，同时结合分类的实际意义，因此最终选择 3 类模型。

表 13　获得感水平的潜剖面模型拟合指标

模型	AIC	BIC	ABIC	Entropy	LMRT(*P*)	BLRT(*P*) *
1	146500.33	146561.59	146529.82	—	—	—
2	141097.38	141195.41	141144.57	0.83	<0.01	<0.01
3	139568.85	139703.63	139633.73	0.80	<0.01	<0.01
4	138915.84	139087.39	138998.42	0.78	<0.05	<0.01

注：* AIC（信息准则）、BIC（贝叶斯信息准则）、ABIC（样本校正的 BIC）三个统计值都是通过比较期望值和实际值差异来判断模型拟合的优劣，统计值越小拟合越好；Entropy 是分类精确性指数，取值范围在 0~1，Entropy 约等于 0.80 时表明分类的准确率超过了 90%；LMRT（P）和 BLRT（P）是比较潜在类别模型的拟合差异，如果这两个值的 *P* 值达到显著水平，则表明 k 个类别的模型显著优于 k-1 个类别的模型。

从图 11 中可知，第一类居民获得感各维度得分偏低，因此命名为低获得感群体，占全体被试居民的 17.10%，总体占比较低；第二类的居民获得感各维度得分中等，因此命名为中获得感群体，占全体被试居民的

① 李萍：《民营企业家的主观社会地位与获得分享：幸福感的中介效应》，《领导科学》2022 年第 6 期。

42.00%；第三类被试居民获得感各维度得分较高，因此命名为高获得感群体，占全体被试居民的40.90%。高获得感群体在获得感的各个维度上都比中、低获得感群体高，该群体在获得内容上得分较低，其他维度上相差不大；中获得感群体在获得体验、获得内容上得分较低，获得途径和获得分享上得分较高；低获得感群体的获得体验维度得分最低。

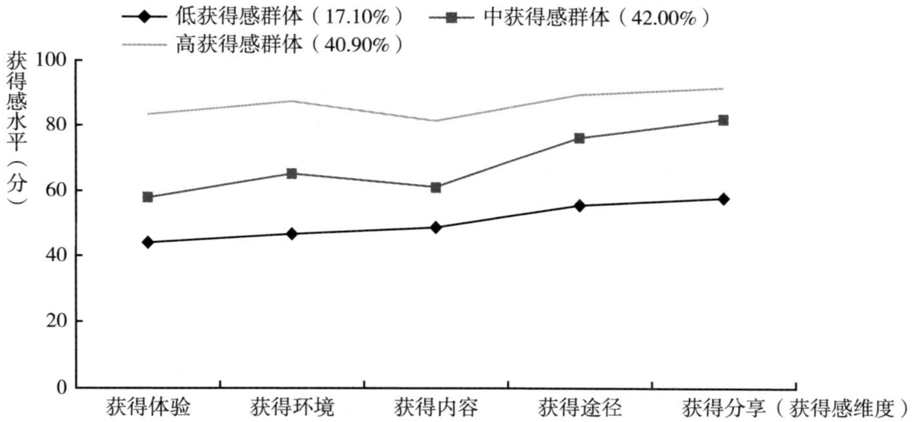

图11　获得感三个潜在类别在获得感各维度上的得分

2. 北京市居民获得感水平潜在类别的Logistic回归分析

在潜剖面分析的基础上，本调查进一步探讨了影响居民获得感的因素。以潜在类别为因变量，以性别、年龄、婚恋状况、工作状态、月收入、受教育程度、主观社会地位、户籍类型为自变量进行了Logistic回归，把低获得感群体作为参照类别。

分析可知，性别、月收入对居民获得感没有显著影响，年龄、婚恋状况、工作状态、受教育程度、主观社会地位和户籍对居民获得感有显著影响。与16~20岁人群相比，31~50岁的中年居民获得感较低；与未婚人群相比，已婚人群的获得感更高；与有正式工作的人群相比，无业、失业或下岗和临时工作人群获得感更低；与学历为硕士及以上的人群相比，学历为初中及以下人群的获得感更低；与主观社会地位最下层人群相比，其他主观地位人群的获得感更高；与非京籍居民相比，京籍居民的获得感更高。

表 14　获得感水平潜在类别的 Logistic 回归

项目		高获得感群体		中获得感群体	
		OR	CI(95%)	OR	CI(95%)
性别	男	1.06	0.86~1.32	0.94	0.76~1.16
年龄	21~30 岁	1.09	0.77~1.55	0.92	0.65~1.28
	31~40 岁	0.61*	0.39~0.95	1.04	0.68~1.58
	41~50 岁	0.48**	0.28~0.81	1.00	0.60~1.68
	51 岁及以上	0.92	0.40~2.12	1.31	0.58~2.93
婚恋状况	已婚	1.75**	1.25~2.44	1.42*	1.03~1.96
	离异	0.50	0.19~1.30	0.77	0.36~1.66
	丧偶	0.23	0.03~2.03	0.95	0.28~3.30
工作状态	学生	0.62	0.37~1.94	0.83	0.51~1.37
	临时工作	0.45**	0.28~0.73	0.81	0.53~1.24
	无业、失业或下岗	0.26**	0.15~0.46	0.49**	0.30~0.80
	离退休	0.43	0.18~1.01	0.60	0.27~1.36
月收入	1999 元及以下	0.73	0.30~1.80	0.81	0.33~2.02
	2000~4999 元	0.60	0.25~1.42	0.64	0.27~1.54
	5000~9999 元	0.63	0.28~1.42	0.62	0.27~1.43
	10000~19999 元	0.81	0.36~1.84	0.68	0.29~1.57
	20000~29999 元	0.91	0.36~2.33	0.57	0.22~1.50
受教育程度	初中及以下	0.68	0.35~1.33	0.45*	0.23~0.86
	中专或职高	0.64	0.32~1.27	0.54	0.29~1.02
	高中	1.14	0.66~1.97	0.94	0.56~1.59
	大专	1.20	0.74~1.94	0.87	0.54~1.40
	本科	1.04	0.72~1.50	0.87	0.61~1.24
主观社会地位	最上层	3.12*	1.05~9.25	0.08*	0.01~0.72
	中上层	5.22**	2.92~9.31	1.27	0.72~2.24
	中层	4.82**	3.21~7.24	1.87**	1.33~2.63
	中下层	2.01**	1.35~2.99	1.43*	1.04~1.97
户籍	京籍	1.34*	1.06~1.69	0.79*	0.64~0.98

3. 北京市居民获得感水平潜在类别在不同变量上的分布

（1）相对于中、低获得感的居民，在高获得感群体中 21～30 岁的比例增加。

从表 15 中可以看出，低获得感群体和中获得感群体的不同年龄占比相差不大，但在高获得感群体中，21～30 岁的比例更高，可能说明年龄对获得感有一定影响，进一步验证了逻辑回归的结果。

表 15　不同年龄居民在三类获得感水平上的占比

单位：%

年龄	低获得感	中获得感	高获得感
	（n=578）	（n=1421）	（n=1384）
16～20 岁	33. 20	31. 80	25. 40
21～30 岁	23. 00	19. 90	31. 30
31～40 岁	26. 20	29. 30	25. 70
41～50 岁	13. 10	15. 20	13. 10
51 岁及以上	4. 40	3. 80	4. 40

（2）相对于中、低获得感的居民，在高获得感群体中已婚的比例增加。

从表 16 可以看出，在高获得感群体中，已婚居民占比大于其他 2 个群体，未婚居民占比则更低，可能说明婚姻状况对获得感有一定影响，进一步验证了逻辑回归的结果。

表 16　不同婚姻状况居民在三类获得感水平上的占比

单位：%

婚姻状况	低获得感	中获得感	高获得感
	（n=578）	（n=1421）	（n=1384）
未婚	66. 70	60. 60	56. 20
已婚	29. 80	37. 50	43. 00
离异	2. 50	1. 40	0. 70
丧偶	1. 10	0. 50	0. 10

（3）相对于中、低获得感的居民，在高获得感群体中正式工作居民比例更大。

从表 17 可以看出，在高获得感群体中，正式工作居民占比较大；在低获得感群体中，大部分居民没有正式工作，可能说明工作状态对获得感有一定影响，进一步验证了逻辑回归的结果。

表 17　不同工作状态居民在三类获得感水平上的占比

单位：%

工作状态	低获得感 （n=578）	中获得感 （n=1421）	高获得感 （n=1384）
正式工作	39.20	46.50	59.30
临时工作	8.00	6.50	3.60
无业、失业或下岗	7.40	3.80	2.00
离退休	3.50	2.40	2.20
学生	41.10	39.50	31.70

（4）相对于中、低获得感的居民，高获得感群体中拥有房产和汽车的比例更大。

从表 18、表 19 可以看出相对于中、低获得感群体，高获得感群体拥有房产的占比大幅增加，无房产人群占比下降；相对低、中获得感群体，高获得感群体拥有汽车的占比大幅增加，无汽车人群占比下降。可能说明是否拥有房产、汽车对获得感有一定影响。

表 18　不同房产数居民在三类获得感水平上的占比

单位：%

房产数	低获得感 （n=578）	中获得感 （n=1421）	高获得感 （n=1384）
无房产	57.80	54.60	34.60
1 套房产	31.20	32.40	50.40
2 套房产	6.40	10.20	12.20
3 套及以上房产	4.60	2.80	2.80

表 19　不同汽车数居民在三类获得感水平上的占比

单位：%

汽车数	低获得感	中获得感	高获得感
	（n=578）	（n=1421）	（n=1384）
无汽车	56.90	55.90	37.20
1 辆汽车	34.00	36.30	52.10
2 辆汽车	6.40	7.30	9.30
3 辆及以上汽车	2.70	0.60	1.30

（5）随着获得感的增加，主观社会阶层为中层和中上层居民的占比增加。

从表 20 可以看出，随着获得感的增加，主观社会阶层为中层和中上层的居民占比增加，主观社会阶层为中下层和最下层的居民占比减少，可能说明主观社会阶层会影响居民的获得感，进一步验证了逻辑回归的结果。

表 20　不同主观社会阶层居民在三类获得感水平上的占比

单位：%

主观社会阶层	低获得感	中获得感	高获得感
	（n=578）	（n=1421）	（n=1384）
最上层	1.20	0.10	1.20
中上层	4.80	3.80	9.50
中层	34.90	43.90	59.20
中下层	43.40	42.40	26.40
最下层	15.60	9.80	3.70

（6）相对于中、低获得感群体，高获得感群体中京籍占比增加。

从表 21 可以看出，相对于中、低获得感群体，高获得感群体中京籍占比增加，可能说明户籍类型对获得感有一定影响，进一步验证了逻辑回归的结果。

表 21　不同户籍居民在三类获得感水平上的占比

单位：%

户籍	低获得感	中获得感	高获得感
	(n=578)	(n=1421)	(n=1384)
京籍	57.30	54.40	73.00
非京籍	42.70	45.60	27.00

4. 北京市居民获得感网络数据分析

通过词频分析，可以看出影响居民获得感的因素，本研究以频率超过20的关键词为重点研究分析对象，具体词频结果和词云图如表 22、图 12 所示。从表 22 中可见，“自己”“房子”“工作”“钱”是排名靠前的关键词，词频分别为 284、198、191、166 次。

表 22　与获得感相关的微博文本高频词统计

单位：次

关键词	词频	关键词	词频	关键词	词频
自己	284	需要	63	好吃	32
房子	198	医疗	63	疫情	32
工作	191	看到	62	满意	30
钱/工资	166	感谢	60	所有	30
开心	164	一些	55	健康	30
我们	150	以前	51	获得	29
现在	147	最近	50	世界	29
假期	133	大家	49	日子	29
北京	133	养老	48	祖国	29
今天	119	东西	47	继续	29
生活	114	中国	47	能力	29
孩子	111	收获	46	体验	28
很多	96	老师	46	感受	28
喜欢	95	愉快	44	经历	28
快乐	90	事情	43	人生	28
物价	88	之后	43	今年	27
朋友	84	回家	43	工资	27
开始	81	结婚	42	自由	26

续表

关键词	词频	关键词	词频	关键词	词频
一天	77	努力	41	机会	25
充实	77	意义	40	城市	25
可能	75	别人	39	政策	25
成就感	73	欣慰	38	不错	24
幸福	70	起来	37	父母	24
以后	70	学校	35	心情	24
希望	66	国家	35	圆满	24
一起	66	弹窗	34	满足感	23
每天	65	昨天	33	尊重	23
问题	64	明天	33		

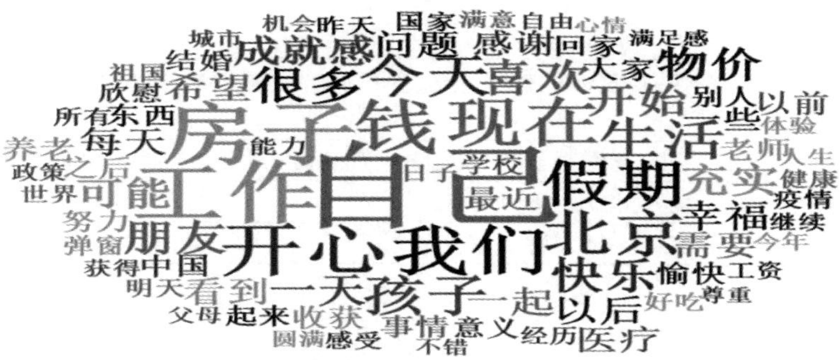

图 12　获得感词云图

根据获得感关键词分类（见表 23），可以看出北京市居民更多提及获得内容方面，比如房子：“感觉生活挺累的，钱没变，支出哗啦哗啦，换房子没指望的样子”“最最最关心房子问题！什么都涨价，工资不涨，挣的钱都给房子了……真的好累啊!!”“北漂十年了，我需要稳定的公租房子”；钱：“挣钱医院花了，摔了一下大半个月工资没了”“现在钱不好赚了，买了之后一不小心就变穷”“为什么活着这么难呢？小时候虽然不算富有也不愁吃不愁穿。长大了挣钱了开始愁了”；工作：“真心找不到工作”“以前觉得工作好枯燥，换了一种模式后好有成就感”“打倒我的不是我的工作……是述职和升职 ppt，干着最底层的活，就不要再用瞎说八道凑字数的 ppt 来耽误大领导们的时间了吧……有这时间我自己已经完成一本书啦”；物价：“我在北京吃一顿的钱够在长沙吃一天的”“想从网上买点舒服、随便穿的衣服，结果一件都三四百了，物价飞升唯有工资不涨”“感觉真的被北京的物价 PUA 了，买一百多的东西还是会觉得太贵了，但吃一百多的饭眼睛眨也不眨”。在上面的问卷调查结果中也提及北京市居民的获得内容这个维度水平较低，说明大数据分析与之前的问卷调查有一致性。

表 23　获得感分类与关键词示例

获得感分类	关键词示例
获得体验	开心、幸福、充实、快乐、喜欢、不错、圆满、满意、愉快、好吃、成就感、收获、回家、欣慰、心情、满足感
获得内容	房子、钱、工资、物价、假期、生活、孩子、医疗、养老、健康、结婚、自己、需要、获得、东西
获得环境	北京、中国、学校、国家、弹窗、疫情、世界、祖国、今年、城市、政策、父母、老师、每天
获得途径	努力、能力、体验、经历、机会、意义
获得分享	我们、朋友、一起、感谢、大家、尊重

众所周知，“有房”“有稳定的工作”符合中国人对美好生活传统的期待。虽然近几年北京政府也在不断加大稳岗就业支持力度、控制房价、稳定物价，但北京作为一线城市，资源竞争激烈，因此相比二三线城市，北京生活节奏较快，生活整体水平较高，居民在经济资源方面的获得感可能就会较低，这可能也是影响北京市居民获得感的主要因素。同时，由于近几年新冠疫情的缘故，居民的工作机会、收入等各个方面都受到了一定影响，这也会弱化其获得感。

（三）北京市居民获得感水平和社区工作满意度的相关分析

社区作为社会管理的基本单位，发挥着在社会中承上启下的桥梁作用。社区公共服务主要是以基层居委会为依托，通过服务资源下沉的方式使居民群众在较短的时间和距离内获得党群服务、政务服务、生活服务、法律服务、健康服务、文化服务和管理服务等适应当下社区发展的服务。社区服务工作关系着民生，联系着民心，与居民的生活息息相关。因此本调查不仅关注了居民的获得感水平，也关注了社区工作满意度与居民获得感之间的关系。

从表 24 可知，社区工作满意度各方面与居民获得感各个维度以及总获得感水平呈显著正相关，这可能表明，社区服务工作做得越好，居民的获得感水平也越高。

表 24　社区工作满意度与居民获得感的相关分析

类型	获得体验	获得环境	获得内容	获得途径	获得分享	获得总分
党群服务	.30**	.39**	.40**	.34**	.31**	.44**
政务服务	.33**	.42**	.41**	.36**	.34**	.46**
生活服务	.32**	.41**	.41**	.34**	.31**	.45**
法律服务	.31**	.42**	.41**	.33**	.30**	.44**
健康服务	.30**	.39**	.40**	.30**	.26**	.41**
文化服务	.32**	.39**	.40**	.32**	.27**	.42**
管理服务	.31**	.40**	.39**	.30**	.27**	.42**

社区服务包括了党群服务、政务服务、生活服务、法律服务、健康服务、文化服务和管理服务，这些服务都与居民生活紧密相连。特别是在新冠疫情之后，社区承担了发放物资、疫情报备等工作，居民与社区的接触变得更加频繁，社区服务也变得至关重要。同时，我国正在不断完善城乡社区服务体系的建设，社区服务设施建设不断加快，社区服务供给不断扩大，居民的获得感可能也得到了强化。

（四）北京市居民获得感水平和社区工作满意度的回归分析

依据相关分析结果，进一步通过回归分析探索社区工作满意度与居民获得感水平的关系。以社区工作满意度作为预测变量，将居民获得感水平设置为因变量，进行线性回归分析，具体结果见表25。回归分析显示，社区工作满意度对北京市居民获得感水平存在正向影响，说明基层社区通过提高社区服务质量、实现社区服务的有效供给可以提高居民的获得感水平。

表25 社区工作满意度与居民获得感的回归分析

因变量	预测变量	R^2	调整后的 R^2	F	b	β	t
获得感	社区工作满意度	0.19	0.19	883.25**	0.39	0.45	29.72**

三 政策建议

综上所述，从问卷调查结果可以看出：（1）北京市居民整体获得感处于中等偏上水平。（2）21~30岁居民获得感显著高于16~20岁、31~40岁、41~50岁居民。（3）已婚居民获得感显著高于未婚、离异和丧偶居民。（4）有正式工作的居民获得感显著高于有临时工作，无业、失业或下岗以及退休居民。（5）居民获得感随着月收入水平的增长呈上升趋势。（6）拥有两套北京房产居民获得感显著高于无北京房产、3套及以上北京房产的居民；拥有两辆汽车居民获得感显著高于无汽车、3辆及以上汽车的居民。（7）硕士及以上学历居民的获得感显著高于高中及以下学历的居民。（8）京籍居民获得感显著高于非京籍居民。（9）主观社会阶层为中上层的居民获得感显著高于主观社会阶层为中层、中下层和最下层居民。（10）根据潜剖面分析发现，低获得感群体占全体被试的17.10%，中获得感群体占全体被试的42.00%，高获得感群体占全体被试的40.90%。高获得感群体在获得感的各个维度上都比中、低获得感群体高；中获得感群体在获得体验、获得内容上得分较低，在获得分享和获得途径上得分较高；低获得感群体的获得体验维度得分最低。（11）回归分析显示，社区工作满意度对获得感有正向影响作用，从网络数据分析结果可知：影响北京市居民获得感的因素主要为获得内容，比如房子、就业、工资等。

总体而言，本调查建议关注 16~20 岁，31~50 岁，未婚，无业、失业或下岗，低收入，外地户籍居民的获得感，同时建议关注居民在就业、住房和收入等方面的获得感。因此，本调查建议从以下几个方面来提升居民获得感水平。

第一，关注就业问题，完善分配制度。政府应该更多关注中低收入的居民，优化第二次和第三次分配，扩大中等收入群体，提升低收入群体收入，多渠道增加居民收入，完善收入结构。同时政府应加大对务工人员工资支付、社会保障等权益保障力度，避免出现损害劳动者权益的现象；加大对大学毕业生的就业指导，完善扶持政策，支持创新创业；提升无业、失业或下岗居民的就业技能，提高其自身业务能力，政府可以与相关机构或公司合作，增设一定的就业岗位，保障居民高质量充分就业。

第二，加强基础设施建设，提高社区服务水平。政府应继续推进交通、能源、绿化、网络等基础设施建设，优化群体居住环境；推进现代化城乡社区建设，推动各社区建立超市、医疗服务站、快递代办点等便民服务设施，打造“15 分钟便民服务圈”，在各社区积极开展体育、文化活动，为社区各类人群提供活动场所。同时鼓励居民参与社区服务建设中，让居民更加理解社区工作，并且对社区服务进行反馈，从而提升社区服务人员服务质量。特别是在新冠疫情期间，居民多容易出现不良情绪，社区服务人员更应该多给予人文关怀，构建良好的与居民沟通渠道。

第三，关注未成年人和中年人的获得感。未成年人是国家的后备力量，要及时关注未成年人的获得感。在当前不断推进的“双减”政策下，政府要及时关注政策的推进以及事后反馈，让政策真正落到实处，帮助未成年人减轻负担，促进其身心健康；同时要切实保证未成年人的义务教育普及，以及进一步完善学校基础设施如图书馆、操场、食堂等建设。中年人作为国家的中坚力量，面临各种压力与各方责任，但我们对此的关注较少。我们也需要多关注中年人的获得感，政府可以鼓励公司或社区开展一些心理辅导活动或讲座，帮助中年员工或中年居民更好地减压，同时公司也可以开展一些家庭日活动，增加对员工家庭的了解与沟通。

第四，关注非京籍人群的权益保障。完善对流动人口的公共服务保障，政府可以扩大公租房保障范围，为外来居民提供更多公租房；完善对非京籍群体教育保障服务，满足外来居民子女的教育需求；加强非京籍群体的医疗服务保障，落实参保登记、医药报销等问题。

第五，进一步完善社会政策，增加居民对婚姻的安全感。政府应继续完善住房、教育等资源分配，控制房价、稳定物价，可对有孩家庭进行购房优惠，降低居民的结婚、生育和养育生活成本；同时继续呼吁男女平等，缓解男女性别失衡现状，以及利用相关政策让男性更多地参与到育儿环节中，减轻女性负担。由此，降低当代青年人对婚姻的抗拒，让更多适龄人群结婚，从而提高居民的获得感。

第六，在疫情过后，关注居民的获得感。本调查在微博文本分析过程中，发现居民的获得感一定程度上受到了疫情影响。因此政府在调整疫情政策后，不可以进行一些防疫知识普及，及时解答居民的问题，提供必要的物资保障，鼓励社区采取一定措施及时安抚居民。

B.3
北京市居民主观幸福感现状调查（2022～2023）

杨智辉　姜　莉*

摘　要： 本调查采用问卷研究方法和网络数据分析方法，考察北京市居民的主观幸福感现状及主要影响因素。问卷调查对象共2815人，问卷量表包括主观幸福感量表、家庭朋友支持量表、自然环境满意度量表和居住地配套设施满意度量表。用python3.6.5获取主观幸福感关键词下的微博评论和“人民日报”发布的幸福感话题微博。在数据清洗后，共收集原创微博、转发微博和微博评论1246条。问卷调查主要结论如下：总体而言，2022年北京市居民的主观幸福感处于中等偏上水平，与往年相比，北京市居民主观幸福感有所提升。具体而言，影响主观幸福感的因素包括年龄、婚恋状况、文化程度、月收入、工作状态、户籍以及在城市居住时长。相关和回归分析结果表明家人朋友支持、自然环境满意度和居住地配套设施满意度对主观幸福感有正向的预测作用。主观幸福感网络数据分析结果表明，社会支持、个体心态和国家经济发展水平会影响居民主观幸福感水平。提高居民幸福感的建议包括：（1）完善无业、失业和下岗居民的社会保障和再就业培训；（2）为离婚和丧偶者提供心理支持；（3）加强各类群体的社会支持；（4）保护非京籍居民的合法权益；（5）加强居住地基础设施建设，优化居民居住环境；（6）增强个体的自我心

* 杨智辉，北京林业大学人文社会科学学院教授，博士生导师，主要研究方向为心理咨询与治疗、生态环境与个体发展；姜莉，北京林业大学人文社会科学学院在读硕士研究生，主要研究方向为临床心理学。

理调适；（7）加强自然环境保护和建设，增加居民自然接触和体验。

关键词： 主观幸福感　生活满意度　积极情绪　消极情绪　北京市

一　引言

主观幸福感作为心理健康状况的重要指标之一，一直是心理学研究的热点。主观幸福感（subjective well-being，SWB）的概念最早由 Diener 提出，认为主观幸福感是个体以自己的内在标准为参照，综合评价自身的生活质量，由长期的情感反应和生活满意度决定①。具体来说，主观幸福感来源于个体的主观体验，表现为个体有着较高的积极情感体验、较低的消极情感体验和较高的生活满意度，这种体验可以是暂时的情绪状态，也可以是一种持续性的心境状态。

习近平总书记在中国共产党第二十次全国代表大会上强调，深入贯彻以人民为中心的发展思想，建成世界上规模最大的教育体系、社会保障体系、医疗卫生体系，人民群众获得感、幸福感、安全感更加充实、更有保障、更可持续。发展经济，努力提升我国居民的教育水平，建设社会保障体系和医疗卫生体系建设，是党和国家为满足人民群众对美好生活的需要，从人民的衣食住行各方面提升人民的获得感、主观幸福感、安全感所做出的具体努力。个体的主观幸福感受到很多因素的影响，既与居民所处的社会环境相关联，也与居民自身的社会支持、个体心态等相关联。突发新冠疫情以来，国家宏观经济在变化，就业形势和就业环境也在发生变化。微观层面上北京市居民工作状态、收入水平、生活方式都在改变，因而主观幸福感也有所变化。面对疫情，人们从当初的恐慌不安到如今适应了疫情的存在，积极调适

① Diener，E.（1984）. Subjective Well-being. *Psychology Bulletin*，95（3），542-575.

心态，有序恢复自己的正常生活，发现生活中的美好，享受和把握当下，提升自己的主观幸福感。

本报告通过问卷调查和微博网络数据分析法调查2022年北京市居民主观幸福感的特点。对问卷数据进行描述性统计、相关分析和回归分析，并通过对北京市居民主观幸福感追踪调查进行纵向对比分析，发现主观幸福感的现状和变化特点。通过对微博网络数据文本进行词频分析、构建词云图和关键词类目表，分析北京市微博用户的主观幸福感话语表达，揭示数字化信息中包含的北京市居民主观幸福感特点，可进一步验证和支撑问卷调查的结果。总体而言，对2022年北京市居民主观幸福感进行调查，可以发现2022年北京市居民主观幸福感处于中等偏上水平，相比疫情前几年，北京市居民主观幸福感稳步提升，体现了国家政策的有效性和个体的主观能动性，国家稳步提升经济发展水平，个体能积极利用社会支持进行心理调适，提升主观幸福感。同时，调查北京市居民主观幸福感也可为评估近年来北京市社会心理服务工作在提升居民主观幸福感方面的成效以及为今后提高居民主观幸福感的社会心理服务工作提供方向。

二　研究方法

（一）问卷调查研究方法

1. 调查对象

本调查于2022年9月以线上、线下的形式向北京市16个区的常住居民发放问卷。总的样本量为3100个，根据研究需要剔除非北京市居民、随意乱作答者、缺失值后，实际研究样本量为2815个，问卷回收有效率为90.8%。参与调查的居民：男性946人（33.6%），女性1869人（66.4%）。调查对象基本情况见表1。

表 1　调查对象人口学信息

单位：人，%

项目	类别	人数	百分比
性别	男	946	33.6
	女	1869	66.4
年龄	16~20 岁	572	20.3
	21~30 岁	409	14.5
	31~40 岁	858	30.5
	41~50 岁	783	27.8
	51~60 岁	131	4.7
	61 岁及以上	62	2.2
婚恋状况	无恋爱经历	418	14.8
	单身有过恋爱经历	447	15.9
	恋爱中未同居	305	10.8
	恋爱中同居	50	1.8
	已婚	1525	54.2
	离异或丧偶	70	2.5
文化程度	初中及以下	172	6.1
	中专或职高	96	3.4
	高中	224	7.9
	大专	402	14.3
	本科	1530	54.4
	硕士及以上	391	13.9
月收入	1999 元及以下	724	25.7
	2000~4999 元	501	17.8
	5000~9999 元	715	25.4
	10000~19999 元	624	22.2
	20000~29999 元	149	5.3
	30000 元及以上	102	3.6
户籍所在地	北京城市	1777	63.1
	北京农村	322	11.4
	外地城市	488	17.3
	外地农村	228	8.1
工作状态	正式工作	1557	55.3
	临时工作	145	5.2
	无业、失业或下岗	142	5.0
	离退休	113	4.0
	学生	810	28.8
	自由职业	48	1.7
居住时长	3 年以内	349	12.4
	3~5 年	156	5.5
	5~7 年	127	4.5
	7~9 年	106	3.8
	9 年以上	2077	73.8
地区	东城	150	5.3
	西城	174	6.2
	朝阳	433	15.4
	丰台	251	8.9
	石景山	93	3.3
	海淀	582	20.7
	顺义	98	3.5
	通州	124	4.4
	大兴	134	4.8
	房山	145	5.2
	门头沟	42	1.5
	昌平	378	13.4
	平谷	46	1.6
	密云	57	2.0
	怀柔	48	1.7
	延庆	60	2.1

2. 研究工具

（1）主观幸福感量表

主观幸福感量表由生活满意度、积极情绪、消极情绪三个指标合成。其中生活满意度量表[①]共包括5个项目，从极其不同意到极其同意按7点计分。分数越高表明个体的生活满意度越高。积极情绪量表和消极情绪量表[②③]由18个情绪词组成，均采用5点计分，从非常轻微或根本没有到非常强烈分别计1~5分，分数越高，表明个体的积极或消极情绪水平越高。参照前人的研究，主观幸福感得分由生活满意度均分加上积极情绪均分、减去消极情绪均分计算得到。总均分越高，主观幸福感越高。将维度得分、子量表及量表得分按公式转换为百分制：得分=（原始粗分-理论最低分）/（理论最高分-理论最低分）×100。本报告中，该量表的Cronbach's α系数为0.91。

（2）家庭朋友支持量表

采用由姜乾金编制，严标宾、郑雪[④]修订的《领悟社会支持量表》，其中的家庭支持和朋友支持维度条目代表家庭朋友支持。共8个项目，使用7点计分，1代表“完全不同意”，7代表“完全同意”。得分越高，表明个体感受到的家庭朋友支持水平就越高。本报告中，该量表的Cronbach's α系数为0.91。

（3）自然环境满意度量表

从訾非等[⑤]在中国城市环境满意度和生活满意度调查中所使用的绿色环境满意度问卷中选取代表性关键词，测量居民对该环境类型的满意程度，如

① 蔡华俭、林永佳、伍秋萍、严乐、黄玄凤：《网络测验和纸笔测验的测量不变性研究——以生活满意度量表为例》，《心理学报》2008年第2期。

② Watson, D. , Clark, L. A. , & Tellegen, A. (1988). “Development and Validation of Brief Measures of Positive and Negative Affect: The PANAS Scales”, *Journal of Personality and Social Psychology*, 54 (6), 1063-1070.

③ 邱林、郑雪、王雁飞：《积极情感消极情感量表（PANAS）的修订》，《应用心理学》2008年第3期。

④ 严标宾、郑雪：《大学生社会支持、自尊和主观幸福感的关系研究》，《心理发展与教育》2006年第3期。

⑤ 訾非、杨智辉等：《中国10城市环境满意度和生活满意度调查报告》，《北京林业大学学报》（社会科学版）2012年第1期。

“超市、菜市场、居民区等地的噪声”“空气污染”“城市公园”，量表采用5点计分，1代表“非常不满意”，5代表“非常满意”。共11个题目，得分越高，表示自然环境满意度越高。本报告中，该量表的 Cronbach's α 系数为0.95。

（4）居住地配套设施满意度量表

居住地配套设施满意度量表共9个题目，包含商业、教育、交通、公共文化服务四个维度。采用5点计分，1代表“非常不满意”，5代表“非常满意”。得分越高，表示居住地配套设施满意度越高。本报告中，该量表的 Cronbach's α 系数为0.94。

3. 数据处理与分析

本研究使用SPSS26.0软件进行数据管理与分析。

（二）微博网络数据分析方法

1. 研究对象

本调查于2022年9月选取微博用户中的北京市居民作为研究对象，爬取北京市居民微博用户发布的关于主观幸福感的原创微博及微博评论，并收集该用户的公开信息，即微博的用户名称、地点、发布时间等。

2. 研究工具

采用python3.6.5进行数据爬取和文本数据分词。

3. 研究过程

首先，通过查阅文献，明晰主观幸福感的定义，确定与主观幸福感相关的关键词；根据查阅文献得出的关键词，搜索微博上与“主观幸福感”有关的热点话题，如“满满的幸福感”“感到幸福”“生活感到满意”等。其次，采用python3.6.5爬取“人民日报”发布的幸福感话题微博，共收集原创微博、转发微博、微博评论数据12343条。接着对微博文本进行地域划分，选择用户IP为北京地区的用户，共3329条。之后进行数据清洗，剔除与主观幸福感无关的信息2083条，如早上好、晚安、广告、表情符号、无关信息等，最终保留1246条微博。最后，对1246条微博进行词频分析、制作词云图和关键词类目分析，分析北京市微博网络用户的主观幸福感话语表达特点。

三　问卷调查研究结果

（一）北京市居民主观幸福感现状

本调查结果显示，北京市居民的主观幸福感得分为59.84分，生活满意度平均得分为55.93分，积极情绪平均得分为57.24分，消极情绪平均得分为31.72分（见表2和图1）。总体而言，北京市居民主观幸福感（中值=50）处于中上水平。

表2　主观幸福感得分及平均数和标准差

单位：分

项目	*M*±*SD*
主观幸福感	59.84±15.38
生活满意度维度	55.93±17.85
积极情绪维度	57.24±17.63
消极情绪维度	31.72±18.91

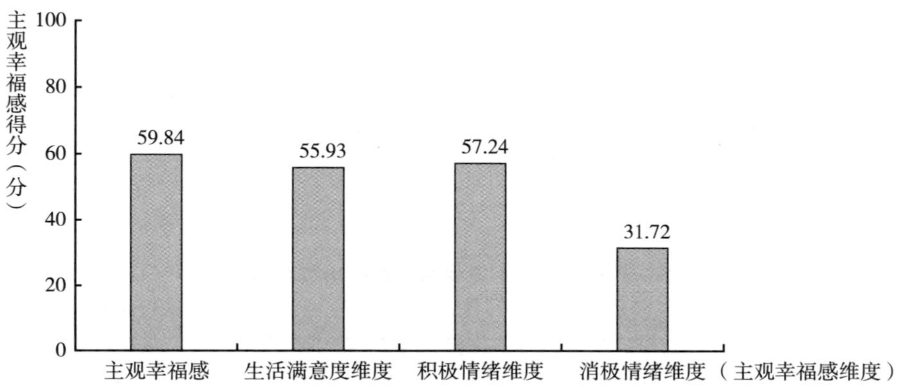

图1　北京市居民主观幸福感得分

将2019~2022年北京市居民的主观幸福感得分进行纵向对比后发现，居民的主观幸福感水平呈上升趋势（见图2）。2019年、2020年、2021年、2022年北京市居民的主观幸福感得分分别为48.57分、56.71分、56.36分、59.84分。

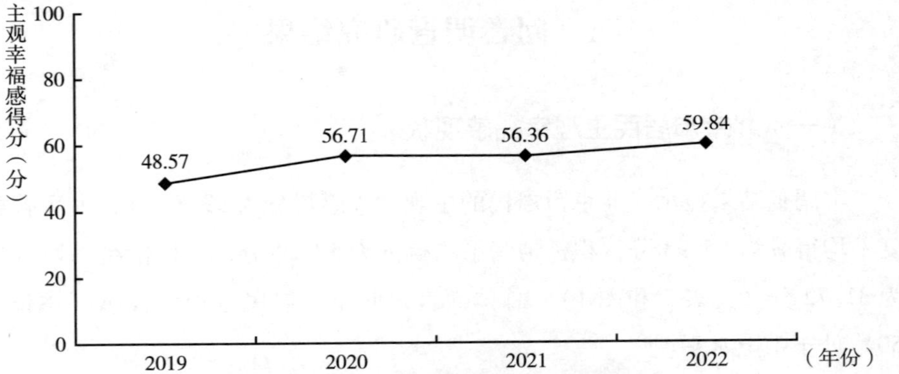

图2　不同年份主观幸福感得分（2019~2022年）

党的十九大报告提出，要使人民的幸福感更加充实、更有保障、更可持续。以此为指导，北京市推进“幼有所育、学有所教、劳有所得、病有所医、老有所养、住有所居、弱有所扶”，通过各种贴近民生的政策促进居民主观幸福感的提升，本调查结果反映了政策施行的有效性。

（二）北京市居民主观幸福感在人口学变量上的差异

1. 男性和女性居民的主观幸福感无显著差异

使用独立样本t检验对不同性别北京市居民主观幸福感进行差异比较后发现，男性和女性居民的主观幸福感无显著差异［t（2813）=−1.51，$p>0.05$］（见表3和图3）。

表3　不同性别居民主观幸福感平均数和标准差

单位：分

性别	$M±SD$	t
男	59.22±15.59	−1.51
女	60.15±15.26	

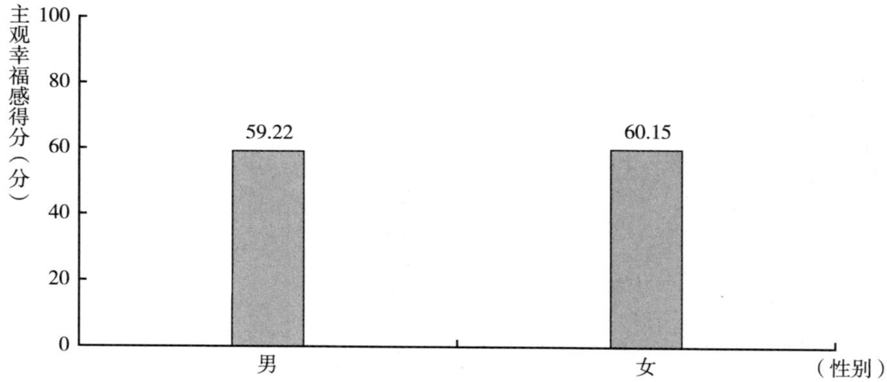

图 3　2022 年北京市居民主观幸福感性别差异

2. 16~20岁和61岁及以上居民的主观幸福感较高

为了更直观地比较各年龄段北京市居民主观幸福感的差异，将所有人按照年龄分为 6 组：16~20 岁、21~30 岁、31~40 岁、41~50 岁、51 岁~60 岁、61 岁及以上。单因素方差分析显示，各年龄段北京市居民在主观幸福感上存在显著差异［F（5，2809）=4.44，p <0.001］（见表 4 和图 4）。进一步分析发现，16~20 岁居民主观幸福感显著高于 21~50 岁居民（ps<0.05）。

表 4　不同年龄段居民主观幸福感平均数和标准差

单位：分

年龄	$M \pm SD$	F
16~20 岁	62.00±15.08	4.44***
21~30 岁	57.58±15.85	
31~40 岁	59.48±14.68	
41~50 岁	59.57±15.82	
51~60 岁	60.36±14.49	
61 岁及以上	61.82±18.08	

注：*** p<0.001、** p<0.01、* p<0.05，下同。

16~20 岁居民年龄偏低，多受到父母的情感支持和经济支持，不用为生计而发愁。他们有很多机会去探索自我、寻找快乐，承担着较少的

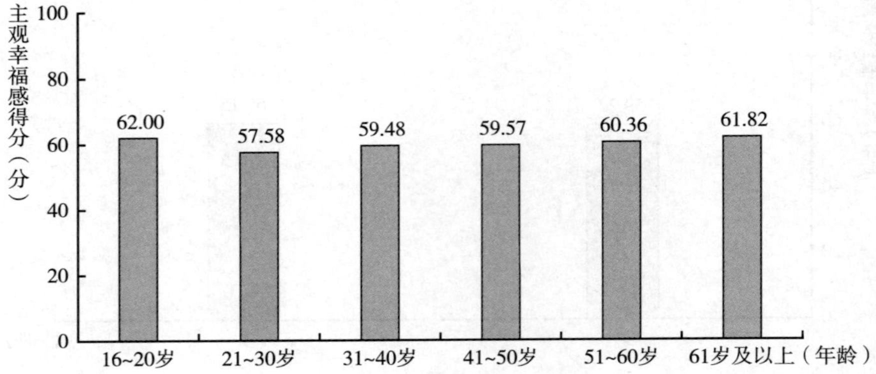

图 4　2022 年不同年龄段北京市居民幸福感差异

责任，主观幸福感比较高。61 岁及以上的居民大多处于退休的状态，可以卸下一身的工作压力和养育子女的重任，生活比较闲适，心态也变得更加从容，主观幸福感较高。相比之下，21～50 岁居民要担起重任，探索职业路径和发展个人能力，增强职场胜任力，同时要承担照顾家庭的责任。这个年龄段的居民更容易暴露在多种压力环境下，主观幸福感容易受到影响。因此，16～20 岁和 61 岁及以上居民的主观幸福感高于中段年龄群体。

3. 无恋爱经历居民的主观幸福感高于单身有过恋爱经历、恋爱中同居和离异或丧偶的居民

本调查把婚恋状况分为六类：无恋爱经历、恋爱中未同居、已婚、单身有过恋爱经历、恋爱中同居、离异或丧偶。对不同婚恋状态下的北京市居民的主观幸福感进行差异比较，单因素方差分析结果显示，不同婚恋状况的北京市居民主观幸福感存在显著差异［$F(5, 2809) = 6.40$，$p < 0.001$］（见表 5 和图 5）。进一步分析发现，无恋爱经历居民的主观幸福感高于单身有过恋爱经历、恋爱中同居和离异或丧偶的居民（$ps < 0.05$）。

表 5　不同婚恋状况居民主观幸福感平均数和标准差

单位：分

婚恋状况	*M*±*SD*	*F*
无恋爱经历	61. 16±16. 00	6. 40***
恋爱中未同居	60. 53±15. 27	
已婚	60. 23±14. 90	
单身有过恋爱经历	58. 47±15. 62	
恋爱中同居	56. 30±15. 23	
离异或丧偶	51. 46±17. 70	

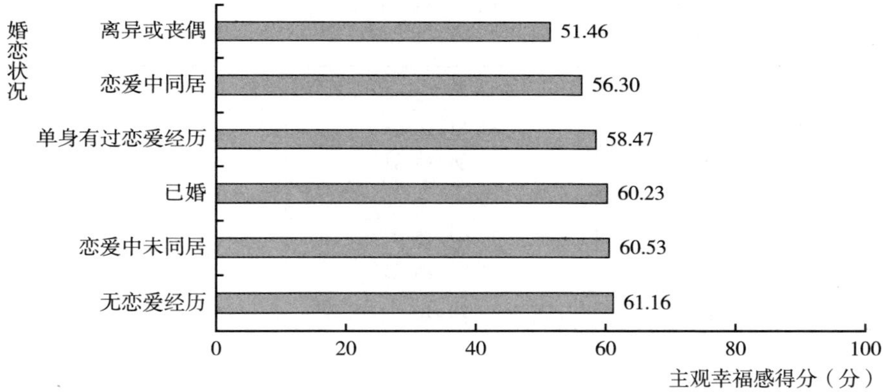

图 5　2022 年不同婚恋状态北京市居民主观幸福感差异

和往年得出的结论（已婚和同居居民的主观幸福感明显高于未婚、离异或丧偶的居民）相比，本次调查加入恋爱状况的调研后，有了新发现：无恋爱经历的人幸福感最高，这可能是由于个体比较享受一个人自由自在的生活状态，没有经历过爱情的苦痛，幸福感较高。离异或丧偶的居民主观幸福感较低，体现其生活状态的不如意，社会和家人应给予他们关爱和支持，助其走出阴影、迎接新的生活。

另外，一个有趣的发现是恋爱中同居居民的主观幸福感也比较低，这表明情侣在同居过程中会产生很多问题和矛盾，需要相互磨合，其主观幸福感受到影响，因此，同居在一定程度上可以检验两个人是否适合长期生活在一起。

4. 初中及以下文化程度的居民主观幸福感高于其他学历类型的居民

对北京市居民按照不同文化程度分类，共分为初中及以下、中专或职高、高中、大专、本科和硕士及以上六类。对不同文化程度北京市居民的主观幸福感进行差异比较，单因素方差分析结果显示：不同文化程度的北京市居民主观幸福感存在显著差异［$F(5, 2809) = 2.99$，$p<0.05$］（见表6和图6）。进一步分析发现，初中及以下文化程度的居民主观幸福感高于其他学历类型的居民（$ps<0.05$）。

表6 不同文化程度居民主观幸福感平均数和标准差

单位：分

文化程度	*M*±*SD*	*F*
初中及以下	63.64±16.08	2.99*
中专或职高	59.26±15.51	
高中	59.44±14.86	
大专	58.62±15.02	
本科	59.60±15.24	
硕士及以上	60.70±16.00	

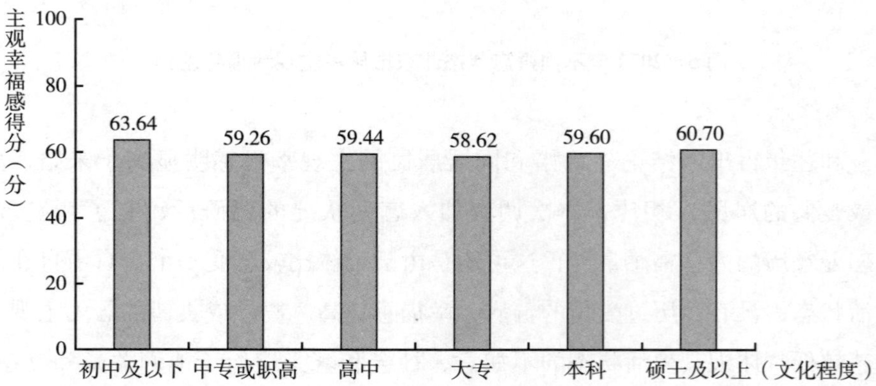

图6 不同文化程度北京市居民主观幸福感差异

初中及以下文化程度的居民大部分是学生，家长们竭尽全力给子女提供物质和情感上的支持，鼓励子女参加各类活动，丰富其精神生活，这些为孩子健康成长提供了良好的基础。因此，这一人群对生活所持的态度是积极乐观的，主观幸福感较高。

5. 月收入30000元及以上的居民主观幸福感高于月收入在10000元以下的居民

本调查把尚未实现经济独立的 810 名学生身份的北京市居民排除在外，把已参加工作的人群月收入分为 1999 元及以下、2000～4999 元、5000～9999 元、10000～19999 元、20000～29999 元、30000 元及以上六类。对不同月收入北京市居民的主观幸福感进行差异比较，单因素方差分析结果显示：不同月收入的北京市居民主观幸福感存在显著差异［F（5，1999）= 5.91，p<0.001］（见表 7 和图 7）。月收入 30000 元及以上的居民主观幸福感显著高于月收入在 10000 元以下的居民（ps<0.05）。

表 7　不同月收入居民主观幸福感平均数和标准差

单位：分

月收入	$M±SD$	F
1999 元及以下	60.33±15.32	5.91***
2000～4999 元	58.17±15.33	
5000～9999 元	58.29±14.89	
10000～19999 元	61.24±15.52	
20000～29999 元	61.55±15.79	
30000 元及以上	64.22±15.98	

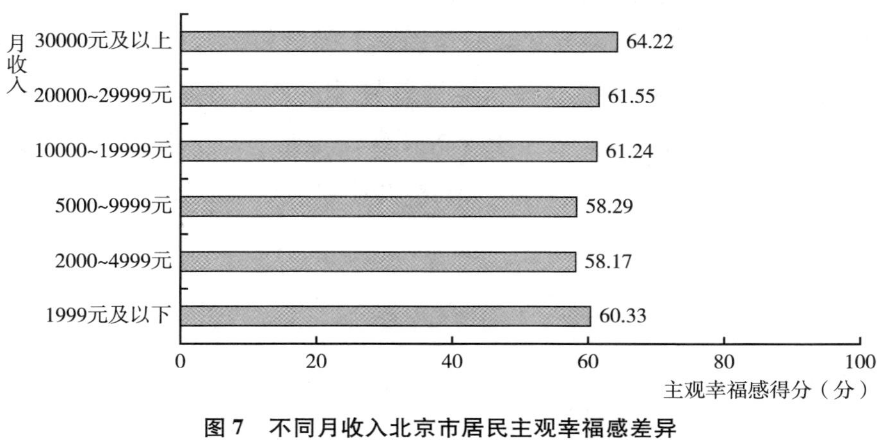

图 7　不同月收入北京市居民主观幸福感差异

经济基础决定上层建筑，相对来讲，绝对收入水平和社会地位越高的居民，享受的社会资源越多，其主观幸福感会高于低收入人群。

除绝对收入水平外，居民主观幸福感还会受到相对收入水平和未来收入预期的影响。相对剥夺理论认为，人们在用收入评估自己的主观幸福感时，会参照自己的收入在整个群体中的相对位置①。当居民收入高于平均水平时，主观幸福感会比较高。同时，稳定的收入预期也会影响到当下居民的主观幸福感。近几年不少人的收入受到疫情影响，在此情景下，其收入预期不如疫情之前稳定，而保持稳定的收入对居民维持正常的生活很重要，因此主观幸福感会受到经济不稳定因素的影响。

因此在疫情之下，宏观经济环境有波动，在未来的经济环境不明朗的情况下，居民当下收入水平越高，在群体收入水平中相对位置越靠前，加上对未来收入有相对稳定的预期，其主观幸福感就越高。

但调查也发现，月入 10000 元及以上的居民主观幸福感差异不显著，这也印证了幸福悖论理论，即收入达到一定程度后，幸福感并不会随之增长，说明主观幸福感与物质生活水平并不是一种简单的线性关系，除了物质条件外，个体还追寻更多精神层面上的满足。

6. 无业、失业或下岗居民的主观幸福感较低

本调查把北京市居民工作状态分为六类：正式工作，临时工作，无业、失业或下岗，离退休，学生，自由职业。对不同工作状态的北京市居民的主观幸福感进行差异比较，单因素方差分析结果显示：不同月收入的北京市居民主观幸福感存在显著差异［$F(5, 2809) = 3.79$，$p < 0.01$］（见表 8 和图 8）。进一步分析发现，无业、失业或下岗居民主观幸福感低于学生、自由职业者、离退休者和有正式工作的居民（$ps < 0.05$）。

① 种聪、岳希明：《经济增长为什么没有带来幸福感提高？——对主观幸福感影响因素的综述》，《南开经济研究》2020 年第 4 期。

表 8　不同工作状态居民主观幸福感平均数和标准差

单位：分

工作状态	$M \pm SD$	F
学生	61. 26±15. 50	3. 79 **
自由职业	60. 19±10. 34	
离退休	59. 75±15. 91	
正式工作	59. 62±15. 37	
临时工作	58. 03±14. 73	
无业、失业或下岗	55. 85±15. 63	

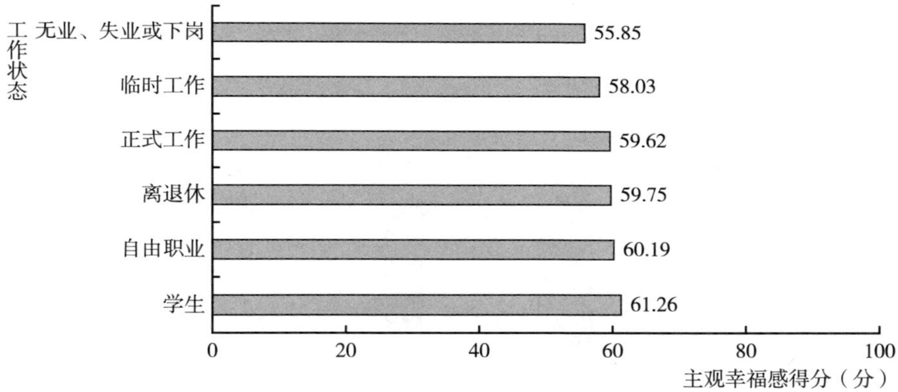

图 8　不同工作状态北京市居民主观幸福感差异

就业是最大的民生，然而目前中国就业压力较大，结构性矛盾凸显，人们更希望有一份“稳定的工作”。党的二十大也提出要加强困难群体就业兜底帮扶，创造有利条件，减少无业、失业或下岗人员。无业、失业或下岗居民缺少就业机会和收入来源，就无法维持正常生活，心理上也更容易陷入焦虑恐慌情绪，主观幸福感会显著降低。如果就业得到保障，居民的主观幸福感会大大提升。

7. 外地农村户籍的居民主观幸福感低于其他户籍居民

本调查把北京市常住居民的户籍所在地分为四类：北京城市、北京农村、外地城市、外地农村。对不同户籍的北京市居民的主观幸福感进行差异比较，方差分析结果表明北京市不同户籍所在地的居民主观幸福感存在显著差异［F

(3, 2811) = 21.31, $p<0.05$] (见表9和图9)。进一步分析发现，户籍所在地为外地农村的居民主观幸福感低于其他户籍所在地的居民 ($ps<0.05$)。

表9 不同户籍所在地居民主观幸福感平均数和标准差

单位：分

户籍所在地	$M \pm SD$	F
北京城市	61.50±15.55	21.31*
北京农村	57.64±13.21	
外地城市	57.63±15.02	
外地农村	54.72±15.62	

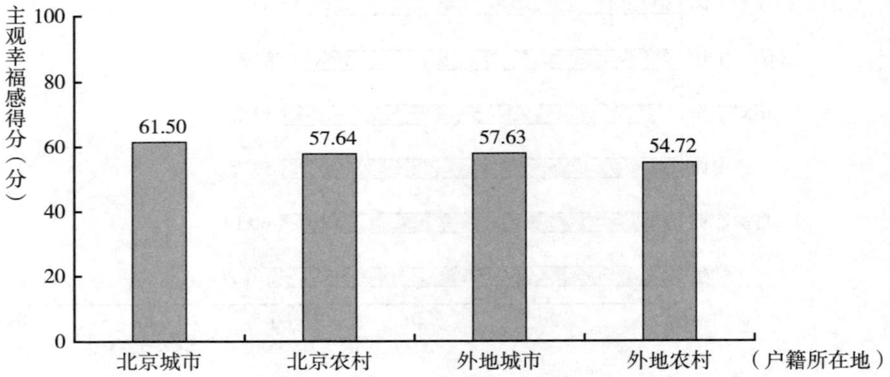

图9 不同户籍所在地北京市居民主观幸福感差异

当前，我国各个地区经济发展水平还存在较大的差异，相比其他户籍所在地的居民，户籍所在地为外地农村的北京市居民生活较为艰难，其受教育水平较低，住房环境较差，就业方面也更困难，工作环境和条件也较差，主观幸福感会较低。

8. 居住时间在9年以上居民的主观幸福感较高

本调查把居民在北京的居住时间分为五类：3年以内、3~5年、5~7年、7~9年、9年以上。对不同居住时间的北京市居民的主观幸福感进行差异比较，方差分析结果表明不同居住时间的北京市居民主观幸福感存在显著差异 [F (4, 2810) = 6.12, $p<0.001$] (见表10和图10)。进一步分析发现，居住年限在9年以上的居民主观幸福感高于3年以内、3~9年的居民 ($ps<0.05$)。

表 10　不同居住时间居民主观幸福感平均数和标准差

单位：分

居住时间	$M \pm SD$	F
3 年以内	56.73±14.59	6.12***
3~5 年	59.14±14.48	
5~7 年	58.56±15.38	
7~9 年	57.09±16.85	
9 年以上	60.63±15.41	

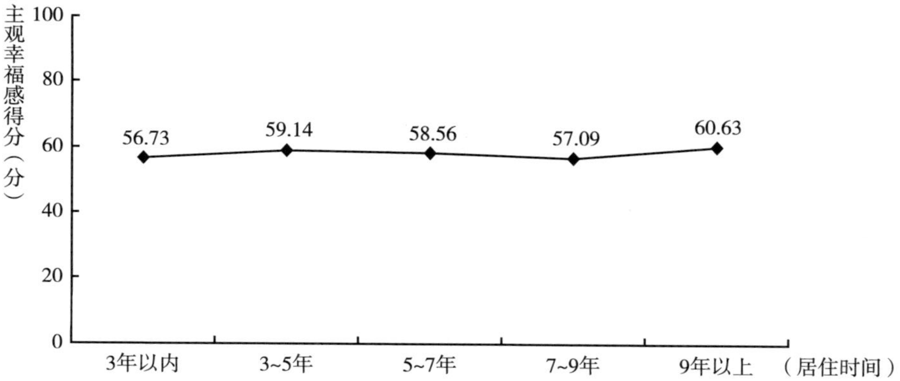

图 10　不同居住时间北京市居民主观幸福感差异

除北京本地户口的居民以外，居住时间在 3 年以内、7~9 年的北京市居民多为外籍来京人员，读书或者毕业后选择留在北京。年龄在 20~30 岁的居民在北京居住的前几年里，可能在学校读书和打拼事业，几年内可能会出现结婚和生孩子的情况。居住 7~9 年者孩子上学需要户口，此时房子和户口就成了比较大的问题和压力；如果没有孩子，租房或者没有北京户口，对北京市居民影响也不大；这个阶段的居民，养孩子成本上升，加上大多数家庭没有老人帮忙照顾孩子，各方面的压力很大，主观幸福感受到影响。而居住时间在 9 年以上的大多是本地居民或者经过多年打拼已经稳定下来，幸福感较前几年有所上升或一直持续在一个较高的水平。

9. 不同地区北京市居民主观幸福感无显著差异

对北京市 16 区的常住居民主观幸福感进行差异比较，方差分析结果表明北京市不同地区的居民主观幸福感不存在显著差异［F（15，2799）= 1.58，p>0.05］（见表11和图11）。

表11　不同地区居民主观幸福感平均数和标准差

单位：分

地区	$M±SD$	F
昌平	57.38±14.84	1.58
平谷	57.59±12.35	
顺义	58.66±13.09	
大兴	58.68±15.70	
通州	59.08±15.31	
丰台	59.73±15.56	
朝阳	60.01±16.59	
海淀	60.04±14.76	
密云	60.39±14.15	
石景山	60.53±15.52	
房山	60.53±13.62	
延庆	60.60±14.59	
怀柔	61.69±16.18	
西城	61.73±16.21	
东城	62.56±17.03	
门头沟	63.56±17.00	

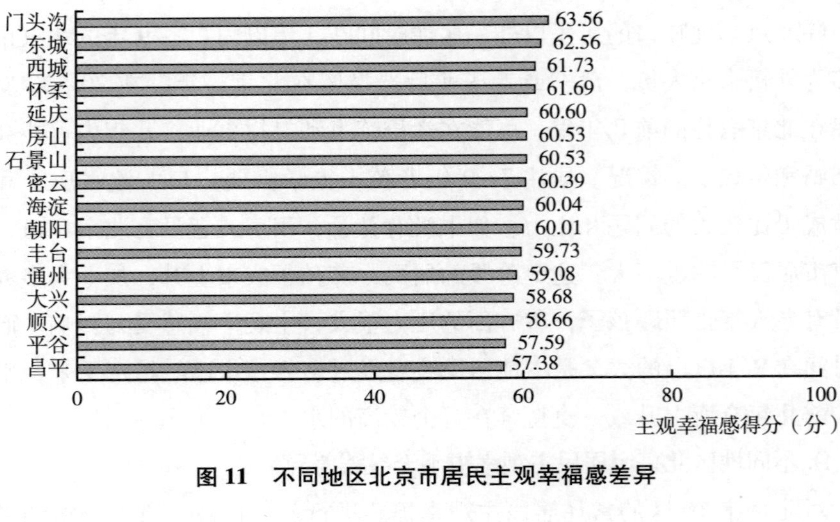

图11　不同地区北京市居民主观幸福感差异

（三）北京市居民主观幸福感的相关分析

对家人朋友支持、自然环境满意度、居住地配套设施满意度与主观幸福感进行皮尔逊相关分析（见表 12），相关分析结果表明：主观幸福感与家人朋友支持、自然环境满意度和居住地配套设施满意度均呈现显著相关（$ps<0.01$）。

表 12　2022 年北京市居民主观幸福感的相关分析结果

项目	1	2	4	5
主观幸福感	1			
家人朋友支持	0.52**	1		
自然环境满意度	0.33**	0.26**	1	
居住地配套设施满意度	0.39**	0.33**	0.70**	1

（四）家人朋友支持、自然环境满意度、居住地配套设施满意度与主观幸福感回归分析结果

以家人朋友支持、自然环境满意度和居住地配套设施满意度作为预测变量，将主观幸福感设置为因变量，进行逐步回归，具体结果见表 13。回归分析显示，家人朋友支持、自然环境满意度、居住地配套设施满意度对主观幸福感有正向的预测作用（$R^2=0.33$，$F=453.15$，$p<0.001$），家人朋友支持、自然环境满意度、居住地配套设施满意度越高，主观幸福感越高。

表 13　2022 年北京市居民主观幸福感回归分析结果

因变量	预测变量	R^2	调整后的 R^2	F	b	β	t
主观幸福感	家人朋友支持	0.33	0.33	453.15***	0.81	0.43	26.45***
	自然环境满意度				0.28	0.09	4.14***
	居住地配套设施满意度				0.53	0.18	8.27***

相关分析和回归分析表明，家人朋友支持、自然环境满意度、居住地配套设施满意度会影响北京市居民的主观幸福感。基于此，我们可以从增加居民的社会支持，提高居民自然环境满意度、居住地配套设施水平方面着手，提升居民主观幸福感。如北京居民在遇到压力或烦恼时，可以主动寻求既有的社会支持（如家人朋友），合理倾诉与寻求建议，缓解压力，提高主观幸福感，也可以通过社会邻里互助、公益互助等形式增加社会支持。相关政府部门也可以通过改善居住地配套设施和城市自然环境，定期清洁维护和修缮，为居民生活提供一个干净、舒适的生活环境，从而提高居民的主观幸福感。

四　网络数据分析的结果

将采集到的微博评论文本复制到中文分词工具中，过滤掉“太”“真”“好的”等无实际意义的单字或词语，尽可能多地提取可以表达主观幸福感的词语，构建主观幸福感关键词列表，具体结果见表 14 和图 12。

表 14　与主观幸福感相关的微博文本高频词统计

单位：次

分词	词频	分词	词频	分词	词频
快乐	196	睡觉	42	国家	27
放下	189	依赖	41	未来	26
生活	179	喜欢	39	满满的	26
拥抱	167	人际交往	38	刻板	25
幸福感	138	减法	37	家人	25
加油	122	过分	34	更好	25
幸福	119	烦恼	34	祖国	25
能力	86	努力	33	工作	24
社交	58	开心	33	印象	23
家庭	50	人生	32	朋友	22
吃饭	46	说话	31	满意	22
美好	46	减少	31	世界	21
期待	45	学会	31	值得	21
提升	44	希望	28	爆棚	21

图 12　北京市微博用户有关主观幸福感关键词词云图（部分）

通过词频分析和词云图可以更直观地了解北京地区微博用户的幸福感状况（生活满意度、积极情绪、消极情绪），如“幸福”“快乐”“期待”“焦虑”“拥抱”“放下”等与主观幸福感相关联的一些关键词。同时根据词频统计和词云图提供的信息，也可以探讨微博网络社交平台上北京地区用户表示的可能影响主观幸福感的因素。

根据词频分析结果表和词云图，总结归纳主观幸福感的关键词类别，主要包括社会支持、个体心态、国家经济发展三个类别，如表 15 所示。

表 15　主观幸福感关键词分析类目

所属类目	二级类目	关键词
主观幸福感关键词类别	社会支持	拥抱、社交、家庭、依赖、家人、朋友、阳光、共勉、温暖、热情、不期而遇、祝福、家风、人际交往、回报、孩子、和谐
	个体心态	放下、加油、能力、吃饭、提升、睡觉、满意、爆棚、享受、做好、攀比、寻找、珍惜、减法、感受、记录、心态、好吃、焦虑、心态、满足感、内耗、拥有、能量、痛苦、健康、元气
	国家经济发展	国家、未来、祖国、期待、希望、更好、工作、生活、青年、现实、假期、国庆、世界

北京市居民关于主观幸福感的微博话语表达在一定程度上反映了有哪些因素在影响和改变居民的主观幸福感。在社会支持方面，家人、朋友是社会支持的重要来源，人们在人际互动中获得温暖、爱与归属感（如拥抱、社交、祝福等词语）。此外，对社会支持的利用度也是影响个体主观幸福感的重要因素（如依赖、回报等词语）。在个体心态方面，个体能发挥主观能动性，应对生活中的焦虑、苦恼等积极作为（如放下、享受、珍惜等词语），通过美食、睡觉、记录生活中的小美好、学会做减法等方式释放压力，减轻焦虑，提升个体主观幸福感。在国家层面，国家经济力量（如未来、祖国、希望等词语）会影响个体主观幸福感，经济收入是个体满足生存需要、寻求更高生活质量的重要保障，国家宏观经济背景和职业发展前景会影响个体对未来生活的预期，影响到个体的主观幸福感水平。

五　政策建议

2022 年对北京市居民主观幸福感的问卷调查显示：北京市居民主观幸福感处在较高水平，不同群体之间主观幸福感存在一些差异，失业下岗、收入偏低、离异或丧偶、恋爱中同居、外地农村户籍人口的北京市居民主观幸福感偏低。网络数据分析表明，社会支持、个体心态、国家经济发展会影响居民主观幸福感。居民主观幸福感由积极情感、消极情感和生活满意度构成，因此，社会和个人可以积极主动作为，发挥主观能动性，提高居民积极情感和生活满意度，减少消极情感的产生，进而有效提高居民主观幸福感水平。据此，本报告从以下几个方面提出建议，进一步提高居民的生活质量和主观幸福感，使居民更加有意义地生活。

第一，关注无业、失业或下岗居民，加强社会保障和再就业培训，提升居民的主观幸福感。

无业、失业或下岗的主观幸福感程度相对较低，因此，可充分发挥政府公共就业机构在再就业工作中的主导作用，鼓励实现就业信息共享，拓宽就业渠道和就业岗位，为下岗失业人员提供更多的就业机会。

充分发挥社区、居委会等基层组织的作用，开展就业帮扶，结合岗位需求和无业、失业或下岗居民自身特点，有针对性地开展就业知识讲座、进行职业技能再培训，促进这类人重新就业，获得收入来源。要及时关注这个人群的心理健康状况，倡导社工及时介入，给予其心理援助，疏导其心理问题。

强化失业保险的维稳功能，掌握失业人群的失业保险和享受社会保障的信息和情况，通过失业补贴，切实加强失业人群的生活保障。对困难企业实施岗位补贴，减轻企业负担，鼓励企业稳定就业岗位，吸纳失业人员就业。

第二，关注离异或丧偶居民和非京籍居民的身心状况。

离异或丧偶等负性事件对居民心理影响较大，导致居民心理痛苦感高，容易对生活感到无望，缺乏生命意义感。因此，需多关注离异人群、丧偶人群的身心情况，为离异或丧偶人群提供心理支持、开展心理服务，调解其不良情绪。非京籍人群在北京努力打拼，工作艰辛，归属感较低，容易产生被排挤感和孤独感，关爱非京籍人群，保障非京籍人群的基本权益，使其公平合理地享受住房、医疗、教育资源，增强外来人群在北京的获得感和归属感。

第三，增强社会支持，提升不同群体的主观幸福感。

社会支持可以有效提升居民的幸福感，缓解居民的心理压力。研究表明，个体在面对各种各样的压力时，有足够的社会支持（包括他人的主观支持、客观物质支持、主动寻求的社会支持）可以大大减轻人的心理痛苦程度，可通过倾诉、寻求心理支持等方式排遣压力，整顿内心，克服困难，树立对美好生活的信心。2022 年上半年，北京疫情严重，不少北京市民隔离在家，产生了一些心理困扰。在此情景下，可通过家人朋友的情感支持、邻里互相帮助等方式，调节自身的消极情绪，恢复心理健康。因此，可从社会支持角度，为居民提供精神或物质方面的社会支持，增强心理助力，提升各人群的主观幸福感。

第四，加强居住地基础设施建设，优化居民居住环境。

政府加强政策扶持，推进城市基础设施建设，优化居民居住环境，让居民的生活更加便捷和舒适。优化道路交通建设，缓解居民上下班道路拥挤情况，减少居民上下班负面情绪的产生。适当地对老旧街道、住宅进行改造，改善居民住宅条件，拓宽小区道路，让居民的生活环境更加清洁、美丽和舒适。增加居民休闲娱乐活动设施和场所，建设游乐场所、活动中心，以便居民开展各类体育活动、老年棋牌类活动等休闲活动，提升居民在良好居住环境方面的幸福感。

第五，个体关注自身身心健康情况，注重心理调适，增强生命意义感。

主观幸福感反映的是当下个体对其生活状态满意度的主观感受体验，如果个体能发挥主观能动性，关注自身身心健康情况，增强生命意义感，做一些有意义的事，能大大提升主观幸福感。个体要及时关注自身和家人的心理健康状况，遇到心理困扰时及时求助。可以找朋友倾诉，也可以参与心理健康团辅和个人心理咨询，还可以通过微信公众号、短视频、喜马拉雅等平台收看、收听心理学文章和书籍，学习心理调适的方法，提升自己的心理健康素质和主观幸福感水平，使自己过更加有意义的生活。

第六，加强自然环境保护和建设，增加居民自然接触和体验，提升居民的主观幸福感。

本调查结果显示自然环境满意度对居民的主观幸福感存在影响。一方面要格外重视城市自然环境的改善和治理、加强城市空气污染治理、湖泊水域治理、空间卫生环境治理，增强生态文明建设，扩大城市蓝绿空间，提升蓝绿空间质量，改善城市自然环境。另一方面，居民可以主动亲近自然，增加自然接触和自然体验，到大自然去呼吸新鲜的空气，净化心灵，缓解日常工作和学习的压力，增加积极情感体验，提升个体主观幸福感。

B.4

北京市居民社会安全感状况调查（2022~2023）

陈 慧　许 楠*

摘　要： 社会安全感作为衡量居民生活质量的重要指标，对于社会发展有着重要意义。本调查采用问卷调查法和网络数据分析法进行研究。问卷调查法以3568名北京市常住居民为调查对象，网络数据分析法以1944名北京市网民的微博文本为调查对象，了解北京市居民整体的社会安全感现状。问卷调查结果表明，北京市居民的社会安全感处于中等偏上水平，潜剖面结果显示有一半以上的北京市居民处于中等安全感水平，逻辑回归结果显示未婚、失业和学历较低居民的社会安全感较低。网络数据词频调查结果显示北京市居民更关注在职业安全、社区安全和社会稳定等安全感上的提高，在此基础上进一步构建网络数据词云图，发现当前北京市居民比较关心社会发展、家庭和谐、经济安全和婚姻生育等方面的安全问题。针对北京市居民在社会安全感上呈现的特征，本报告提出如下建议：（1）加强女性在就业和家庭等方面的保障。（2）关注无业、失业或下岗居民。（3）加强对于婚姻生育的保障。（4）坚持动态化医疗服务。（5）创建良好社区环境。（6）加大社会治理力度。

关键词： 社会安全感　北京市居民　社会心态　网络数据调查

---

* 陈慧，北京林业大学人文社会科学学院讲师，主要研究方向为大学生心理健康、农村留守儿童的心理健康；许楠，北京林业大学人文社会科学学院在读硕士研究生，主要研究方向为临床心理学。

一 引言

心理学家马斯洛认为，人有七种基本的心理需要，其中安全感属于基础性需要，也就是安全感的缺乏会使个体的身心状态受到不良的影响。安全感的实现是个体实现更高层次心理需要的基础，是人心理健康的决定性因素。

社会安全的概念具有广义和狭义之分①，广义的社会安全是指在社会环境因素和社会系统内部因素下整个社会系统能够保持高效稳定运行并能将妨碍社会发展的不良因素排除，狭义的社会安全是指经济安全和政治安全外的其他领域的安全。在此次调查中，我们探讨的社会安全是广义层面的社会安全，涵盖职业安全、社会稳定、家庭安全、公共安全、社区安全以及身体安全，包括了社会安全的方方面面。

社会安全感作为个体对社会安全与否的感知，对于个体的身心发展、心理健康、生活满意水平以及幸福感都有着重要的影响。社会安全感是人们对社会安全与否认识的整体反映，它是通过社会中个体的安全感来体现的，社会安全感是一种社会心理现象，能够衡量社会运行机制和人们的生活安定程度。不同的个体具有不同的内在特质，因此对社会安全感的感知也会产生差异，除此之外，失业、收入下降、经济下行、社会矛盾、家庭关系、政策的不确定性等都会影响到个体的社会安全感②。通过对北京市居民进行社会安全感现状调查，我们能够了解社会面总体的社会安全感水平以及不同群体的社会安全感差异，从群体差异和总体水平来描述北京市居民社会安全感的现状。

社会安全感的高低对我们了解居民的生活状态和主要需求具有重要的意

① 宋宝安、王一：《利益均衡机制与社会安全——基于吉林省城乡居民社会安全感的研究》，《学习与探索》2010 年第 3 期。

② 朱志玲：《矛盾遭遇对基层政府评价的影响——以社会公平感、社会安全感为中介变量》，《华东理工大学学报》（社会科学版）2018 年第 5 期。

义和价值。高社会安全感的个体往往表现出较高的生活满意感、幸福感，拥有良好的心理健康状态，在工作中保持高昂的斗志和工作状态，能够很好地应对生活中的困难，具有较强的心理韧性。而低社会安全感的个体生活满意感、幸福感较低，在心理健康状态、工作适应、抗挫折能力以及心理韧性上均会表现出一定的问题。

近年来，随着中国经济发展进入新常态，政治发展实现新飞跃，社会发展迈上新台阶，社会安全感作为一个重要的概念，与幸福感、获得感、心理健康等概念反复被人们提起。人们意识到在安全感、获得感、幸福感和心理健康之间，存在相辅相成、密不可分的紧密联系，对安全感的重视和提升将有助于提高社会居民的获得感、幸福感和心理健康水平，这凸显出社会安全感对于社会发展的重要作用。

自新冠疫情在国内突发后，安全感成为一个社会居民普遍关注并且反复提及的话题。因此，探索北京市居民当前的社会安全感现状、描述不同居民当前的安全感水平差异不仅能够为社会治理实践提出相应的建议，而且能够为社会安全感的影响因素研究提供数据支持和思路。

二　研究过程

（一）调查对象

本次调查对象为北京市的常住居民。根据国家统计局对北京市的地区分类，按照各区人数所占北京市人口比例进行抽样，本课题组于 2022 年 9 月调查北京市 16 个区，共收集数据 3752 份，其中有效数据 3568 份，有效率 95.10%。本次调查的样本数量和样本分布均符合大样本心理调查的要求。本次调查的详细人口学信息如表 1 所示。

表 1　人口学信息

单位：人，%

人口学信息	类别	人数	百分比
性别	男	1528	42.80
	女	2040	57.20
受教育程度	初中及以下	144	5.46
	中专或职高	107	3.00
	高中	238	6.70
	大专	368	10.30
	本科	2311	64.80
	硕士	443	12.40
	博士	92	2.60
工作状态	正式工作	1806	50.60
	临时工作	200	5.60
	无业、失业或下岗	130	3.60
	离退休	91	2.60
	学生	1300	36.40
	其他	41	1.10
主观社会阶层	最上层	29	0.80
	中上层	231	6.50
	中层	1737	48.70
	中下层	1279	35.80
	最下层	292	8.20

人口学信息	类别	人数	百分比
月收入	1999 元及以下	1035	29.00
	2000~4999 元	620	17.40
	5000~9999 元	976	27.40
	10000~19999 元	675	18.90
	20000~29999 元	169	4.70
	30000 元及以上	93	2.60
婚姻状况	未婚	2147	60.20
	已婚	1361	38.10
	其他	60	1.70
年龄	20~29 岁	1845	51.70
	30~39 岁	970	27.20
	40~49 岁	575	16.10
	50~59 岁	123	3.50
	60 岁及以上	52	1.50
房产数	无房产	1664	46.60
	1 套房产	1414	39.60
	2 套房产	374	10.50
	3 套及以上房产	116	3.30

（二）研究方法及研究过程

1. 问卷研究法

采用王大为等人[①]编制的社会安全感问卷，量表共 22 道题目，采用 5 点计分，其中 1 代表完全不符合、5 代表完全符合。量表包含六个维度，分

① 王大为、张潘仕、王俊秀：《中国居民社会安全感调查》，《统计研究》2002 年第 9 期。

别是：公共安全、家庭安全、职业安全、社会稳定、身体安全和社区安全。经反向计分，得分越高，表明个体的社会安全感越高，本量表的内部一致性信度为0.94。

（1）差异检验

考察北京市居民的整体社会安全感现状及其在婚姻状态、工作状态、房产数量、年龄等人口学变量上的差异。

（2）潜剖面分析

潜剖面分析旨在探究不同组别在社会安全感各维度上的得分现状。运用统计软件 Mplus[①] 完成潜在剖面分析，在对被试进行分组的过程中，分别将组数设置为1、2、3、4、5，并就不同分组的被试在各个维度上的得分进行制图。

（3）逻辑回归分析

通过潜剖面分析对被试进行分组，并运用统计软件探索不同组别被试与职业安全感、身体安全感、公共安全感、家庭安全感、社会稳定感、社区安全感之间是否存在一定程度的回归效应。

2. 网络数据分析

2022年9月通过 Python3.6.5[②] 进行网络数据分析工作。首先，根据社会安全感的六个分维度确定了68个关键词并进行了网络数据爬取，以微博用户中的北京市人群作为研究对象，针对该居民的职业安全感、公共安全感、身体安全感、社会稳定感、社区安全感和家庭安全感进行文本分析。通过搜索“裁员”“城乡差距”“单亲家庭”“电信诈骗”“居住安全”“疫情”等关键词对相关微博内容进行采集，共收集数据5473条，关键词内容参照表2。

---

① 郑晓、常韵琪、肖淑娟等：《基于潜在剖面分析的老年人抑郁分型及相关因素》，《中国心理卫生杂志》2020年第5期。

② 李玉香、王孟玉、涂宇晰：《基于 python 的网络爬虫技术研究》，《信息技术与信息化》2019年第12期。

表 2　社会安全感关键词举例

社会安全感维度	关键词举例
职业安全感	裁员、工资水平、降薪、就业机会、就业难、考研考公、秋招、失业、失业下岗、缩招、职业安全
公共安全感	城乡差距、共同富裕、国家后盾、国家强大、环境恶化、教育公平、经济下行、男女平等、全球变暖、生态环境、台海危机、网络安全、养老、医保、住房、自然灾害
家庭安全感	单亲家庭、父母支持、婚姻关系、家庭安全感、家庭暴力、家庭氛围、家庭和谐、家庭矛盾、亲子沟通、亲子关系、原生家庭
社会稳定感	电信诈骗、黑恶势力、流动人口、贫富差距、社会安全、社会安全感、社会稳定、社会治安、社会秩序、违法犯罪、物价上涨
社区安全感	居民生活、居住安全、居住环境、社区安全、社区治安、小区治安
身体安全感	身体不适、身体健康、生病、新冠后遗症、疫情

其次，进行数据清洗，剔除重复数据 772 条，再对其中内容进行筛选，删除与安全感无关内容（3386 条）以及官方发布信息（143 条），最终保留数据 1172 条。

最后，基于收集到的数据，进行大数据词频分析（积极词、中性词、消极词）以及词云图构建，从而更全面地了解互联网北京市居民的社会安全感现状。

三　基于问卷调查的结果：北京市居民社会安全感现状

（一）北京市居民的社会安全感处于中等偏上水平

在本次调查中，北京市居民的社会安全感得分为 64.11，高于量表中值 60。这一结果表明北京市居民的社会安全感处于中等偏上水平。在量表的六个维度中，北京市居民的职业安全感、公共安全感、家庭安全感、社会稳定感、身体安全感、社区安全感、社会安全感总分之间的均值都存在显著差异［F（5，3568）= 80.38，p<0.01］，具体内容见表 3、图 1。

事后检验结果表明，公共安全感显著低于社会安全感总分、家庭安全感、社会稳定感、身体安全感和社区安全感（$ps<0.05$）。

表 3　不同维度的社会安全感平均数和标准差

单位：分

项目	社会安全感维度	$M \pm SD$	F
社会安全感	社会安全感	64.11±16.27	80.38**
	职业安全感	63.41±18.36	
	公共安全感	59.96±18.28	
	家庭安全感	67.42±18.13	
	社会稳定感	68.35±17.78	
	身体安全感	64.42±20.79	
	社区安全感	64.24±18.43	

注：** $p<0.01$。

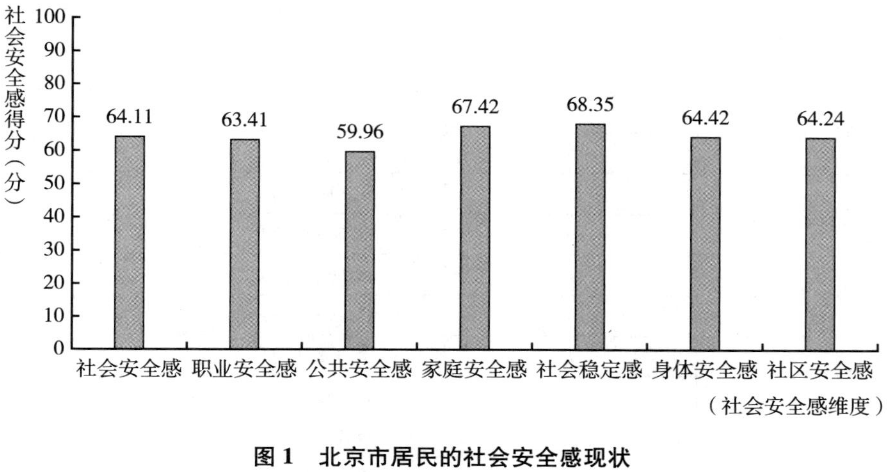

图 1　北京市居民的社会安全感现状

（二）女性群体的社会安全感较低

在社会安全感总分、公共安全感、身体安全感、社区安全感上，男性的社会安全感显著高于女性［t_1（3568）= 2.76，$p<0.05$；t_2（3568）= 5.26，$p<0.01$；t_3（3568）= 12.08，$p<0.01$；t_4（3568）= 2.20，$p<0.05$］，女性在家庭安全感上的得分显著高于男性［t_5（3568）= -2.17，$p<0.05$］，在职业安全感和社会稳定感两个维度上男性和女性不存在显著差异［t_6（3568）= -0.83，t_7（3568）= -0.77，$p>0.05$］。这可能是因为女性在社会中相对男性处于弱势地位，并且相比男性承担着更多家庭责任也享受着更多来自子女的依赖，因此女性在社会安全感总分、公共安全感、身体安全感、社区安全感上得分较低而家庭安全感得分较高，这也提示我们应该更加关注女性居民的利益以促进其社会安全感的提高（见表 4、图 2）。

表 4　不同性别居民的社会安全感平均数和标准差

单位：分

项目	性别	M+SD	t
社会安全感	男	64.98±17.92	2.76*
	女	63.46±14.89	
职业安全感	男	63.12±19.98	-0.83
	女	63.63±17.04	
公共安全感	男	61.81±19.46	5.26**
	女	58.57±17.22	
家庭安全感	男	66.66±19.85	-2.17*
	女	67.99±16.71	
社会稳定感	男	68.09±19.41	-0.77
	女	68.55±16.45	
身体安全感	男	69.19±21.14	12.08**
	女	60.85±19.80	
社区安全感	男	65.03±19.83	2.20*
	女	63.65±17.28	

注：** $p<0.01$，* $p<0.05$。

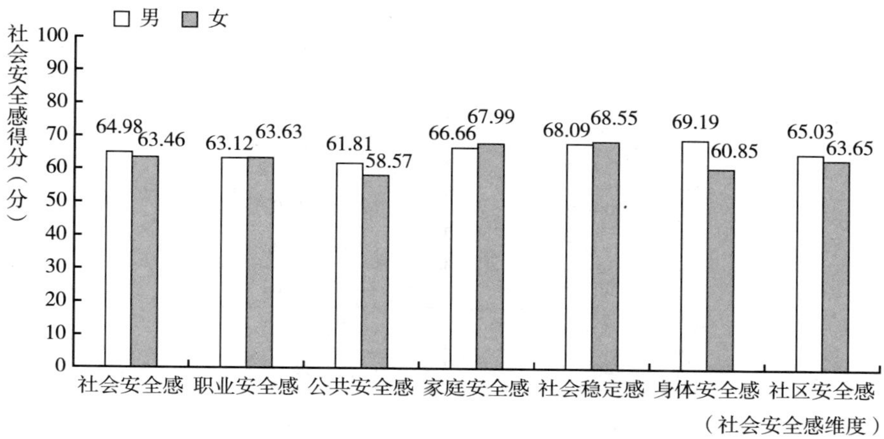

图 2　不同性别居民的社会安全感现状

（三）20~29岁的北京市居民社会安全感较低

为了更清楚地呈现不同年龄段的北京市居民社会安全感的差异，将不同年龄的被试分为 5 组：20~29 岁、30~39 岁、40~49 岁、50~59 岁、60 岁及以上。经过单因素方差分析发现，各年龄段的社会安全感总分、公共安全感、家庭安全感、社会稳定感、身体安全感、社区安全感得分均存在显著差异［F（4，3568）=1.11~24.37，$p<0.01$］（见表 5、图 3）。

表 5　不同年龄居民的社会安全感平均数和标准差

单位：分

项目	年龄	$M \pm SD$	F
社会安全感	20~29 岁	62.29±16.86	16.13**
	30~39 岁	64.74±15.34	
	40~49 岁	67.65±14.73	
	50~59 岁	67.37±16.63	
	60 岁及以上	69.77±17.98	

续表

项目	年龄	M±SD	F
职业安全感	20~29 岁	62. 98±19. 01	1. 11
	30~39 岁	64. 01±17. 63	
	40~49 岁	64. 21±17. 23	
	50~59 岁	62. 44±18. 07	
	60 岁及以上	60. 97±20. 38	
公共安全感	20~29 岁	57. 47±18. 83	24. 37 **
	30~39 岁	60. 72±17. 05	
	40~49 岁	64. 92±16. 59	
	50~59 岁	64. 74±18. 73	
	60 岁及以上	67. 03±21. 18	
家庭安全感	20~29 岁	65. 58±19. 01	16. 84 **
	30~39 岁	67. 52±16. 94	
	40~49 岁	71. 38±16. 08	
	50~59 岁	71. 95±18. 01	
	60 岁及以上	75. 91±18. 05	
社会稳定感	20~29 岁	66. 73±18. 16	9. 32 **
	30~39 岁	69. 35±17. 24	
	40~49 岁	70. 70±16. 63	
	50~59 岁	71. 65±18. 75	
	60 岁及以上	73. 33±18. 50	
身体安全感	20~29 岁	61. 84±21. 18	17. 27 **
	30~39 岁	66. 05±19. 94	
	40~49 岁	68. 68±19. 29	
	50~59 岁	67. 07±22. 05	
	60 岁及以上	72. 00±22. 72	
社区安全感	20~29 岁	62. 68±18. 92	11. 52 **
	30~39 岁	64. 30±17. 72	
	40~49 岁	67. 83±17. 02	
	50~59 岁	67. 37±18. 79	
	60 岁及以上	70. 78±20. 02	

注：** $p<0.01$。

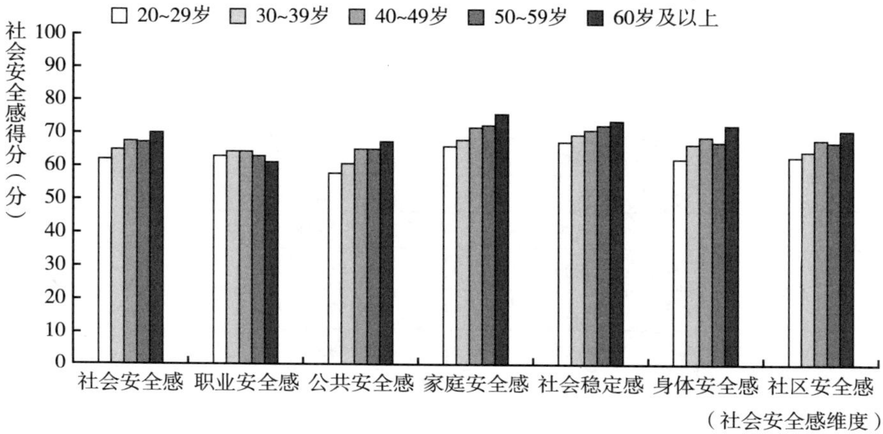

图 3　不同年龄居民的社会安全感现状

事后检验结果表明，在社会安全感总分，公共安全感、家庭安全感、社会稳定感、身体安全感、社区安全感上，20～29 岁的居民得分显著低于其他居民（$ps<0.05$）。原因可能是 20～29 岁的居民处于一个结婚生子、成家立业、赡养老人的阶段，因此面临着来自职业、家庭、婚姻等多方面的压力，这造成其社会安全感在这些维度上呈现较低水平。

（四）已婚北京市居民的社会安全感高于未婚居民

对不同婚姻状态北京市居民的社会安全感及家庭安全感、职业安全感、社会稳定感、身体安全感、社区安全感六个分维度得分进行单因素方差分析，方差分析结果显示不同婚姻状态的居民在社会安全感上存在显著差异［$F(1, 3568)=13.10\sim74.65$，$p<0.01$］。

事后检验结果显示，已婚居民在社会安全感总分、职业安全感、家庭安全感、社会稳定感、身体安全感、社区安全感上得分均高于未婚居民（$ps<0.05$）。这可能是因为已婚的个体在经济上、生活上的抗风险能力比未婚的居民更高，因此其社会安全感也更高（见表 6、图 4）。

表 6　不同婚姻状态居民的社会安全感平均数和标准差

单位：分

项目	婚姻状态	*M+SD*	*F*
社会安全感	未婚	61. 85±15. 74	66. 84**
	已婚	67. 97±16. 43	
职业安全感	未婚	62. 60±18. 15	13. 10**
	已婚	65. 03±18. 58	
公共安全感	未婚	61. 81±17. 22	74. 65**
	已婚	58. 57±19. 85	
家庭安全感	未婚	65. 08±16. 71	58. 04**
	已婚	71. 44±19. 41	
社会稳定感	未婚	66. 29±16. 45	55. 81**
	已婚	72. 06±21. 14	
身体安全感	未婚	61. 81±19. 80	48. 83**
	已婚	68. 74±20. 35	
社区安全感	未婚	61. 85±19. 83	61. 87**
	已婚	68. 40±17. 28	

注：** $p<0.01$。

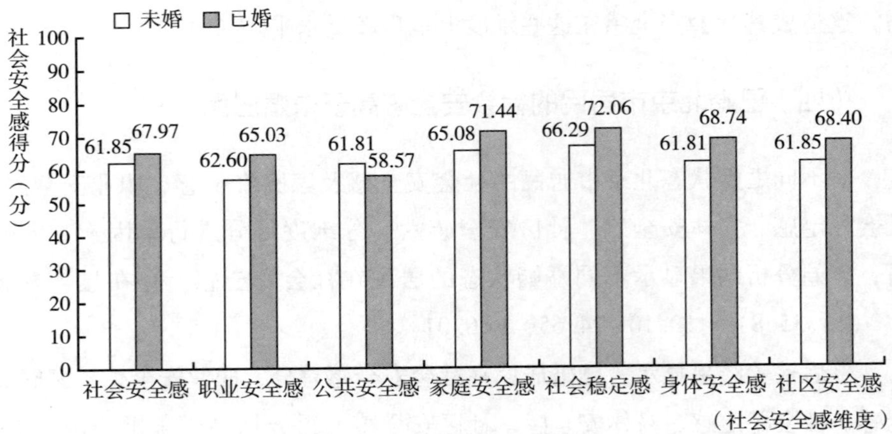

图 4　不同婚姻状态居民的社会安全感现状

（五）收入为4999元及以下的北京市居民社会安全感较低

家庭月收入被划分为六个层次，分别为：1999 元及以下、2000~4999 元、5000~9999 元、10000~19999 元、20000~29999 元、30000 元及以上。对不同月收入的个体进行单因素方差分析，结果显示不同月收入的北京市居民在社会安全感总分、公共安全感、职业安全感、社会稳定感、身体安全感、社区安全感和家庭安全感上均存在显著差异［F（5，3568）= 5.82~21.46，$p<0.01$］。不同月收入居民的社会安全感得分见表 7、图 5。

表 7　不同月收入居民的社会安全感平均数和标准差

单位：分

项目	月收入	$M\pm SD$	F
社会安全感	1999 元及以下	62.43±14.30	16.65**
	2000~4999 元	62.28±15.65	
	5000~9999 元	63.12±17.54	
	10000~19999 元	68.06±17.07	
	20000~29999 元	68.62±14.59	
	30000 元及以上	68.34±17.37	
职业安全感	1999 元及以下	63.57±16.49	5.82**
	2000~4999 元	62.19±18.39	
	5000~9999 元	61.67±19.78	
	10000~19999 元	65.89±18.74	
	20000~29999 元	66.47±17.18	
	30000 元及以上	64.51±19.08	
公共安全感	1999 元及以下	57.23±16.80	21.46**
	2000~4999 元	57.20±17.76	
	5000~9999 元	59.94±18.95	
	10000~19999 元	64.31±19.05	
	20000~29999 元	66.22±15.89	
	30000 元及以上	66.70±18.86	
家庭安全感	1999 元及以下	66.22±16.27	12.96**
	2000~4999 元	66.06±17.73	
	5000~9999 元	65.67±19.68	
	10000~19999 元	71.31±18.21	
	20000~29999 元	71.95±16.74	
	30000 元及以上	71.61±19.33	

续表

项目	月收入	$M±SD$	F
社会稳定感	1999 元及以下	66. 58±15. 84	12. 19**
	2000~4999 元	67. 22±17. 24	
	5000~9999 元	67. 34±19. 03	
	10000~19999 元	72. 60±18. 49	
	20000~29999 元	71. 43±16. 62	
	30000 元及以上	69. 67±19. 47	
身体安全感	1999 元及以下	61. 96±19. 90	13. 95**
	2000~4999 元	62. 45±20. 59	
	5000~9999 元	63. 84±21. 18	
	10000~19999 元	68. 69±20. 98	
	20000~29999 元	69. 23±19. 57	
	30000 元及以上	71. 29±21. 37	
社区安全感	1999 元及以下	62. 81±16. 60	13. 80**
	2000~4999 元	62. 43±18. 15	
	5000~9999 元	62. 83±19. 15	
	10000~19999 元	68. 42±19. 54	
	20000~29999 元	69. 07±17. 23	
	30000 元及以上	67. 81±19. 12	

注：** $p<0.01$。

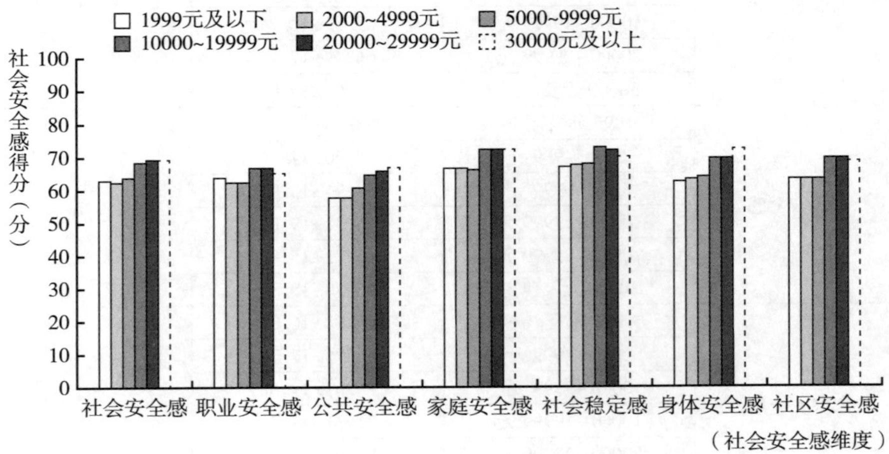

图 5　不同月收入居民的社会安全感现状

事后检验结果表明，收入为 1999 元及以下和 2000~4999 元的居民在公共安全感、社会稳定感、身体安全感、社区安全感上均低于其他收入居民（$ps<0.05$）。

以上结果可能是因为较低的工资水平会使个体面临更多的在职业上、家庭关系上、身体健康上、经济上的问题与困境，因此要关心社会的低收入居民，采取一定的措施帮助他们顺利度过生活中的困境，从而使其居民安全感得以提高。

（六）学历为硕士及以上群体的北京市居民社会安全感较高

对北京市居民按照不同受教育程度，进行社会安全感总分及其各维度得分的比较，单因素方差分析结果显示不同教育水平的居民在职业安全感、公共安全感、家庭安全感、社会稳定感、身体安全感、社区安全感以及社会安全感总分上均有显著差异［$F(5, 3568) = 2.27 \sim 7.00$，$p<0.05$］，不同教育水平的居民社会安全感得分如表 8、图 6 所示。

表 8　不同学历状况居民的社会安全感平均数和标准差

单位：分

项目	学历状况	$M \pm SD$	F
社会安全感	初中及以下	67.22±16.64	4.46^{**}
	中专或职高	59.79±17.57	
	高中	63.50±14.61	
	大专	65.31±17.64	
	本科	63.65±16.26	
	硕士及以上	66.13±15.19	
职业安全感	初中及以下	62.24±18.93	2.27^{*}
	中专或职高	58.19±19.92	
	高中	63.33±17.22	
	大专	62.75±19.05	
	本科	63.60±18.42	
	硕士及以上	64.49±17.31	

续表

项目	学历状况	$M\pm SD$	F
公共安全感	初中及以下	65.08±18.22	7.00**
	中专或职高	57.10±18.54	
	高中	59.53±16.99	
	大专	62.33±19.10	
	本科	58.97±18.38	
	硕士及以上	62.85±17.01	
家庭安全感	初中及以下	70.09±18.97	2.66*
	中专或职高	63.78±19.52	
	高中	67.45±16.54	
	大专	67.64±20.23	
	本科	67.04±18.03	
	硕士及以上	69.48±16.81	
社会稳定感	初中及以下	71.02±19.19	4.97**
	中专或职高	61.24±19.77	
	高中	66.89±15.76	
	大专	69.32±19.83	
	本科	68.29±17.55	
	硕士及以上	69.72±16.92	
身体安全感	初中及以下	67.72±21.11	2.89*
	中专或职高	61.12±20.84	
	高中	64.03±20.34	
	大专	66.16±20.46	
	本科	63.79±21.00	
	硕士及以上	66.50±19.87	
社区安全感	初中及以下	68.51±19.86	4.95**
	中专或职高	59.12±20.33	
	高中	62.60±16.65	
	大专	66.10±19.16	
	本科	63.82±18.48	
	硕士及以上	66.01±17.11	

注：** $p<0.01$，* $p<0.05$。

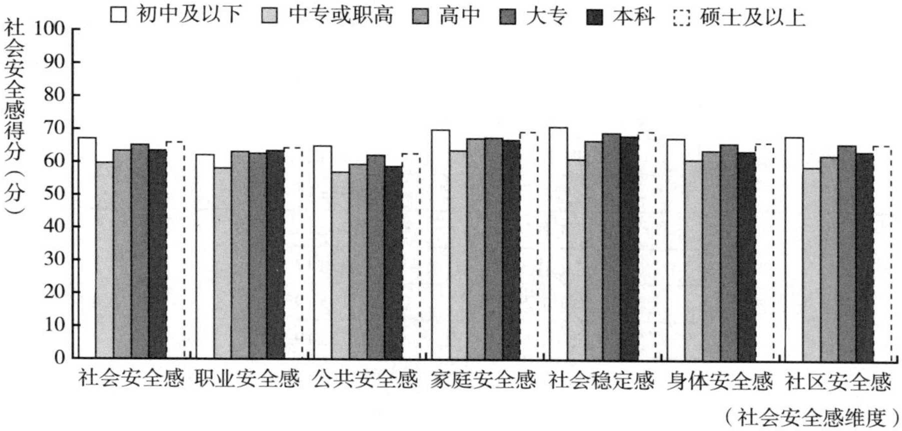

图 6　不同学历居民的社会安全感现状

事后检验结果表明学历为硕士及以上居民的职业安全感高于其他居民（$ps<0.05$），这可能是因为学历较高时，个体在就业方面遭遇的压力相对较小，因此职业安全感较高。

（七）无业、失业或下岗的北京市居民社会安全感较低

在本次调查中将工作状况分为正式工作，临时工作，无业、失业或下岗，离退休，学生以及其他，本次调查中“其他”只有 41 名被试，故不将其纳入分析。结果显示不同工作状态的居民在社会安全感得分上均存在显著差异［$F(4, 3568) = 2.49 \sim 5.60$，$p<0.05$］。不同工作状态居民的社会安全感得分见表 9、图 7。

表 9　不同工作状况居民的社会安全感平均数和标准差

单位：分

项目	工作状况	$M \pm SD$	F
社会安全感	正式工作	67.22±16.64	3.45*
	临时工作	63.50±14.61	

续表

项目	工作状况	$M \pm SD$	F
社会安全感	无业、失业或下岗	59.79±17.57	3.45*
	离退休	65.31±17.64	
	学生	63.93±16.11	
职业安全感	正式工作	62.24±18.93	2.49*
	临时工作	63.33±17.22	
	无业、失业或下岗	58.19±19.92	
	离退休	62.75±19.05	
	学生	63.66±18.28	
公共安全感	正式工作	65.08±18.22	4.80*
	临时工作	59.53±16.99	
	无业、失业或下岗	57.10±18.54	
	离退休	62.33±19.10	
	学生	59.40±18.22	
家庭安全感	正式工作	70.09±18.97	1.64
	临时工作	67.45±16.54	
	无业、失业或下岗	63.78±19.52	
	离退休	67.64±20.23	
	学生	67.33±17.84	
社会稳定感	正式工作	71.02±19.19	5.60**
	临时工作	66.89±15.76	
	无业、失业或下岗	61.24±19.77	
	离退休	69.32±19.83	
	学生	68.48±17.41	
身体安全感	正式工作	67.72±21.11	2.10
	临时工作	64.03±20.34	
	无业、失业或下岗	61.12±20.84	
	离退休	66.16±20.46	
	学生	64.12±20.87	
社区安全感	正式工作	68.51±19.86	4.88*
	临时工作	62.60±16.65	
	无业、失业或下岗	59.12±20.33	
	离退休	66.10±19.16	
	学生	64.08±18.30	

注：** $p<0.01$，* $p<0.05$。

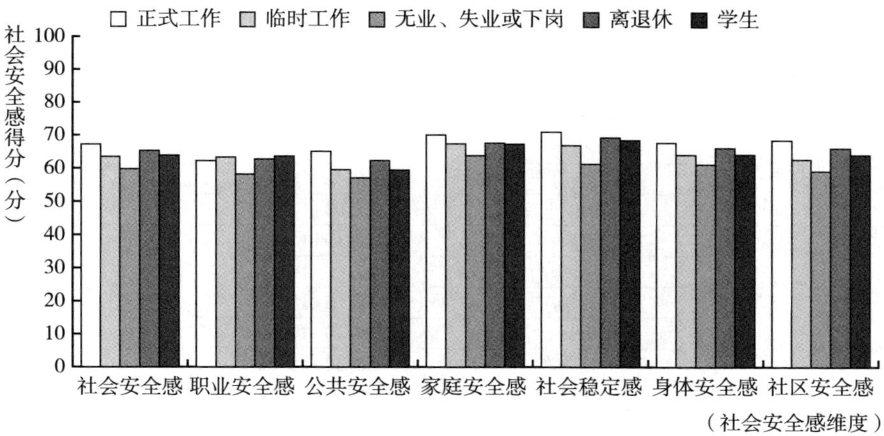

图 7　不同工作状况居民的社会安全感现状

事后检验结果表明无业、失业或下岗居民在社会安全感总分、职业安全感、公共安全感、家庭安全感、社会稳定感、身体安全感、社区安全感上的得分低于其他居民（$ps<0.05$），这可能是因为其基本物质生活难以保障，因此社会安全感较低。

（八）拥有2套房产的北京市居民社会安全感较高

按照房产数目的不同分为无房产、1 套房产、2 套房产、3 套及以上房产，单因素方差分析结果显示拥有不同房产数目的居民在社会安全感上均存在显著差异［F（3，3568）= 4.45～28.83，$p<0.05$］，不同房产数的北京市居民的社会安全感得分如表 10、图 8 所示。

表 10　不同房产数居民的社会安全感平均数和标准差

单位：分

项目	房产数	$M \pm SD$	F
社会安全感	无房产	62.08±14.05	21.45**
	1 套房产	65.44±18.05	
	2 套房产	68.48±16.86	
	3 套及以上房产	62.73±16.83	

续表

项目	房产数	$M\pm SD$	F
职业安全感	无房产	62.80±16.68	4.45*
	1套房产	63.55±19.96	
	2套房产	66.32±18.96	
	3套及以上房产	61.03±17.96	
公共安全感	无房产	57.19±16.28	28.83**
	1套房产	61.90±19.67	
	2套房产	65.15±18.79	
	3套及以上房产	59.10±19.62	
家庭安全感	无房产	65.52±16.06	18.54**
	1套房产	68.22±19.76	
	2套房产	72.87±18.55	
	3套及以上房产	67.28±19.67	
社会稳定感	无房产	66.54±15.91	14.19**
	1套房产	69.85±19.32	
	2套房产	71.55±18.00	
	3套及以上房产	65.68±19.58	
身体安全感	无房产	62.53±19.64	11.48**
	1套房产	65.81±21.69	
	2套房产	68.26±21.40	
	3套及以上房产	62.15±20.80	
社区安全感	无房产	61.79±16.65	21.83**
	1套房产	66.07±19.75	
	2套房产	68.55±18.96	
	3套及以上房产	63.04±19.10	

注：** $p<0.01$，* $p<0.05$。

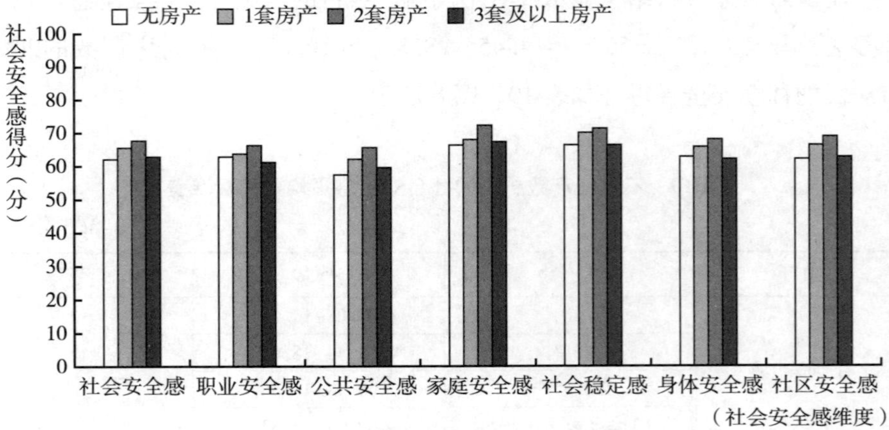

图8　不同房产数居民的社会安全感现状

事后检验结果表明拥有 2 套房产的居民的社会安全感高于其他居民（$p<0.05$），这可能是因为一方面这些居民衣食无忧，另一方面这些居民多处于人生的上升期，对生活充满希望，富有热情，希望能靠自己的努力获得更加优渥的生活，从而社会安全感较高。

（九）主观社会阶层为最上层的北京市居民社会安全感较高

主观社会阶层是指个体认为自己处在社会的哪个层级。在本次调查中将主观社会阶层分为最上层、中上层、中层、中下层、最下层五层，单因素方差分析结果显示不同主观社会阶层的居民在社会安全感得分上，除社区安全感外，均存在显著差异［$F(4, 3568)=7.53\sim24.39$，$p<0.01$］。不同主观社会阶层的北京市居民的社会安全感得分如表 11、图 9 所示。

表 11　不同主观社会阶层居民的社会安全感平均数和标准差

单位：分

项目	主观社会阶层	$M\pm SD$	F
社会安全感	最上层	71.78±25.14	24.39**
	中上层	60.94±19.85	
	中层	66.58±16.72	
	中下层	62.13±14.38	
	最下层	59.75±14.47	
职业安全感	最上层	71.49±27.07	17.42**
	中上层	58.44±21.64	
	中层	65.68±18.43	
	中下层	61.79±17.02	
	最下层	60.11±17.62	
公共安全感	最上层	68.04±27.99	21.07**
	中上层	57.95±20.57	
	中层	62.51±18.73	
	中下层	57.79±16.72	
	最下层	54.94±16.41	

续表

项目	主观社会阶层	$M \pm SD$	F
家庭安全感	最上层	75.00±27.15	22.43**
	中上层	64.67±22.37	
	中层	70.07±18.18	
	中下层	65.28±16.57	
	最下层	62.43±16.84	
社会稳定感	最上层	75.17±24.74	22.71**
	中上层	64.24±21.39	
	中层	70.97±18.09	
	中下层	66.43±15.93	
	最下层	63.76±17.00	
身体安全感	最上层	72.41±24.15	7.53**
	中上层	59.69±23.18	
	中层	65.92±21.10	
	中下层	63.34±19.47	
	最下层	63.11±21.25	
社区安全感	最上层	62.49±25.99	2.43
	中上层	61.96±21.62	
	中层	62.01±18.73	
	中下层	65.87±16.69	
	最下层	66.20±17.44	

注：** $p<0.01$，* $p<0.05$。

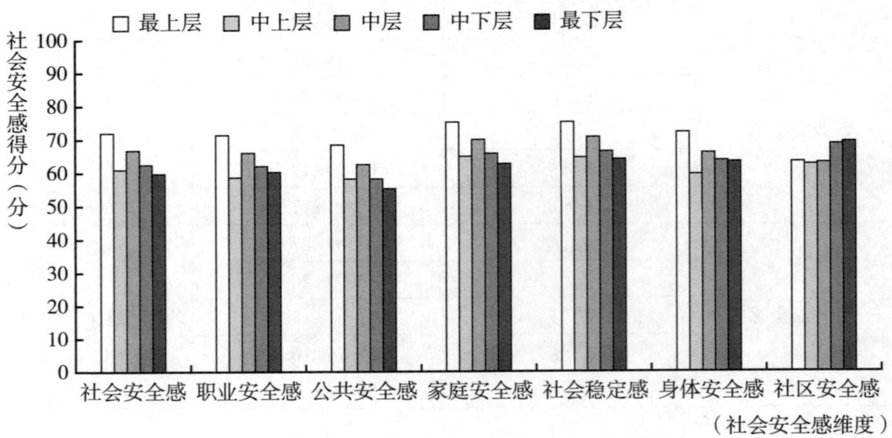

图 9　不同主观社会阶层居民的社会安全感现状

事后检验结果表明主观社会阶层为最上层的居民在社会安全感总分、职业安全感、公共安全感、家庭安全感、社会稳定感、身体安全感得分上高于其他居民（$p<0.01$），这可能是因为主观社会阶层为最上层的居民在社会经济地位、生活条件上处于一个较高的水平，因此其社会安全感较高。

四　北京市居民社会安全感现状的潜剖面分析结果

（一）潜剖面分析结果

在潜剖面分析中，AIC（信息准则）、BIC（贝叶斯信息准则）、ABIC（样本矫正的 BIC）三个值通过比较期望值与实际值之间的差异来判断拟合模型的优劣，其值较小拟合性越好，Entropy（分类精确性指数）值为 0.8 时代表模型拟合准确率超过了 90%，LMR 和 BLRT 代表显著性水平，其值越小代表模型拟合度越好。经过分析，最终选择 3 作为分组数量，并基于在不同维度上的均值特点，将被试分为低安全感、中安全感和高安全感三组。

表 12　潜剖面分组结果

组数	AIC	BIC	ABIC	Entropy	LMR	BLRT
1	108817.323	108891.480	108853.350			
2	99068.464	99185.880	99125.507	0.895	0.0000	0.0000
3	94690.400	94851.074	94768.459	0.894	0.0000	0.0000
4	92356.282	92560.215	92455.357	0.893	0.0000	0.0000
5	91435.030	91682.221	91555.121	0.887	0.0000	0.0000

首先，通过分组可以发现，高安全感、中安全感和低安全感三组被试在社会安全感各维度上的得分趋势比较一致。三组的社会稳定感最高，公共安全感最低，且高安全感在社会安全各维度上的均分最高，中安全感次之，低安全感最低，三组被试的职业安全感、身体安全感和社区安全感都处于较低水平（见图 10）。

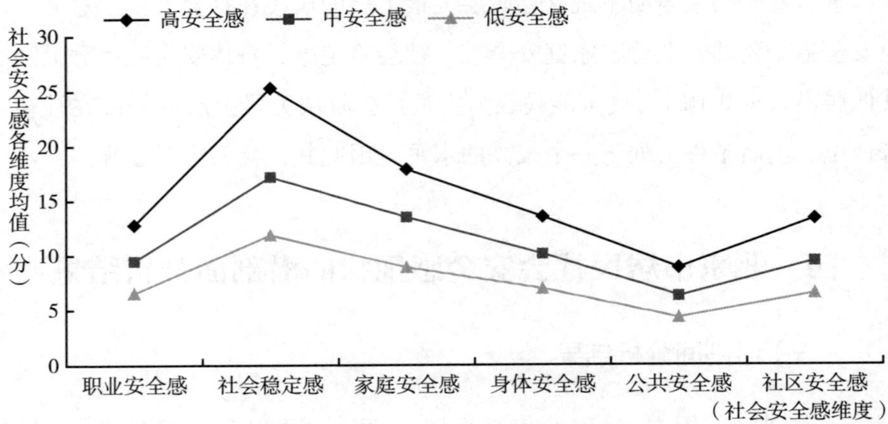

图 10　北京市居民社会安全感潜剖面分析结果

其次，高安全感被试占全体被试数量的 22.9%，中安全感被试的数量占全体的 56.3%，低安全感被试的数量占全体的 20.8%，以上数据说明中等安全感的被试占被试居民的绝大部分，也就是说北京市居民总体的社会安全感处于中等水平，这可能是因为当前社会给每个个体提供了充分的发展机会并且努力增进社会福利，但也存在诸如疫情、失业、恶性事件等因素的影响，因此居民的社会安全感处于中等水平。

最后，从图中可以看出高、中、低安全感的群体在不同安全感得分上趋势大致相同，但不完全平行，如高安全感群体和中安全感群体的职业安全和家庭安全就存在一定差异，这表明不同居民虽然在社会安全感各个维度的得分上趋势较为一致，但在具体的维度上各组仍然存在差异，这可能是因为其生活水平、社会地位等因素的不同造成的。

（二）不同婚姻状态居民的安全感人数占比

通过分析不同婚姻状态的低、中、高安全感人数占比，我们发现未婚居民的低安全感人数占比高于已婚居民的低安全感人数占比，已婚居民的高安全感人数占比高于未婚居民的高安全感人数占比，这可能是因为婚姻使得个体抵御风险的能力增强，从而使得个体的安全感增强（见表 13）。

表 13　不同婚姻状态的安全感人数占比

单位：%

婚姻状态	低安全感（n=712）	中安全感（n=1981）	高安全感（n=783）
未婚	23.66	58.50	17.83
已婚	14.55	54.22	31.23

（三）不同学历状况居民的安全感人数占比

通过分析不同学历状况的低、中、高安全感人数占比，我们发现学历为中专或职高的居民低安全感人数占比高于其他居民，学历为大专的居民中安全感人数占比高于其他居民，学历为本科的居民的高安全感人数占比多于其他居民（见表 14）。

表 14　不同学历状况的安全感人数占比

单位：%

学历	低安全感（n=725）	中安全感（n=2030）	高安全感（n=813）
初中及以下	13.86	55.44	28.69
中专或职高	34.58	49.53	15.89
大专	17.23	64.70	18.07
本科	22.83	48.09	31.08
硕士及以上	20.13	57.89	21.97

（四）不同工作状况居民的安全感人数占比

通过分析不同工作状况的低、中、高安全感人数占比，我们发现无业、失业或下岗的低安全感人数占比高于其他居民，学生的中安全感人数占比高于其他居民，其他以及离退休者的高安全感人数占比多于其他居民，这可能是因为无业、失业或下岗的居民面临着生活上的压力，从而安全感水平较低，学生面临较小的生活压力，但其当前抗风险能力较低且没有生活来源，所以其安全感处于中等水平，离退休者以及其他居民当前的生活已经能够得到保障，因此其安全感水平较高（见表15）。

表15　不同工作状况居民的安全感占比

单位：%

工作状况	低安全感(n=725)	中安全感(n=2030)	高安全感(n=813)
正式工作	19.88	52.16	27.96
临时工作	24.50	60.50	15.00
无业、失业或下岗	37.69	50.77	11.54
离退休	10.99	56.04	32.96
学生	19.61	63.69	16.69
其他	7.32	53.66	39.02

（五）不同主观社会阶层居民的安全感人数占比

分析不同主观社会阶层居民的安全感人数占比，结果显示主观社会阶层为中上层的居民低安全感人数占比高于其他居民，主观社会阶层为中下层的居民中安全感人数占比多于其他居民，主观社会阶层为最上层的居民高安全感人数占比多于其他居民。这可能是因为主观社会阶层为中上层的居民在社会中处于一种“进退两难”的情况，既希望自己能够步入最上层，又不希望自己掉入中层，故安全感水平较低，而处于最上层的居民更多地处于一种衣食无忧、生活优渥的状态，故安全感水平普遍较高（见表16）。

表16　不同主观社会阶层居民的安全感占比

单位：%

主观社会阶层	低安全感(n=725)	中安全感(n=2030)	高安全感(n=813)
最上层	24.14	34.48	41.38
中上层	31.60	44.59	23.81
中层	16.75	54.75	28.49
中下层	21.66	61.92	16.42
最下层	26.37	59.59	14.04

（六）不同房产数居民的安全感人数占比

分析不同房产数量居民的安全感人数占比，结果显示无房产的居民低安全感人数占比多于其他居民，拥有 3 套及以上房产的居民的中安全感人数占比高于其他居民，拥有 2 套房产居民的高安全感人数占比多于其他居民。这可能是因为当个体没有房产时，会面临一种焦虑感和不安定感，故其安全感较低，当个体拥有 3 套及以上房产时，个体的满足阈限会相应提高，也就是说个体的满足感相比其他人会更不容易提高，因此其安全感水平处于中等水平的多，当个体拥有 2 套房产时，个体一方面收获了更多的成就感，也会产生买更多房的心理动力，因此其安全感水平较高（见表 17）。

表 17　不同房产数居民的安全感占比

单位：%

房产数	低安全感（n=725）	中安全感（n=2030）	高安全感（n=813）
无房产	21.73	62.86	16.41
1 套房产	20.85	49.79	28.36
2 套房产	13.64	54.81	31.55
3 套及以上房产	17.24	64.65	18.10

五　基于潜剖面分析结果的北京市居民社会安全感逻辑回归结果

对安全感分组和社会安全感影响因素做多元逻辑回归分析，结果显示将中安全感被试作为参照组时，性别、年龄和月收入对社会安全感没有显著影响，婚恋状况、工作状态、房产数、学历状况和主观社会阶层对社会安全感有显著影响。与已婚居民相比，未婚居民的社会安全感更低；与有正式工作的人群相比，临时工作，无业、失业或下岗和学生的社会安全感更低；与房产数为 1 套或 2 套的人相比，无房产的群体社会安全感更低；与学历状况为本科的人群相比，学历状况为中专或职高、大专的群体社会安全感更低；与主观社会阶层为最上层的人相比，主观社会阶层为中下层的人社会安全感更低（见表 18）。

表 18 安全感分组与社会安全感影响因素的逻辑回归分析结果

类别		低安全感居民		高安全感居民	
		OR	CI(95%)	OR	CI(95%)
婚恋状况	未婚	0.67	0.34~1.32	1.56	0.58~4.23
	已婚	0.53	0.27~1.02	2.79*	1.05~7.39
工作状态	正式工作	1.75	0.50~6.10	0.51	0.25~1.03
	临时工作	1.58	0.43~5.71	0.36*	0.16~0.80
	无业、失业或下岗	4.35*	0.27~3.57	0.31*	0.13~0.77
	学生	0.99	0.18~4.17	0.34*	0.15~0.73
房产数	无房产	1.09	0.60~1.96	1.47	0.82~2.62
	1套房产	1.46	0.81~2.62	1.99*	1.13~3.51
	2套房产	1.02	0.54~1.95	2.01*	1.10~3.63
学历状况	初中及以下	0.71	0.37~1.35	1.67*	1.03~2.72
	中专或职高	1.93*	1.19~3.15	0.94	0.52~1.70
	大专	0.83	0.57~1.21	0.87	0.60~1.27
	本科	1.25	0.92~1.68	1.45*	1.10~1.91
主观社会阶层	最上层	1.33	0.39~4.54	5.36*	1.91~15.01
	中上层	1.31	0.82~2.08	1.43	0.85~2.40
	中层	0.59*	0.42~0.82	1.44	0.98~2.11
	中下层	0.73	0.53~1.01	0.89	0.60~1.31

注：** $p<0.01$，* $p<0.05$。

六 基于大数据调查结果：北京市居民的社会安全感现状

（一）网络社会安全感词频分析

通过分析每条文本表达的主要内容及情绪类型（积极、中性、消极），并分别统计各维度在积极情绪、中性情绪、消极情绪上的词频数

（具体内容见表 19、图 11）。通过大数据分析，发现当前自我发展、人际关系、经济下行以及婚姻生育等仍然是北京市居民关注的重点。另外，北京市居民在公共安全感、家庭安全感上持较为积极的态度，在职业安全感、社区安全感、社会稳定感上则呈现较为消极的态度。这可能是因为当前受疫情影响，经济发展不景气，因此部分人面临着无业甚至失业的处境，加之社会上有偏激事件的发生，故个体的职业安全感、社会稳定感和社区安全感较低。

表 19　积极、中性、消极微博举例

情感倾向	微博示例（未完整列出）
消极	看知乎被裁员前的征兆，突然想起来自己竟然还妄想年终奖，真想裁你怎么会给个好绩效，没有好绩效怎么有年终奖啊，哎。
中性	基层员工被裁，没人会认为 ta 一定存在什么工作过错。管理层被裁，市场上其他人往往认为这个人一定做错了什么。今年只我们事业部就裁掉六七个中层以上管理者，处罚了五六个。可见管理层并非那么好干。假如有了一定职业履历之后，唯一的出路可能还是带着团队自己打市场。
积极	wow 马上要面 HR 啦！基本就确定啦！即将拿到一个保底 offer 啦！整个人马上就松弛下来了～～ 整个过程中都在不断地怀疑自己，然后建立信心，然后又开始怀疑，然后搞定！所以请一定要相信自己，不要担心未来，你有很多机会。

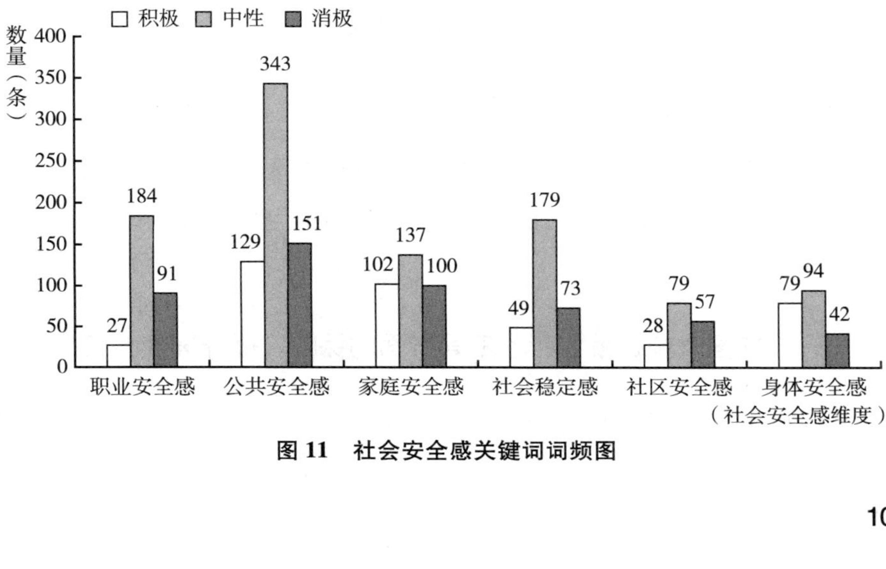

图 11　社会安全感关键词词频图

（二）社会安全感词云图

基于所筛选的数据，利用微思来制作词云图，可以看到“中国”“孩子”“工作”“社会”“经济”“生活”等词语在微博内容中出现的频率是很高的，从中可以看到当前北京市居民比较关注的问题有国家和社会发展、职业发展、家庭和谐、经济安全、婚姻生育等（见图 12）。

图 12　北京市居民社会安全感词云图

七　政策建议

从相关数据中我们可以得出如下结论，当前女性群体，月收入 1999 元及以下的群体，无业、失业或下岗的群体的社会安全感处于较低水平，并且网络数据分析发现当前居民比较关心的问题有婚姻生育、职业发展等，据此提出的建议如下。

（一）加强女性在就业和家庭等方面的保障，提升其社会安全感

女性在社会的发展中起着非常重要的作用，但女性往往也会在就业和家

庭方面遭遇诸多不利因素，诸如在就业中，有许多公司不招收已经建立家庭的女性担任公司职员，在女性怀孕期间仍让其高负荷工作等；在家庭中，女性往往承担更多的抚育后代的责任，在家务上的投入也更大，上述这些因素都使得女性在就业和家庭方面社会安全感程度较低。

因此，我们可以加强对于女性权益的维护，采取措施来遏制已婚女性遭遇职场排斥的现象，并为生育期没有收入来源的女性提供经济上的支持。

（二）关注无业、失业或下岗居民，提升居民的职业安全感

相比其他居民而言，无业、失业或下岗的居民社会安全感程度更低，因此这提示我们要更加关注提升这一群体居民的生活水平，采取职业技能培训、就业方法讲授、岗位定点推送等方式来做到失业、无业或下岗居民全覆盖，并通过社区、政府、工作单位三方面的联合促进其就业。

在促进无业、失业或下岗居民就业的过程中，基层社区组织还要定期走访，了解这一群体的居民在生活中面临的实际困难、心理诉求，充分调动各种资源来帮助他们提高心理素质、磨炼就业技能，从而实现其就业率的提升。

（三）加强对于婚姻生育的保障，提升居民家庭安全感

在对网络数据进行分析的过程中我们发现，北京市居民对于婚姻生育的关注度比较高，这一结果从侧面展现出了当前社会对于适婚适育的群体关注度仍然比较高。

因此，国家和政府应该通过颁布相关法律法规来促进婚姻生育中双方权益的提升与保障，尤其是要关注女性在婚姻生育中就业、后代抚养等方面遭遇的困难并积极化解，通过提供相应补助与支持来化解适婚适育青年的后顾之忧。

（四）坚持动态化医疗服务，提高居民身体安全感

本次调查中发现在社会安全感的六个维度中，身体安全感的平均分较低，这是因为近年的新冠疫情全球暴发，加之猴痘病毒在一些国家的蔓延更增加了人们对身体安全的焦虑。

（五）创建良好社区环境，提高居民的社区安全感

本次调查中发现北京市居民的社区安全感处于较低水平，尤其是女性、29 岁及以下、未婚、临时工作群体的社区安全感水平相比其他群体更低，这提示我们要切实提高社区服务水平，提高社区安全水平，使社区在居民的日常生活中能发挥更多的积极作用。

创造良好的社区环境，关键在于共治共享，让广大居民参与到社区环境的治理中来。政府要积极引导，让居民能够自己的事自己办，鼓励社区居民参与社区服务并加大对于特殊群体的关照。

（六）加大社会治理力度，提高居民公共安全感

在调查中我们发现北京市居民的公共安全感处于较低水平，这可能是由于疫情带来了众多的不良影响，诸如社会层面上一些恶性事件，会给民众以消极的情绪反馈，因此使居民的公共安全感水平降低。

以上结果提示我们在诸如疫情这种重大的突发性应激事件背景下，个体会受到很大的心理冲击，因此政府要做好应激事件下的民生保障工作和心理援助工作，使居民在日常生活和心理健康上都能够得到足够的支持。

B.5
北京市居民心理健康水平调查（2022～2023）

高 晶 孟佳晖*

摘 要： 本报告使用问卷法和网络数据分析法调查北京市居民心理健康水平及北京地区心理障碍群体的心理状态及主要关注的问题。本报告对2285名北京市居民进行问卷调查，结果发现：2022年北京市居民心理健康处于中等偏上水平，2019～2022年北京市居民心理健康发展呈先上升后下降趋势。具体来看，不同性别、年龄段、户籍、学历、月收入、工作状态及婚姻状况者的居民心理健康水平存在显著差异；居民心理健康水平与家人朋友支持、生活满意度、自然环境满意度及居住地配套设施满意度之间呈显著正相关；生活满意度高、家人朋友支持、自然环境满意度高及居住地配套设施满意度高对北京市居民的心理健康存在正向影响。本报告对社交网络平台新浪微博上2022年IP所在地为北京的用户公开发表在抑郁症、焦虑症、双相情感障碍、暴食症、社交恐惧症及强迫症等六个心理障碍超话中的微博文本内容共6022条数据进行统计分析发现，女性发布数量远高于男性，各心理障碍人群受症状困扰较大，普遍对医疗问题存在较高关注。据此，本报告提出以下建议：提高现有社会心理服务的利用率；提升心理健康知识普及率；提供适应疫情防控新阶段的新型解压方式；重点关注无业、失业或下岗居民的心理健康状态；多角度综合提升京

* 高晶，中国人口宣传教育中心副研究员；孟佳晖，北京林业大学人文社会科学学院在读硕士研究生，主要研究方向为临床心理学。

籍农村户口及非京籍户口居民心理健康状态；调动居民生态环境保护积极性，进一步完善生态环境治理；加大网络数据风险人群排查力度，着重关注重点人群。

关键词： 北京市居民　心理健康　群体差异　网络数据分析

心理健康指的是一种持续的心理状态，在这种状态下，个体具有生命的活力、积极的内心体验及良好的社会适应能力，能够有效地发挥个体的身心潜力与积极的社会功能①。

自党的十六大报告中首次提出“心理健康”以来，我国愈发关注个体心理健康及群体社会心态。国家卫生计生委、中宣部、中央综治办、民政部等22个部门共同印发的《关于加强心理健康服务的指导意见》② 指出：“心理健康是影响经济社会发展的重大公共卫生问题和社会问题。心理健康是健康的重要组成部分，关系广大人民群众幸福安康、影响社会和谐发展。”2020年我国已实现全面脱贫，在物质需求得到满足、心理问题及需求不断激增的时代背景下，习近平总书记在中国共产党第二十次全国代表大会上做的报告中再次提到“重视心理健康和精神卫生”③。由此可见，心理健康是我国目前发展阶段中关系到民生的重要因素，需要得到重视并进行持续监测。

这些年，北京市在促进居民心理健康方面做了许多工作。2019年以来，北京市政府连续三年将基层社会心理服务站点建设列为年度重要民生实事项目。已建成基层社会心理服务站点300多家，基本实现区级、街乡级社会心理服务站点的全覆盖。2022年4月北京市卫健委印发了《2022年北京市居

---

① 刘华山：《心理健康概念与标准的再认识》，《心理科学》2001年第4期。

② 《关于加强心理健康服务的指导意见》，国卫疾控发〔2016〕77号，最后检索时间：2022年11月6日。

③ 《高举中国特色社会主义伟大旗帜，为全面建设社会主义现代化国家而团结奋斗——在中国共产党第二十次全国代表大会上的报告》，人民网，最后检索时间：2022年11月6日。

民心理健康体检与心理援助服务项目实施方案》[①]（以下简称《方案》），《方案》在专业服务能力建设、现有“暖翼”平台功能完善、心理健康检查、心理知识普及、公众心理服务完善及项目质控与评价等多方面联合多部门再次推动北京心理健康服务建设。

本报告在了解北京市居民心理健康水平及群体差异的同时，也探究了一些与居民生活息息相关的影响心理健康的潜在因素，希望为北京市居民心理健康的维持和提升提供更多思路。

生活满意度是个体依据自己的标准对自己长时间生活状况的总体性评估，在心理学领域常用生活满意度来衡量人们的生活质量，主要包括领域生活满意度和整体生活满意度两个类别。有相当多的研究表明心理健康与生活满意度相关[②③]，且部分研究指出生活满意度对心理健康具有显著的预测作用[④⑤]。本报告测量了北京市居民整体生活满意度，即居民对其生活质量所做的总体评价，并探究北京市居民生活满意度和心理健康的关系，这可能是维持居民心理健康的重要途径。

社会支持对心理健康的正向影响作用已被心理学界普遍证实和认同。社会支持对心理健康的影响一方面发生在日常生活中，对个体维持相对较好的情绪状态等方面具有促进作用；另一方面，当个体面对应激事件时，社会支持能较快帮助个体缓解应激事件给个体带来的负面影响，从而对其心理健康起到促进作用[⑥]。本报告选取个体社会支持体系中最核心的两个

---

① 北京市卫健委印发《2022 年北京市居民心理健康体检与心理援助服务项目实施方案》，http：//wjw. beijing. gov. cn/zwgk_ 20040/zxgk/202204/t20220428_ 2695744. html，最后检索时间：2022 年 11 月 6 日。

② 熊猛、叶一舵：《中国城市农民工子女心理健康研究述评》，《心理科学进展》2011 年第 12 期。

③ 吕行、芮志豪、安献丽等：《真实自我与青年人心理健康的关系：自尊的中介及性别差异》，《中国健康心理学杂志》2023 年第 2 期。

④ 孙淑娟、王灵芝、赵梦雪等：《陆军军人家庭复原力与心理健康的关系研究——基于心理健康双因素模型的视角》，《陆军军医大学学报》2022 年第 19 期。

⑤ 李为芝、徐正圆、武素芳等：《医学生心理健康与应对方式、生活满意度的关联性研究》，《右江民族医学院学报》2022 年第 2 期。

⑥ 李强：《社会支持与个体心理健康》，《天津社会科学》1998 年第 1 期。

部分——家人支持和朋友支持对北京市居民进行调查，并探究了北京市居民家人朋友支持与心理健康的关系，从社会支持角度为改善居民心理健康提供新思路。

自然环境与居住地配套设施是关系居民生活的重要内容，已有研究表明自然环境、居住地环境及设施与居民身心健康存在联系[①②]。本报告引入自然环境满意度与居住地配套设施满意度这两个因素作为北京市居民心理健康可能的影响因素。

目前，我国受心理问题及障碍困扰的人数正在逐年激增。以抑郁症为例，目前我国抑郁症患者超过 9500 万人[③]。目前我国心理问题及障碍患病比例较高的有抑郁症、焦虑障碍、精神分裂症、双相情感障碍、强迫性障碍等[④]。因此本报告选取与之对应的互动频率较高的六个微博超级话题（抑郁症、焦虑症、双相情感障碍、暴食症、社交恐惧症及强迫症超话）作为数据搜索范围，通过调查北京市心理障碍超话文字互动现状，关注北京市各心理障碍人群心理状态。具体来说，抑郁症属于心境障碍的一种，患者一般会经历一次或多次的抑郁发作，其间不伴有躁狂发作，一些典型表现为感受到不愉快、对日常活动缺乏兴趣、精力减退与易疲劳；双相情感障碍亦属于心境障碍，它是一种既有躁狂发作又可能伴有抑郁发作的疾病。焦虑症属焦虑障碍的一种，患有焦虑症的人会存在难以控制的过分担忧，同时常伴有易激惹、易疲劳、注意力难以集中等表现；强迫症与焦虑症一样同属焦虑障碍，它的主要临床特征是反复出现的强迫观念和强迫行为；此外，社交恐怖症（又名社交恐惧症）也同属焦虑障碍，也被称作社交焦虑障碍，患者会对一

---

① 应君：《城市绿地对人类身心健康影响之研究》，南京林业大学硕士学位论文，2007。

② 靳永爱、周峰、翟振武：《居住方式对老年人心理健康的影响——社区环境的调节作用》，《人口学刊》2017 年第 3 期。

③ 《2022 年国民抑郁症蓝皮书》，https：//new. qq. com/rain/a/20221011A094IW00，最后检索时间：2022 年 11 月 6 日。

④ 《2022 年数字化精神心理健康服务行业蓝皮书》，https：//mp. weixin. qq. com/s? _ _ biz = MzU4MDU2Mzk4MA = = &mid = 2247517891&idx = 1&sn = 4ec3d8c4bbc100504c0c620128bed069&chksm = fd5623a0ca21aab6182b4676375c409c6e46e429dc91ed8eb95264848a5173b2aba3c48dd0d8&scene=27，最后检索时间：2022 年 11 月 6 日。

种或多种人际处境存在持久的强烈恐惧和回避行为。神经性贪食症（又名暴食症）是一种典型的进食障碍，一般患者无法控制进食行为，并会采取一些补偿性行为，以防止暴食引起的体重增加①。

本报告通过问卷调查分析 2022 年北京市居民心理健康水平及 2019~2022 年北京市居民心理健康发展变化趋势，再考察 2022 年北京市居民心理健康水平的群体差异，最后探究心理健康水平与居民生活有关变量之间的关系。鉴于网络数据范围广、时效性强、真实性强的特点，本报告通过对社交网络平台新浪微博上 2022 年 IP 所在地为北京市的用户公开发表在抑郁症、焦虑症、双相情感障碍、暴食症、社交恐惧症及强迫症等六个心理障碍超话中的微博文本进行统计分析，并通过词频分析，探究 2022 年北京市各心理障碍人群心理状态及主要关注的问题。

一　数据来源

（一）问卷调查

本报告数据来源于 2019 年、2020 年、2021 年和 2022 年对北京市社会心理的大型连续性抽样调查。这四次调查的对象均为北京市常住居民。本报告主要对居民的心理健康数据进行统计分析。其中，2019 年心理健康的有效数据为 1707 份，2020 年心理健康的有效数据为 1756 份，2021 年心理健康的有效数据为 2256 份②，2022 年心理健康的有效数据为 2822 份，数据收集时间为 2022 年 8 月 9 日。2022 年调查对象的基本人口学信息见表 1。

---

① 钱铭怡：《变态心理学》，北京大学出版社，2006。

② 2019 年、2020 年和 2021 年调查对象基本人口学信息分别见《北京社会心态分析报告（2019~2020）》、《北京社会心态分析报告（2020~2021）》和《北京社会心态分析报告（2021~2022）》。

表 1　2022 年调查对象基本人口学信息

单位：人，%

人口学变量		人数	占比
性别	男	949	33.98
	女	1873	66.37
年龄	16~20 岁	575	20.40
	21~30 岁	410	14.54
	31~40 岁	858	30.44
	41~50 岁	783	27.78
	51 岁及以上	193	6.85
受教育程度	初中及以下	172	6.09
	中专或职高	96	3.40
	高中	227	8.04
	大专	402	14.25
	本科	1534	54.36
	硕士及以上	391	13.86
工作状态	正式工作	1557	55.17
	临时工作	145	5.14
	无业、失业或下岗	142	5.03
	离退休	115	4.08
	学生	815	28.88
	缺失	48	1.70
月收入	1999 元及以下	729	25.83
	2000~4999 元	503	17.82
	5000~9999 元	715	25.34
	10000~19999 元	624	22.11
	20000~29999 元	149	5.28
	30000 元及以上	102	3.61
户籍	京籍城市	1781	63.11
	京籍农村	322	11.41
	非京籍城市	489	17.33
	非京籍农村	230	8.15

续表

人口学变量		人数	占比
婚姻状况	未婚	1225	0.43
	已婚	1525	0.54
	离异	61	0.02
	丧偶	11	0.00

（二）网络数据分析

本报告采用社交网络平台新浪微博上 2022 年 IP 所在地为北京的用户公开发表在不同心理障碍超话中的微博文本作为研究内容。选取抑郁症、焦虑症、双相情感障碍、暴食症、社交恐惧症和强迫症等六个患病比例较高同时超话互动性较高的心理障碍超话作为数据爬取范围，于 2022 年 10 月爬取 2022 年发布且 IP 所在地为北京的全部微博文本共计 6022 条数据进行统计分析。

二　研究工具

（一）问卷调查

1. 人口统计学变量

本报告的人口统计学变量主要包括性别、年龄、户籍、受教育程度、月收入、工作状态、婚姻状况等。

2. 心理健康量表

采用《自测健康评定量表》[①] 中的《自测心理健康评定量表》测量北京市居民的心理健康状况。该量表共 16 个项目，其中 7 个项目为反向记分，采用 0~10 分共 11 点计分。题目如“您感到精神紧张吗?”“您感到心情不

① 许军：《自测健康及其应用研究》，《国外医学（社会医学分册）》1998 年第 3 期。

好、情绪低落吗?”，得分越高，则表示心理健康水平越高。本报告中，该量表的 Cronbach's α 系数为 0.90。

3. 家人朋友支持量表

本报告选取由姜乾金编制，严标宾、郑雪[①]修订的《领悟社会支持量表》，其中的家人支持和朋友支持维度条目测量家人朋友支持。该量表共 8 个项目，均为正向记分，使用 1~7 点计分，1 代表“完全不同意”，7 代表“完全同意”。题目有“我能够从家庭获得感情上的帮助和支持”“在我有困难时我可以依靠我的朋友们”。得分越高，表明个体感受的家人朋友支持水平就越高。本报告中，该量表的 Cronbach's α 系数为 0.91。

4. 生活满意度量表

本报告采用蔡华俭等人[②]编制的《生活满意度量表》测量北京市居民的生活满意度。该量表共 5 个项目，均为正向记分，采用 7 点计分。题目有“我的生活在大多数方面都接近于我的理想”。得分越高，表示生活满意度越高。本报告中，该量表的 Cronbach's α 系数为 0.89。

5. 自然环境满意度量表

本报告的自然环境满意度量表从訾非等人[③]在中国城市环境满意度和生活满意度调查中所使用的绿色环境满意度问卷中选取代表性关键词，测量居民对该环境类型的满意程度，如“超市、菜市场、居民区等地的噪声”“空气污染”“城市公园”，5 点计分，1 代表“非常不满意”，5 代表“非常满意”。共 11 个题目，均为正向记分，得分越高，表示自然环境满意度越高。本报告中，该量表的 Cronbach's α 系数为 0.95。

6. 居住地配套设施满意度量表

本报告的居住地配套设施满意度量表共 9 个题目，均为正向记分，包含

---

① 严标宾、郑雪：《大学生社会支持、自尊和主观幸福感的关系研究》，《心理发展与教育》2006 年第 3 期。

② 蔡华俭、林永佳、伍秋萍等：《网络测验和纸笔测验的测量不变性研究——以生活满意度量表为例》，《心理学报》2008 年第 2 期。

③ 訾非、杨智辉、张帆等：《中国 10 城市环境满意度和生活满意度调查报告》，《北京林业大学学报》（社会科学版）2012 年第4 期。

商业、教育、交通、公共文化服务四个维度。5 点计分，1 代表“非常不满意”，5 代表“非常满意”。得分越高，表示居住地配套设施满意度越高。本报告中，该量表的 Cronbach's α 系数为 0. 94。

（二）网络数据分析

本报告运用 python3. 6. 5 从新浪微博平台获取抑郁症、焦虑症、双相情感障碍、暴食症、社交恐惧症及强迫症等 6 个超话 2022 年 IP 所在地为北京的用户发表的微博文本，并使用中文分词工具包对文本数据进行分词及词频分析。

三 主要结果

（一）问卷调查结果

1. 2022年北京市居民心理健康水平及北京市居民心理健康发展趋势：基于2019~2022年数据的分析

（1）北京市居民的心理健康处于中等偏上水平

2022 年的调查结果显示，居民的心理健康得分为 62. 50 分（已转化为百分制，下同），高于中值（50 分）。结果表明，2022 年居民的心理健康水平处于中等偏上水平。

（2）2019~2022 年北京市居民心理健康发展呈先上升后下降趋势

2019 年、2020 年、2021 年及 2022 年的调查结果显示（见图 1），北京市居民的心理健康得分分别为 57. 89 分、67. 94 分、64. 78 分和 62. 50 分。

与 2019 年北京市居民心理健康水平相比，2020~2022 年北京市居民心理健康水平有所提高。2020 年全球疫情蔓延，面对北京部分地区突发疫情的情况，北京市相关部门给予了高度关注，并迅速实施了积极高效的应对措施，将疫情给市民带来的风险降到最低。2020 年以来政府的一系列抗疫措施大大降低了居民因疫情产生的恐慌，同时抗疫的阶段性成功也增强

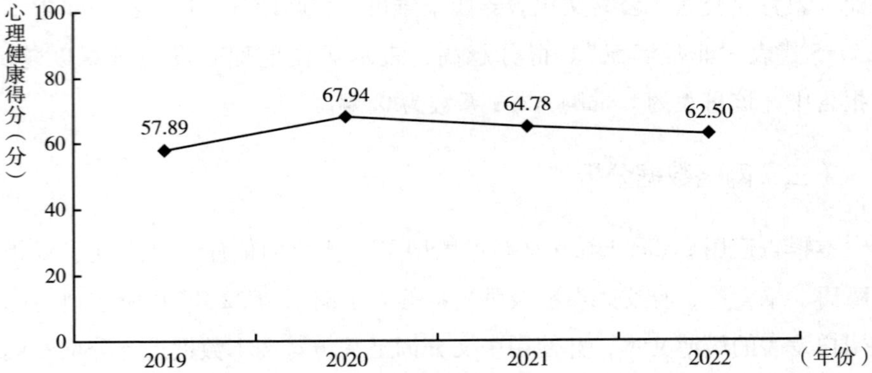

图 1　2019 年、2020 年、2021 年和 2022 年北京市居民的心理健康水平

了居民抗疫的信心和凝聚力，心理援助热线等疫情状态下居民心理服务的迅速推进给居民的心理健康提供了一定的支持和保障。从本报告结果中可以看出，北京市居民的心理健康在北京市抗击疫情过程中维持在较高水平。

本报告结果显示，北京市居民心理健康水平自 2020 年起逐年降低。这可能与自 2020 年起全国疫情持续多点突发、常态化疫情防控使居民生活及出行受限有关。新冠疫情暴发以来居民生活、工作和学业等各方面均受到不同程度的影响，居民可能在经济、生活等多方面面临更大压力。常态化疫情防控状态下，居民出行出游受到很大限制，居民易产生疲惫感，需要更适宜的放松解压方式。

2. 2022年北京市居民心理健康水平群体差异

（1）男性居民心理健康水平高于女性居民心理健康水平

本报告采用独立样本 t 检验分析 2022 年居民心理健康水平的性别差异后发现，2022 年男性居民心理健康水平显著高于女性居民心理健康水平［t（2821）= 2.13，p<0.01］（见表 2 和图 2）。相比男性居民，北京女性居民更容易暴露在更多的压力源之下，如学业、工作、家庭、生育等。面对与男性共有的压力源，女性居民也更易获得更高程度的压力，如就业时女性在职场更容易处于困难处境。此外，与男性相比，女性的心理健康在其面对压力

等负性事件时容易受到负面影响。这是因为，女性更可能具备敏感、内向和感性等特质，这使得应激事件容易对其心理健康造成负面影响。

表 2　2022 年不同性别北京市居民的心理健康水平描述统计及差异检验结果

单位：分

项目	性别	$M \pm SD$	t
心理健康水平	男性	63. 38±16. 25	2. 13**
	女性	62. 05±15. 33	

注：** 表示 $p<0.01$，下同。

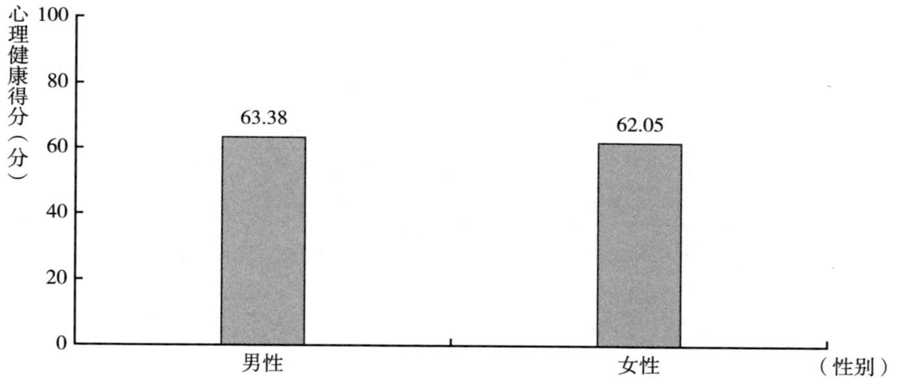

图 2　2022 年不同性别北京市居民的心理健康水平

（2）年龄处于 21～30 岁的居民心理健康水平较低

本报告把年龄分为五段 16～20 岁、21～30 岁、31～40 岁、41～50 岁、51 岁及以上。采用单因素方差分析检验 2022 年北京市常住居民心理健康水平的年龄段差异后发现，2022 年不同年龄段居民的心理健康存在显著差异［F（4，2817）＝7. 04，$p<0.001$］（见表 3 和图 3）。具体来看，2022 年 21～30 岁居民的心理健康水平显著低于其他年龄段居民（$ps<0.05$），51 岁及以上居民心理健康水平较高（$ps<0.05$）。

21～30 岁居民正处于由学生至社会个体的身份转变阶段，将集中面临多种选择和适应性问题，容易暴露在就业、情感等多种压力下，心理健康容易受到负面影响。同时该年龄段居民大多缺乏能保障自身生活质量的稳定工作和收入，生活处于不稳定状态，受焦虑情绪困扰的可能性更高，这对其心理健康维持在较高水平产生阻碍。

51 岁及以上居民大多处于事业发展末期或老年阶段，生活相对稳定且有一定保障。该阶段自身发展的不确定性较小，较少可能获得多方面压力。因此其心理健康容易维持在较高水平。

表 3　2022 年不同年龄段北京市居民的心理健康水平描述统计及差异检验结果

单位：分

项目	年龄	$M \pm SD$	F
心理健康水平	16~20 岁	62. 78±15. 10	7. 04***
	21~30 岁	59. 34±14. 74	
	31~40 岁	62. 11±15. 21	
	41~50 岁	63. 65±16. 37	
	51 岁及以上	65. 29±17. 16	

注：*** 表示 $p<0.001$，下同。

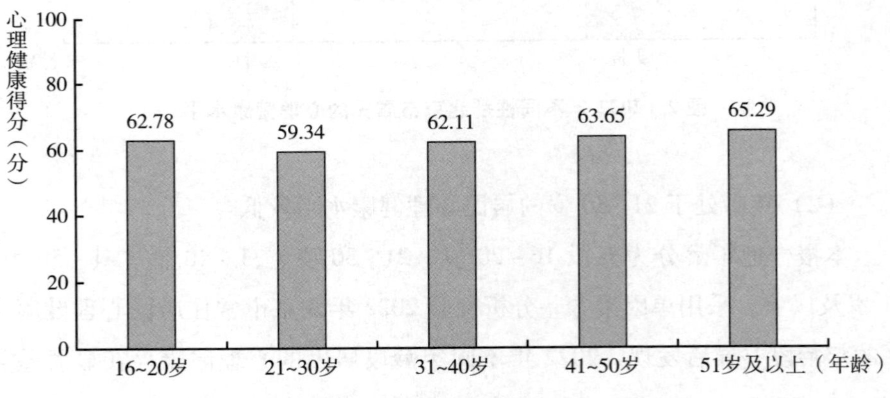

图 3　2022 年不同年龄段北京市居民的心理健康水平

（3）京籍城市户口居民心理健康水平较高

本报告将户籍类型分为四类：京籍城市户口、京籍农村户口、非京籍城市户口、非京籍农村户口。采用单因素方差分析检验 2022 年北京市居民心理健康水平的户籍差异后发现，不同户籍居民的心理健康水平存在显著差异［F（3，2818）= 10. 57，p<0. 001］（见表 4 和图 4）。具体来看，京籍城市户口居民心理健康水平明显高于其他户籍类型居民（ps<0. 05）。

京籍城市户口居民更可能享受到更丰富的生活资源、社会福利及本地人相关优待政策，京籍城市户口居民在住房、社保、就业等方面存在更小压力，生活更有保障且生活质量普遍更高，心理健康更容易维持在较高水平。

表 4　2022 年不同户籍类型北京市居民的心理健康水平描述统计及差异检验结果

单位：分

项目	户籍类型	M±SD	F
心理健康水平	京籍城市户口	63. 76±16. 16	10. 57***
	京籍农村户口	60. 21±13. 42	
	非京籍城市户口	60. 46±14. 76	
	非京籍农村户口	60. 26±15. 43	

注：*** p<0. 001。

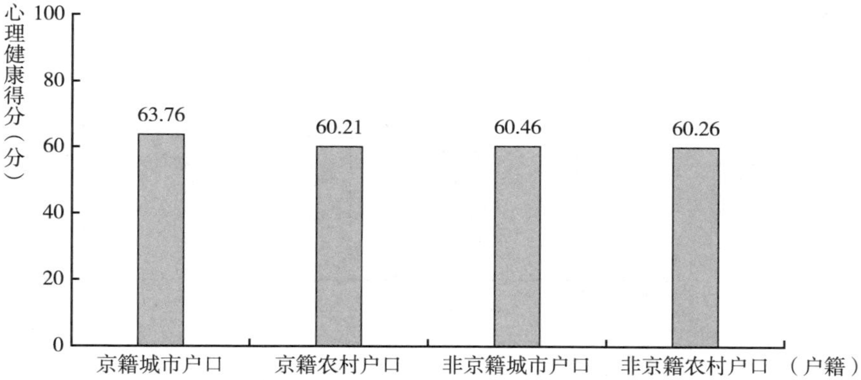

图 4　2022 年不同户籍类型北京市居民的心理健康水平

（4）初中及以下学历居民的心理健康水平较高

本报告把学历分为六类：初中及以下、中专或职高、高中、大专、本科、硕士及以上。采用单因素方差分析检验 2022 年北京市常住居民心理健康水平的学历差异后发现，不同学历居民的心理健康水平存在显著差异［F（5, 2816）=4.14，$p<0.01$］（见表5和图5）。具体来看，初中及以下学历居民的心理健康水平明显高于其他学历居民（$ps<0.05$）。初中及以下学历居民通常会有更少的社会压力和社会期待，心理健康不容易受到较大影响。

表5　2022年不同受教育程度北京市居民的心理健康水平描述统计及差异检验结果

单位：分

项目	受教育程度	$M\pm SD$	F
心理健康水平	初中及以下	67.39±17.65	4.14**
	中专或职高	63.17±14.91	
	高中	62.27±16.21	
	大专	62.42±16.31	
	本科	61.81±15.22	
	硕士及以上	63.10±15.24	

注：** $p<0.01$。

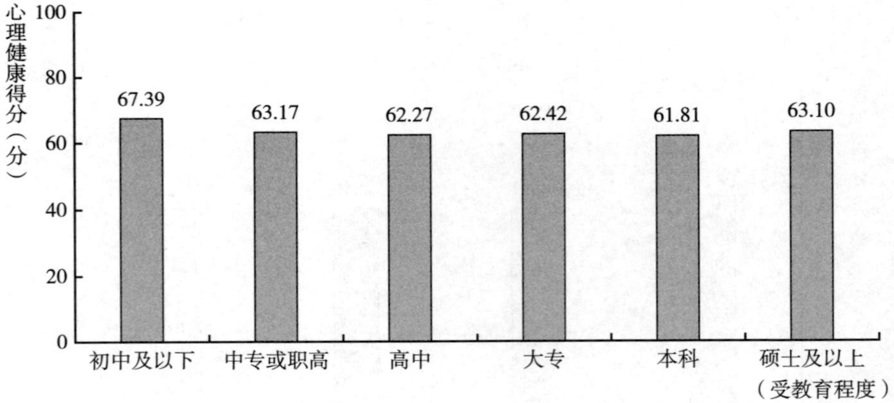

图5　2022年不同受教育程度北京市居民的心理健康水平

（5）月收入万元以上居民的心理健康水平较高

本报告把月收入分为六类：1999元及以下、2000~4999元、5000~9999元、10000~19999元、20000~29999元、30000元及以上。采用单因素方差分析检验2022年北京市常住居民心理健康水平的不同月收入差异后发现，不同月收入居民的心理健康水平存在显著差异［$F(5, 2816) = 5.29$，$p<0.001$］（见表6和图6）。具体来看，月收入10000元及以上居民的心理健康水平明显高于月收入10000元以下居民（$ps<0.05$）。

表6　2022年不同月收入北京市居民的心理健康水平描述统计及差异检验结果

单位：分

项目	月收入	$M±SD$	F
心理健康水平	1999元及以下	61.64±15.32	5.29***
	2000~4999元	61.15±15.64	
	5000~9999元	61.60±15.47	
	10000~19999元	64.88±15.93	
	20000~29999元	64.04±16.45	
	30000元及以上	64.71±14.92	

注：*** $p<0.001$。

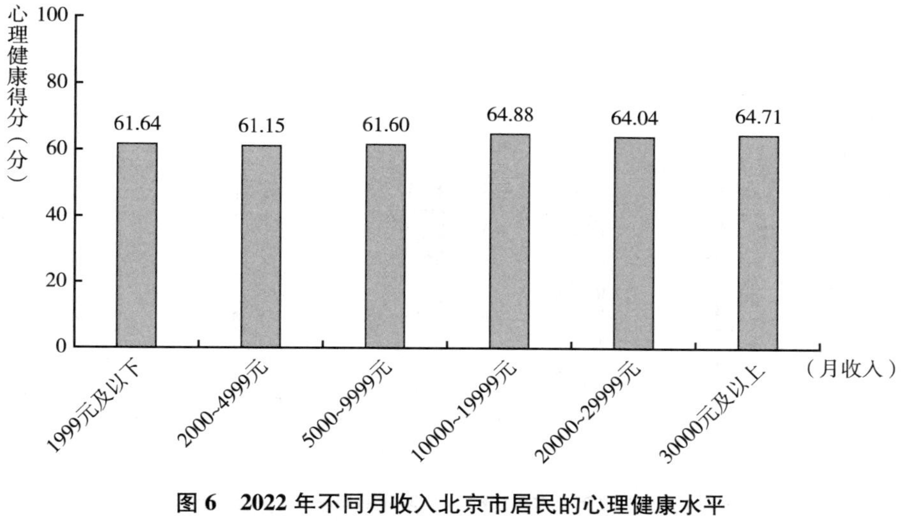

图6　2022年不同月收入北京市居民的心理健康水平

较高收入居民更可能获得较好的物质生活，故经济压力较小，在较低层需求得到满足后，居民更可能关注精神需求的部分，关注自身的心理健康状况，也更有余力进行一些利于心理健康的活动以将心理健康维持在较高水平。

（6）无业、失业或下岗居民的心理健康水平较低

本报告把工作状态分为五类：正式工作，临时工作，离退休，学生，无业、失业或下岗。采用单因素方差分析检验2022年北京市常住居民心理健康水平的工作状态差异后发现，不同工作状态居民的心理健康水平存在显著差异［F（4，2817）= 2.62，p<0.01］（见表7和图7）。进一步分析发现，无业、失业或下岗居民心理健康水平明显低于其他工作状态居民（ps<0.05）。

表7　2022年不同工作状态北京市居民的心理健康水平描述统计及差异检验结果

单位：分

项目	工作状态	M±SD	F
心理健康水平	正式工作	62.96±15.63	2.62**
	临时工作	61.78±15.73	
	离退休	63.43±18.49	
	学生	61.93±15.01	
	无业、失业或下岗	59.22±16.82	

注：** p<0.01。

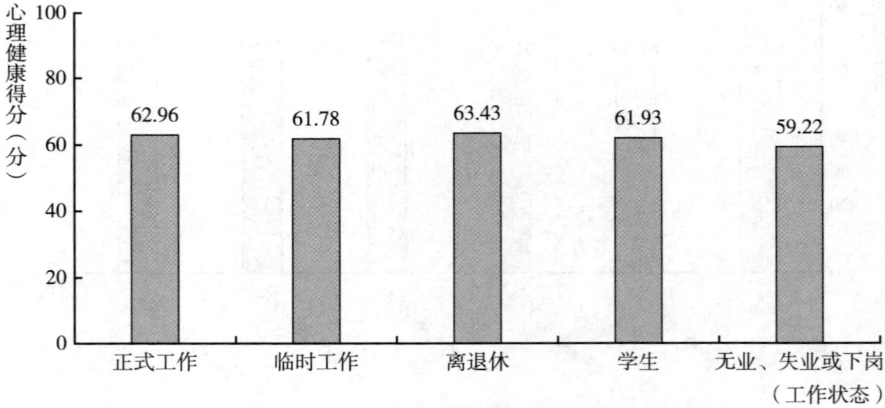

图7　2022年不同工作状态北京市居民的心理健康水平

党的十九大报告提出是否就业，以及工作是否稳定，关系着居民的基本生活状态。党的二十大报告提出健全就业公共服务体系，加强困难群体就业兜底帮扶，使人人都有通过勤奋劳动实现自身发展的机会。居民由无业、失

业或下岗带来的生活不稳定会引发如焦虑、抑郁等多种负面情绪，无处疏解的负面情绪长期累积容易对心理健康造成负面影响。党的二十大报告也为这种现象提供了政策角度的解决方法。

（7）已婚居民的心理健康水平较高

本报告将婚姻状况分为四类：未婚、已婚、离异及丧偶。采用单因素方差分析检验 2022 年北京市常住居民心理健康水平的婚姻状况差异后发现，不同婚姻状况居民的心理健康水平存在显著差异［$F(3, 2818) = 17.56$，$p<0.001$］（见表 8 和图 8）。进一步分析发现，已婚居民的心理健康水平显著高于其他居民（$ps<0.05$），离异居民的心理健康水平显著低于其他居民（$ps<0.05$）。

表 8　2022 年不同婚姻状况北京市居民的心理健康水平描述统计及差异检验结果

单位：分

项目	婚姻状况	$M \pm SD$	F
心理健康水平	未婚	60.88±15.24	17.56***
	已婚	64.19±15.60	
	离异	53.54±17.57	
	丧偶	57.77±21.76	

注：*** $p<0.001$。

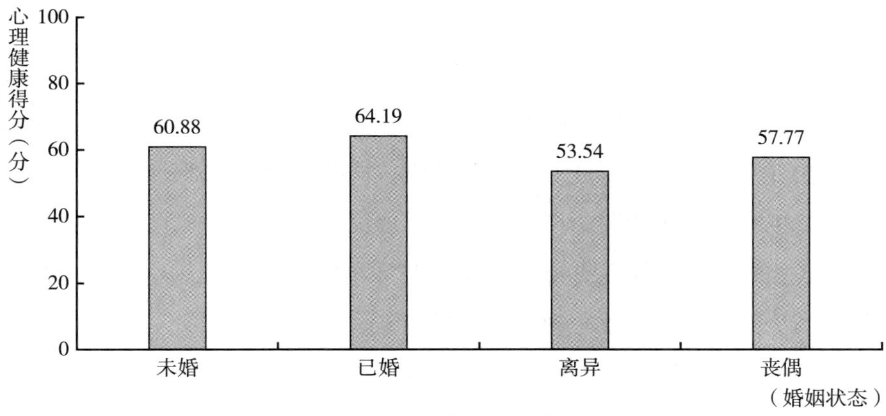

图 8　2022 年不同婚姻状态北京市居民的心理健康水平

已婚居民意味着已获得较稳固的婚姻关系，已组成以自己为中心的家庭，其社会支持系统更可能较为完善，也更容易获得较高的生活幸福感，进而维持和促进其心理健康处于较高水平。

3. 2022年北京市居民心理健康水平与家人朋友支持、生活满意度、自然环境满意度及居住地配套设施满意度之间呈正向相关

本报告对居民家人朋友支持程度、生活满意度、自然环境满意度及居住地配套设施满意度进行了问卷调查，并采用相关分析探究 2022 年北京市常住居民心理健康水平与上述变量之间的关系。结果发现，2022 年北京市居民心理健康水平与家人朋友支持、生活满意度、自然环境满意度及居住地配套设施满意度之间存在显著正向相关（见表 9）。

表 9　2022 年北京市居民心理健康水平与家人朋友支持、生活满意度、自然环境满意度及居住地配套设施满意度相关分析结果

项目	1	2	3	4	5
心理健康水平	1				
家人朋友支持	0.46***	1			
生活满意度	0.57***	0.47***	1		
自然环境满意度	0.28***	0.26***	0.33***	1	
居住地配套设施满意度	0.32***	0.33***	0.41***	0.70***	1

注：*** $p<0.001$。

家人朋友支持属于居民的社会支持网络，来自家人朋友的社会支持有助于居民在日常生活中维持良好的心理健康。同时在遇到应激事件时，家人朋友的支持也有助于缓冲和调节应激事件对居民心理健康造成的不良影响。反之，当居民缺乏家人朋友支持时，社会支持网络相对薄弱，居民日常心理健康易受到负面影响，导致心理健康水平较低。

居民生活满意度、自然环境满意度及居住地配套设施满意度这三者不仅受到居民客观生活环境的影响，还会受到居民对生活环境和状态的主观判断的影响。满意度高的居民意味着对生活和环境有着更积极的评价和体验，更

容易获得良好的心理健康状态。反之，满意度低的居民更可能对生活有着更消极的评价和体验，更容易处于较差的心理健康状态。

4. 生活满意度、家人朋友支持、自然环境满意度及居住地配套设施满意度对北京市居民心理健康水平存在正向影响

依据相关分析结果，本报告进一步通过回归分析探索生活满意度、家人朋友支持、自然环境满意度及居住地配套设施满意度与心理健康的关系，以生活满意度、家人朋友支持、自然环境满意度及居住地配套设施满意度作为预测变量，将心理健康水平作为因变量，进行逐步回归分析，具体结果见表10。回归分析显示，生活满意度、家人朋友支持、自然环境满意度及居住地配套设施满意度均对北京市居民心理健康水平存在正向影响。北京市居民可以通过提高生活质量和与家人朋友的联系频率、提高社会支持程度以提高自身心理健康水平。政府部门也可以通过完善更人性化的居住地配套设施和城市自然环境以便市民心理健康维持在较高水平。

表 10　2022 年北京市居民心理健康水平与家人朋友支持、生活满意度、自然环境满意度及居住地配套设施满意度回归分析结果

因变量	预测变量	R^2	调整后的 R^2	F	b	β	t
心理健康水平	生活满意度	0.38	0.38	431.11***	1.085	0.43	24.80***
	家人朋友支持				0.38	0.22	13.04***
	居住地配套设施满意度				0.12	0.05	2.39*
	自然环境满意度				0.10	0.05	2.37*

注：* $p<0.05$；*** $p<0.001$。

（二）网络数据结果

1. 2022年北京市居民各心理障碍微博超话发博量与全国总量对比

2022 年北京市居民各心理障碍微博超话发博数量与全国总量及前者占比见表 11。2022 年北京市常住人口占全国总人口的 2%，除社交恐惧症超话外，其他心理障碍的发博数量占比均超过此人口占比。相较于全国其他地区，北京地区微博用户数量更多、北京地区居民生活压力较大都是导致此现象可能的原因。同时该结果可能表明北京市居民更倾向于通过网络渠道进行情感表达。此外，社交恐惧症超话发博数占比较低可能与北京地区交流活动更多、人们普遍处于社交环境中有关。

表 11　2022 年北京市居民各心理障碍微博超话发博量与全国总量对比

单位：条，%

心理障碍超话	北京市条数	全国条数	北京市占比
抑郁症超话	4314	102006	4
焦虑症超话	699	18161	4
双相情感障碍超话	737	16060	5
暴食症超话	160	2138	7
社交恐惧症超话	33	1584	2
强迫症超话	79	1570	5

2. 2022年北京市不同性别居民各心理障碍微博超话发博数量占比

2022 年北京市不同性别居民各心理障碍微博超话发博量与全国总量对比结果见表 12。结果表明，2022 年北京市居民各心理障碍微博超话发博数量女性均高于男性，这一结果基本符合各心理障碍患者的性别占比。此外，相较于男性，女性通常更倾向于通过情绪表达来宣泄情绪、疏解压力，也就是说，女性患者可能更喜欢通过发微博的形式表达自己的感受和情绪，这也是女性发博数高于男性的原因之一。

表 12　2022 年北京市不同性别居民各心理障碍微博超话发博量与全国总量对比

单位：条，%

心理障碍超话	性别	北京条数	全国条数	占比
抑郁症超话	男	792	19679	4
	女	3522	82327	4

续表

心理障碍超话	性别	北京条数	全国条数	占比
焦虑症超话	男	175	3681	4
	女	524	14480	4
双相情感障碍超话	男	96	2526	4
	女	641	13534	5
暴食症超话	男	9	169	5
	女	151	1969	8
社交恐惧症超话	男	4	224	2
	女	29	1360	2
强迫症超话	男	4	388	1
	女	75	1182	6

3. 2022年北京市各心理障碍微博超话微博文本词频分析

本报告拟通过词频分析，探究 2022 年北京市各心理障碍人群心理状态及主要关注的问题，并绘制词云图。

（1）2022 年北京市抑郁症超话微博文本词频分析

本报告对 2022 年 IP 地址为北京地区的抑郁症超话微博文本进行词频分析（见表 13），并生成词云图（见图 9）。抑郁症超话微博关键词以情绪低落类负面情绪词语，如“难受”“痛苦”“苦涩”及反映负面情绪的动词“不想”“哭”为主，其中存在个别积极情绪词语及支持性词语，如“开心”“喜欢”“朋友”。可见，北京地区抑郁症人群心理状态较差，符合抑郁症这类心境障碍人群的基本心理特征，可喜的是在众多负面情绪中，存在一些含积极高频词的话语展现着这类人的自我鼓励和希望感，如“近日开心事：坚持运动了。要慢慢变得自律，慢慢变好啊！要好起来啊！”此外，一些重点词语值得引起关注。如生命类词语“死”“活着”，自杀风险较高是抑郁症人群常见特点，需要社会重点保护及持续关注。医药类词语“医生”“吃药”“医院”可能反映了药物和医院等医疗信息和医疗资源是北京地区抑郁症人群主要关注的问题和需求。

表 13　2022 年北京市居民抑郁症超话微博文本高频词

单位：次

关键词	词频	关键词	词频
感觉	429	怎么办	175
不想	380	药	166
觉得	361	世界	164
难受	254	苦涩	163
哭	253	生活	162
朋友	241	难过	157
希望	229	爱	155
情绪	210	累	154
开心	206	活着	147
死	203	害怕	142
医生	187	抑郁症	140
喜欢	182	医院	136
吃药	180	睡不着	131
痛苦	177	焦虑	128

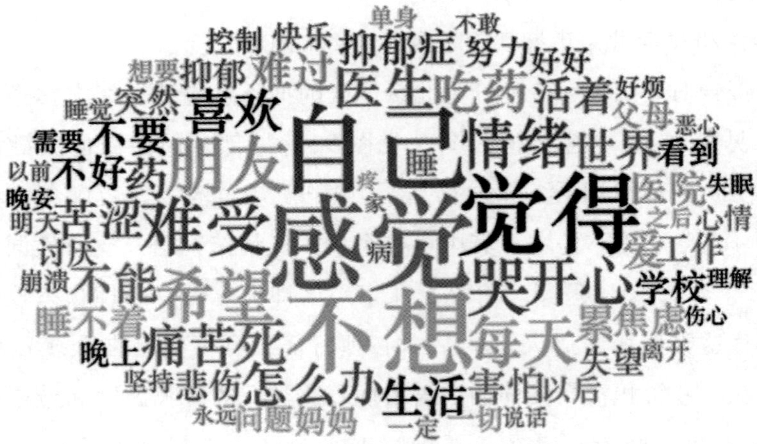

图 9　2022 年北京市抑郁症超话微博文本词云图

（2）2022 年北京市焦虑症超话微博文本词频分析

本报告对 2022 年 IP 地址为北京地区的焦虑症超话微博文本进行词频分析（见表 14），并生成词云图（见图 10）。焦虑症超话微博关键词以恐惧类负面情绪词，如“害怕”“惊恐”“紧张”及躯体化症状词“心脏”“呼吸”“心慌”为主。可见，北京地区焦虑症人群心理状态符合焦虑障碍的常见特征，且存在很多躯体化困扰，在微博原文中常见“今天换新工作焦虑到发抖”“刚睡着就感觉憋气，惊醒”等类似描述。此外，与前者一致，医药类词语“药”“医院”出现在高频词中反映了药物和医院等信息是北京地区焦虑症人群主要关注的问题和需求。

表 14　2022 年北京市居民焦虑症超话微博文本高频词

单位：次

关键词	词频	关键词	词频
感觉	204	心跳	48
焦虑	153	睡	47
苦涩	104	药	44
害怕	87	呼吸	41
难受	86	惊恐	41
突然	79	医院	39
疼	77	悲伤	38
症状	71	失眠	37
心脏	66	紧张	36
睡不着	52	头晕	35
焦虑症	50	心慌	34
发作	48		

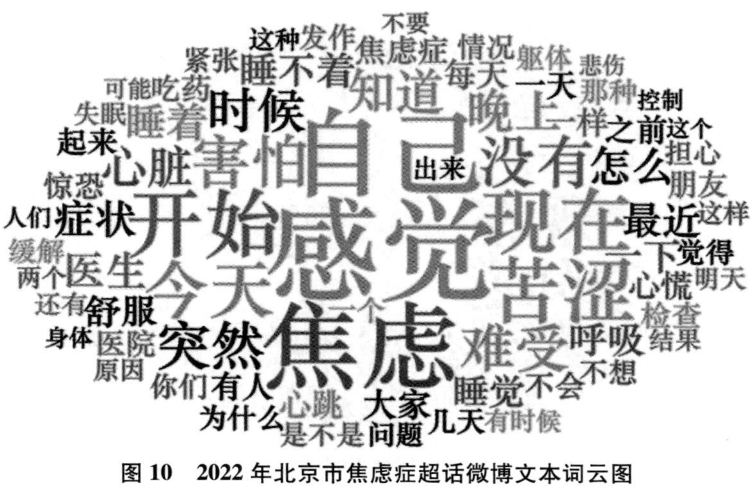

图 10　2022 年北京市焦虑症超话微博文本词云图

（3）2022 年北京市双相情感障碍超话微博文本词频分析

本报告对 2022 年 IP 地址为北京地区的双相情感障碍超话微博文本进行词频分析（见表 15），并生成词云图（见图 11）。双相情感障碍超话微博关键词可以大致分为以下四类：情绪低落类负面情绪词如“苦涩”“悲伤”“痛苦”；焦虑情绪类词语如“焦虑”；医药类词如“医生”“吃药”“医院”；积极情绪词语及支持性词语，如“朋友”“爱”“开心”。可见，北京地区双相情感障碍人群心理状态较符合其基本特征，即包含抑郁情绪，也存在躁狂症状。同时可能存在一些积极高频词以展现这类人生活中的部分积极信念。

表 15　2022 年北京市居民双相情感障碍超话微博文本高频词

单位：次

关键词	词频	关键词	词频
感觉	86	哭	36
吃药	50	爱	33
情绪	46	开心	30
苦涩	46	痛苦	30
朋友	39	难受	29
悲伤	38	医院	28
死	38	焦虑	28
医生	37		

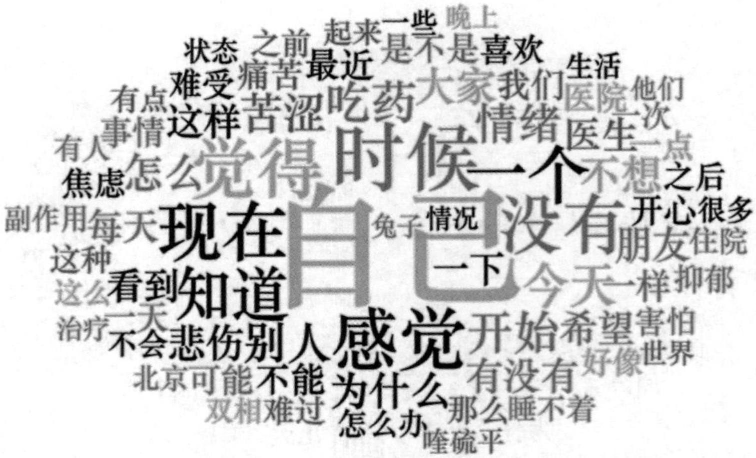

图 11　2022 年北京市双相情感障碍超话微博文本词云图

（4）2022 年北京市暴食症超话微博文本词频分析

本报告对 2022 年 IP 地址为北京地区的暴食症超话微博文本进行词频分析（见表 16），并生成词云图（见图 12）。暴食症超话微博关键词主要为进食或食品词语，如“零食”“吃饭”“饼干”及与身材体重有关的词语，如“控制”“减肥”“胖”“体重”。可见，北京地区暴食症人群心理状态符合进食障碍者对体重的过度关注及摄食欲望等常见特征。例如微博文本中会提到“今早到现在吐了四次，还是控制不住地想吃东西……”“吃得越来越多，越来越不受控制”等。

表 16　2022 年北京市居民暴食症超话微博文本高频词

单位：次

关键词	词频	关键词	词频
吃	165	减肥	15
暴食	76	感觉	13
伤心	32	胖	12
泪	29	体重	11
零食	18	吃饭	10
控制	15	饼干	10
食物	15	鸡蛋	10

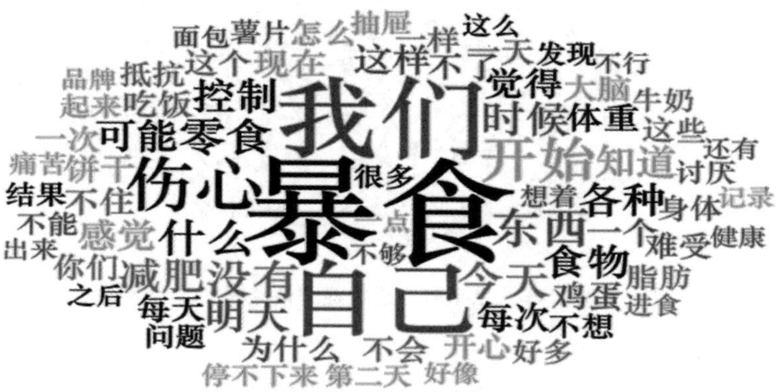

图 12　2022 年北京市暴食症超话微博文本词云图

（5）2022 年北京市社交恐惧症超话微博文本词频分析

本报告对 2022 年 IP 地址为北京地区的社交恐惧症超话微博文本进行词

频分析（见表 17），并生成词云图（见图 13）。社交恐惧症超话微博关键词主要为恐惧类负面词语，如“紧张”“恐惧”及与社交相关场景词语，如“工作”“上班”“办公室”等。可见，北京地区社交恐惧症人群心理较紧张，同时北京地区社交恐惧症人群的主要焦虑来源于办公相关场景。

表 17　2022 年北京市居民社交恐惧症超话微博文本高频词

单位：次

关键词	词频	关键词	词频
社恐	9	恐惧	3
人	9	社交	3
工作	5	上班	3
感觉	5	办公室	3
紧张	4	板凳	3
待	4		

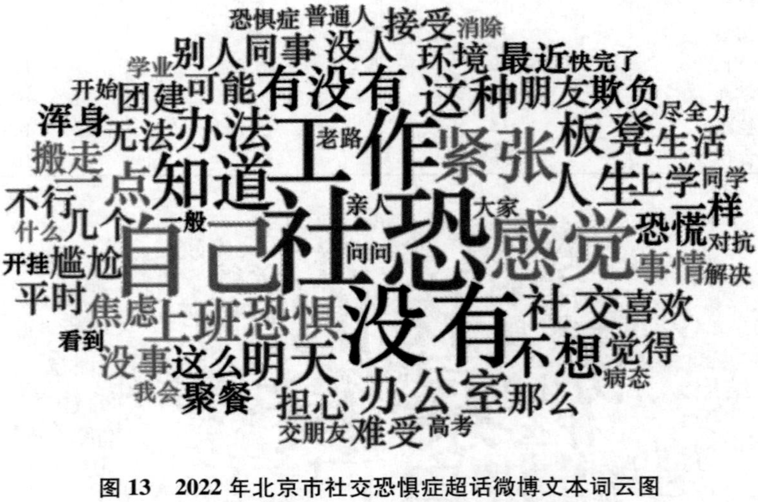

图 13　2022 年北京市社交恐惧症超话微博文本词云图

（6）2022 年北京市强迫症超话微博文本词频分析

本报告对 2022 年 IP 地址为北京地区的强迫症超话微博文本进行词频分析（见表 18），并生成词云图（见图 14）。强迫症超话微博关键词主要为：痛苦感受类负面词语，如“痛苦”“难受”“害怕”；强迫行为词语，如

“粘”“洗”“手机”“声音”等；时间度量词语，如“小时”“每天”等。在强迫症超话中微博文本会提到如“大半夜因为一个念头疯狂洗手洗胳膊洗腿，就能洗好几个小时，痛苦啊”的表达。可见，北京地区强迫症人群心理状态较差，同时对时间的敏感度较高。

表 18　2022 年北京市居民强迫症超话微博文本高频词

单位：次

关键词	词频	关键词	词频
强迫	18	手机	6
强迫症	16	死	5
知道	15	思维	5
吃药	13	洗手	5
感觉	13	理解	5
粘	13	医生	5
痛苦	12	声音	5
严重	9	焦虑	5
难受	9	贴	5
抑郁	7	害怕	5
小时	7	每天	5
怎么办	6	想法	5
洗	6	洗澡	4
哭	6		

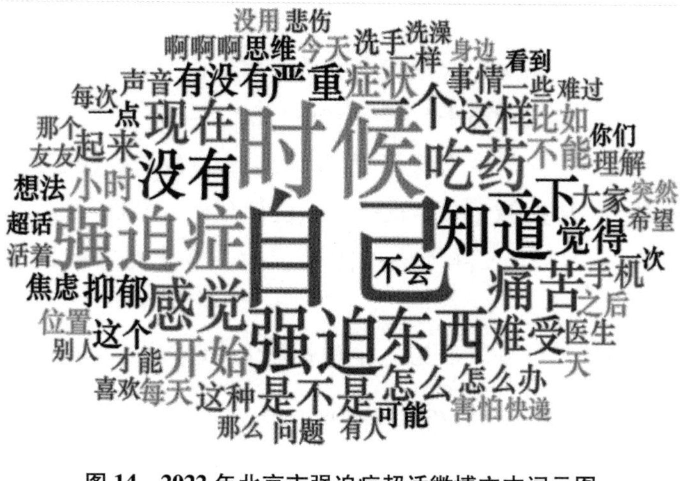

图 14　2022 年北京市强迫症超话微博文本词云图

四 建议

本报告通过问卷调查 2022 年北京市居民心理健康水平，结果显示，2022 年北京市居民的心理健康处于中等偏上水平。将 2019~2022 年北京市居民心理健康水平问卷调查结果进行对比发现，北京市居民心理健康水平发展呈现先上升后下降趋势。具体分析不同群体的 2022 年心理健康水平后发现：（1）男性居民心理健康水平高于女性居民心理健康水平；（2）相比于其他年龄段居民，21~30 岁的居民心理健康水平较低；（3）相比于其他户籍类型居民，京籍城市户口居民心理健康水平较高；（4）相比于其他受教育程度居民，初中及以下学历居民的心理健康水平较高；（5）相比于月收入万元以下居民，月收入万元以上居民的心理健康水平较高；（6）相比于其他工作状态居民，无业、失业或下岗居民的心理健康水平较低；（7）相比于其他婚姻状态居民，已婚居民的心理健康水平较高。将生活满意度、家人朋友支持、自然环境满意度及居住地配套设施满意度与北京市居民心理健康进行相关分析，结果表明 2022 年北京市居民心理健康水平与以上变量之间是显著正向相关。进一步将生活满意度、家人朋友支持、自然环境满意度及居住地配套设施满意度作为预测变量，将心理健康水平作为因变量进行回归分析，结果表明生活满意度、家人朋友支持、自然环境满意度及居住地配套设施满意度对北京市居民心理健康水平存在显著正向作用。

本报告通过对社交网络平台新浪微博上 2022 年 IP 所在地为北京的用户公开发表在抑郁症、焦虑症、双相情感障碍、暴食症、社交恐惧症及强迫症六个心理障碍超话中的微博文本进行词频统计分析，发现女性发布条目数量高于男性，各心理障碍人群受病理困扰较大，普遍对医疗问题存在较高关注。

据此，本报告建议从以下几个方面来提升北京市居民的心理健康水平。

（一）提高现有社会心理服务的利用率

北京市现有社会心理服务体系建设初见规模，但普及率及利用率尚待提高。居民如果能够充分在现行社会心理服务体系中获得需要的心理服务，可能在心理健康水平上获得较大提升。建议提高现有的社会心理服务的传播度，利用社区、学校等进行全覆盖式宣传，充分发挥现有心理服务热线、自我心理检测与调节小程序等心理健康便民措施的效用。让居民在遇到压力和心理问题时“有处聊，有处去”。

（二）提升心理健康知识普及率

现有社会心理服务以居民主动求助为主，如拨打心理援助热线或参与小程序活动。此类服务需要居民对心理健康知识有基础了解并具备较强的求助意识。心理健康知识在我国尚未广泛深入普及，且存在一定的污名化现象。建议充分利用新媒体官方渠道传播心理健康知识，纠正居民对心理问题讳莫如深的刻板印象，进而强化居民的心理自助意识。

（三）提供疫情防控新阶段新型解压方式

自 2020 年以来，北京市居民的心理健康水平持续降低。疫情突发以来，三年间持续实施常态化管控，居民出行、生活、工作等方方面面受到限制，居民容易产生压力且难以及时有效化解，因此居民的心理健康受到影响。建议结合新媒体为市民提供更多更广泛的新型解压方式以适应当前的形势。例如在微博、抖音等多平台为居民提供室内健身操、瑜伽、太极等身心解压带练视频，同时提高话题热度，促进全民参与。

（四）重点关注无业、失业或下岗居民的心理健康状态

针对本报告中无业、失业或下岗居民心理健康水平明显低于其他工作状态居民这一结果，建议社区对无业、失业或下岗居民着重关注，重点监测此类人群心理健康状态，进行定期走访、回访。同时，建议社区为经济条件困难的待业居民提供适当的职业技能培训，并提供更多的对口就业信息，切实地在生活和精神上给予无业、失业或下岗居民帮助和关怀。

（五）多角度综合提升京籍农村户口及非京籍户口居民心理健康水平

针对本报告中京籍城市户口居民心理健康水平明显高于其他户口居民这一结果，建议通过开展文化宣传类活动，提升京籍农村户口及非京籍户口居民的参与感和归属感。同时，提升部分事务办理效率，切实解决此类人群生活压力。另外，在京籍农村户口及非京籍户口居民居住聚集区域针对性开展心理健康教育及排查，关注其心理健康状态。

（六）调动居民生态保护积极性，进一步完善生态环境治理

本报告结果显示自然环境满意度及居住地配套设施满意度均对居民的心理健康水平存在影响。居民住得好，才能心情好。除了相关部门的积极规划和治理外，维护生态环境需要从上至下调动全民力量共同努力。从垃圾分类的身边小事做起，增强居民保护生态环境的自主意识，促进全民参与其中，并将积极治理结果向居民宣传以起到正向激励作用。

（七）加大大数据风险人群排查力度，着重关注重点人群

利用大数据和风险关键词词库对在网络上发表威胁生命等言论人群进行技术检出，并进一步通过人工筛查锁定高危人群，进行有针对性的危机干预。同时对已表现出高风险的账号给予重点管理和关注。通过网络等更多渠道给心理健康水平较低群体提供服务信息和情感支持，搭建具有积极导向的互助平台。

B.6
北京市居民国家自豪感状况调查
——基于2022年北京冬奥会

李秋怡　余树懋　杨智辉*

摘　要： 本调查分析了北京市居民的民族自豪感现状，并选取2022年北京冬奥会为典型事件，分析北京市居民对此事的关注程度、去相关场所/场馆参观/游玩的意愿以及北京市居民基于2022年北京冬奥会的民族自豪感来源，为进一步提高居民的民族自豪感提出若干建议。采用问卷调查法收集到3243份数据并基于新浪微博平台获取6259条北京用户评论数据。分析结果显示，北京市居民的民族自豪感整体较高，且受人口学因素影响，在性别、年龄和主观社会阶层上存在显著差异；在2022年北京冬奥会期间，市民最关注的是中国国家队比赛，冬奥会上中国展现的科技成就是市民的民族自豪感的最重要来源。居民"云观赛"热情不减，对民族的历史、文化、艺术和体育等多个领域感到自豪，自信、激动、感动、敬畏等情感流露都是民族自豪感的表现形式。应继续传承民族精神，立足经济发展基石，加强红色宣传教育，并发挥网络媒体的作用，培育积极网络社会心态。

关键词： 民族自豪感　北京冬奥会　北京市居民

* 李秋怡，北京林业大学人文社会科学学院在读博士研究生，主要研究方向为社会与生态环境心理学；余树懋，北京林业大学人文社会科学学院在读本科生，主要研究方向为社会心理学；杨智辉，北京林业大学人文社会科学学院教授，博士生导师，主要研究方向为心理咨询与治疗、生态环境与个体发展。

民族自豪感是在各民族互动的社会背景下，人民对自我民族身份的肯定和对民族的积极情感，是人们对本民族的历史文化、传统精神、价值取向、现实状况和未来发展等方面高度认同和充满信心的表现。对于一个国家的整体发展而言，除了经济发展、宏观政策以及人民生活保障等方面能让人民产生强烈的自豪感外，体育赛事作为国家软实力的展现方式之一，也同样是人民民族自豪感来源的重要组成部分。研究发现，举办大型体育赛事对举办地具有积极溢出效应，例如促进该国家经济发展（出口产业、工业发展、旅游）、提升该国在人们心中的印象、增加该国的国际合作等，其中也包括提升该国人们的民族自豪感①。社会认同理论（social identity theory）认为，当个体认识到自己属于某个群体时，会通过将自己所属群体与其他群体比较（尤其是将所属群体的优势与其他群体的劣势比较）获得一种优越感，由此，情绪、态度和系列行为都会相应地受到影响②。因此，当我们意识到自己属于中华民族，并在赛事举办中获得至高无上的荣誉，这一身份便会激活民族自豪感。

作为体育竞赛的最高荣誉殿堂，奥运会持续时间长、受到世界各地人们的高度关注，并且作为国际性体育竞技赛事，它释放着象征着民族主义的巨大能量。当北京正式取得 2022 年冬奥会的举办权时，全国欢庆，人们不仅仅是因承办国际赛事而自豪，更是为我国软实力和国家全方位各层级实力而骄傲，这一时期人们的民族自豪感能够很好地反映我国在经济、体育、国际地位等领域的当前实力。以往研究显示，从较大范围来看，民族自豪感与人们所属的群体类型有关③，可能源于特定群体内的文化影响④，聚焦个体来

① Storm, R. K., & Jakobsen, T. G, "National Pride, Sporting Success and Event Hosting: an Analysis of Intangible Effects related to Major Athletic Tournaments," *International Journal of Sport Policy and Politics*, (2019): 1-16.

② Turner, J. C., Oakes, P. J., Haslam, S. A., & McGarty, C, "Self and Collective: Cognition and Social Context," *Personality and Social Psychology Bulletin*, 5 (1994): 454-463.

③ Kim, H. H., & Kim, H. J. , "National Pride, Social Trust, and Cultural Nativism: Findings from East and Southeast Asia," *International Journal of Intercultural Relations*, 84 (2021): 251-263.

④ 何金璐、艾少伟：《大明宫国家考古遗址公园旅游体验对游客文化认同影响研究》，《地域研究与开发》2021 年第 3 期。

看，个体的物质需求、教育环境也有可能会影响民族自豪感[①]。因此，通过分析民族自豪感的影响因素可一定程度上为提升民族自豪感提供方法参考，进而促进社会稳定和谐、人民团结和睦。

综上所述，本调查以2022年北京冬季奥运会为背景，通过问卷调查和大数据调查两种方式，分析北京市居民的民族自豪感以及对冬奥会的关注度，为相关部门有针对性地开展工作、提高居民的民族自豪感提供数据支持。

一　调查目的

本调查旨在通过问卷调查了解居民的民族自豪感、对2022年北京冬奥会的关注度、在2022年北京冬奥会中表达出的自豪感类型，并使用微博平台获取数据，以了解2022年北京冬奥会举办期间居民民族自豪感的表达特征。

二　调查方法

（一）问卷调查法

1. 研究对象

2022年9月在北京市16区发放并收集调查问卷3568份，剔除作答时间过短、测谎未通过及作答不认真的无效问卷，保留有效问卷3243份，回收有效率为90.89%。性别分布：男性居民1361人（41.97%），女性居民1882人（58.03%）；年龄分布：3243人平均年龄为30.17±11.18岁，16~20岁居民964人（29.73%），21~30岁居民787人（24.27%），31~40岁居民894人（27.57%），41~50岁居民461人（14.22%），50岁以上居民137人（4.21%），其他调查人员信息见表1。

① 李春玲、刘森林：《国家认同的影响因素及其代际特征差异——基于2013年中国社会状况调查数据》，《中国社会科学》2018年第4期。

表 1　基本人口学信息

单位：人，%

人口学变量		人数	百分比
性别	男	1361	41.97
	女	1882	58.03
年龄	16~20 岁	964	29.73
	21~30 岁	787	24.27
	31~40 岁	894	27.57
	41~50 岁	461	14.22
	50 岁以上	137	4.21
婚恋状况	无恋爱经历	630	19.43
	有恋爱经历但现在单身	662	20.41
	恋爱中	573	17.67
	同居	71	2.19
	已婚	1251	38.58
	离异	41	1.26
	丧偶	15	0.46
月收入	1999 元及以下	955	29.45
	2000~4999 元	561	17.30
	5000~9999 元	879	27.10
	10000~19999 元	621	19.15
	20000~29999 元	153	4.72
	30000 元及以上	74	2.28

人口学变量		人数	百分比
家庭居住地	城市	2342	72.22
	郊区	595	18.35
	农村	306	9.44
政治面貌	共产党员	660	20.35
	共青团员	1235	38.08
	民主党派	37	1.14
	群众	1311	40.43
受教育程度	初中及以下	92	2.84
	中专或职高	90	2.78
	高中	207	6.38
	大专	330	10.18
	本科	2113	65.16
	硕士	329	10.14
	博士	82	2.53
户籍所在地	北京城市	1678	51.74
	北京农村	335	10.33
	外地城市	808	24.92
	外地农村	422	13.01
主观社会阶层	最上与中上层	217	6.69
	中层	1570	48.41
	中下层	1228	37.87
	最下层	270	8.33

2. 研究工具

民族自豪感量表：采用田园编制的国家认同感问卷中的部分题目调查北京市居民的民族自豪感①。该问卷共包括 4 个题目，如“我为国家取得的成就而自豪”。采用 7 点计分，从“完全不同意”到“完全同意”分别计 1~7

① 田园：《大学生国家认同、自我建构与其社会责任的关系》，北京师范大学博士学位论文，2017，第 21 页。

分，总分范围为 4~28 分，总分越高代表民族自豪感越强。本调查结果将总分换算为百分制，在本调查中 Cronbach's $\alpha = 0.82$。

北京冬奥会关注度：采用自编题目调查北京市居民对 2022 年北京冬奥会的关注程度。询问“您对 2022 年北京冬奥会的关注程度如何?”包含开幕式、闭幕式、中国国家队比赛、文娱消息与周边产品、冰雪运动五个方面。从“完全不关注”到“非常关注”分别计 1~7 分，总分范围为 5~35 分，总分越高代表对冬奥会的关注程度越高。本调查结果将总分换算为百分制，在本调查中 Cronbach's $\alpha = 0.91$。

北京冬奥会相关场所/场馆参观/游玩意愿：采用自编题目调查北京市居民在 2022 年北京冬奥会结束后去相关场所/场馆（开放）参观/游玩的意愿。首先询问居民“冬奥会结束后，您是否有去相关场所/场馆（鸟巢、‘冰丝带’、国家体育馆冰球馆等）进行参观或游玩?”，居民用是或否回答，若回答“否”，则询问“在出行条件允许的情况下，您是否想去上述相关场所/场馆进行参观或游玩?”，之后让居民对 8 个 2022 年北京冬奥会相关场所/场馆依据自己的参观/游玩意愿进行排序。

民族自豪感来源：采用国际社会调查项目（International Social Survey Programme，ISSP）中调查民族自豪感的部分条目调查北京市居民在 2022 年北京冬奥会中民族自豪感的来源①。包含科技成就、经济成就、体育成就、艺术和文学成就、政治影响力、公平地对待社会群体 6 个条目。从“一点也不”到“非常”分别计 1~5 分，在某一条上的得分越高代表冬奥会期间源自该领域的自豪感越强。本调查结果将得分换算为百分制，在本调查中 Cronbach's $\alpha = 0.91$。

（二）大数据分析法

1. 数据采集与预处理

本调查采用 python3.6.5 于 2022 年 9 月获取“人民日报”官方微博于

① Meitinger, K., “What does the General National Pride Item Measure? Insights from Webprobing,” *International Journal of Comparative Sociology*, 59（2018）, pp. 428-450.

2022年北京冬奥会举办期间（2022年2月4日至20日）发布的原创微博，包括发布时间、正文文本、转发数、点赞数、评论数等信息，并采集微博下方一级评论，包括发布评论的用户昵称、用户性别、评论文本等信息。

剔除该时期内与北京冬奥会无关的微博（如疫情报道），共获取“人民日报”官方微博原创微博286条、用户评论9.14万条；根据“用户地区”提取北京市用户评论，共采集到北京市用户评论7418条。

2. 数据清洗与分析

①人工标注：浏览全部微博评论，根据如下规则剔除部分评论：a. 文本只包含无意义单字的评论（如：啊啊啊啊）；b. 文本只包含语气词的评论（如：哈哈哈哈）；c. 无文本，仅显示“转发微博”的评论；d. 营销号/机构账号的评论。最终保留北京市用户有效评论6259条。

②词频分析：将全部微博评论文本放入中文分词工具包中，对评论文本进行分词。过滤“的”“我”“嗯嗯”等无实际意义的单字或词语后，提取北京市居民的评论文本关键词。

三 调查结果

（一）北京市居民的民族自豪感

1. 北京市居民的民族自豪感水平较高

北京市居民的民族自豪感得分均值86.15分，显著高于中位数50.5［t（3242）=1360.12，$p<0.001$］，表明北京市居民的民族自豪感水平较高。

2. 女性居民的民族自豪感高于男性

采用独立样本t检验分析北京市居民民族自豪感的性别差异，结果发现，北京市居民的民族自豪感存在显著的性别差异，女性居民的民族自豪感均分为85.79±13.64，男性居民的民族自豪感均分为84.28±15.56（见表2），女性居民的民族自豪感得分高于男性居民［t（3241）=−2.94，$p<0.001$］（见图1）。

表 2　不同性别居民的民族自豪感均分

单位：分

项目	性别	$M \pm SD$	t
民族自豪感	男	84.28±15.56	−2.94***
	女	85.79±13.64	

注：*** p<0.001，** p<0.01，* p<0.05，下同。

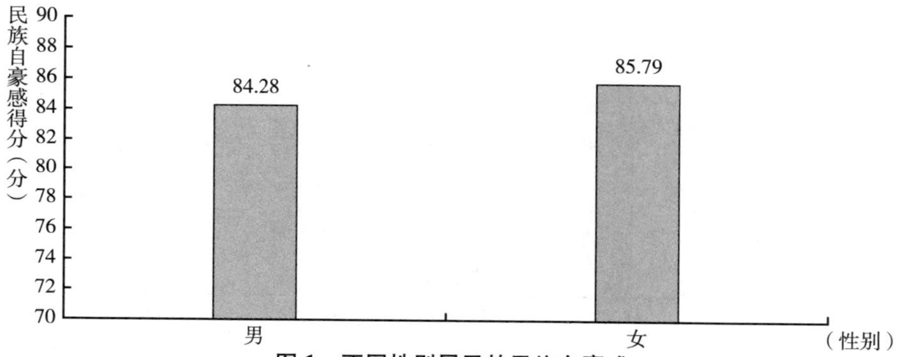

图 1　不同性别居民的民族自豪感

3. 50岁以上的居民民族自豪感较强

采用单因素方差分析检验北京市居民民族自豪感的年龄差异，结果发现，北京市居民的民族自豪感存在显著的年龄差异［F（4，3238）= 5.97，p<0.001］，进一步分析发现，50 岁以上居民的民族自豪感显著高于 40 岁及以下的居民（p<0.05）（见表 3、图 2）。50 岁以上的居民见证了国家从改革开放到今天富强文明的发展之路，是最早也是最坚定地投入国家建设事业中的参与者。因为国家的发展，他们也获得了改变命运的机会，因此可能相较其他年龄段拥有更强的民族自豪感。

表 3　不同年龄段居民的民族自豪感均分

单位：分

变量	年龄阶段	$M \pm SD$	F
民族自豪感	16~20 岁	83.63±14.86	5.97***
	21~30 岁	85.41±14.79	
	31~40 岁	85.22±14.20	

续表

变量	年龄阶段	M±SD	F
民族自豪感	41~50 岁	86. 85±13. 79	5. 97***
	51 岁及以上	88. 30±13. 29	

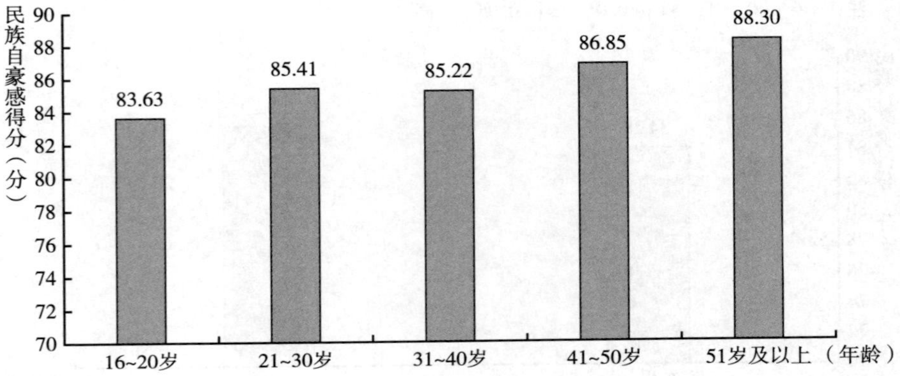

图 2　不同年龄段居民的民族自豪感

4. 社会中层居民民族自豪感较强

采用单因素方差分析检验北京市居民民族自豪感的主观社会阶层差异，结果发现，北京市居民的民族自豪感存在显著的主观社会阶层差异［F（3，3239）= 2. 60，p<0. 001］，进一步分析发现，中层与中下层居民的民族自豪感要显著高于最上层或中上层、最下层的居民（ps<0. 05）（见表 4、图 3）。社会中层是社会主体，拥有较强的凝聚力，他们的生存状态与国家前途有着最紧密的联系，在党和国家的百年奋斗进程中，社会中层的生活有了最为明显的改善，因此可能具有较强的民族自豪感。

表 4　不同社会阶层居民的民族自豪感均分

单位：分

变量	社会阶层	M±SD	F
民族自豪感	最上层或中上层	83. 38±16. 93	2. 60***
	中层	85. 59±13. 83	

续表

变量	社会阶层	$M\pm SD$	F
民族自豪感	中下层	85.26±14.20	2.60***
	最下层	83.61±17.05	

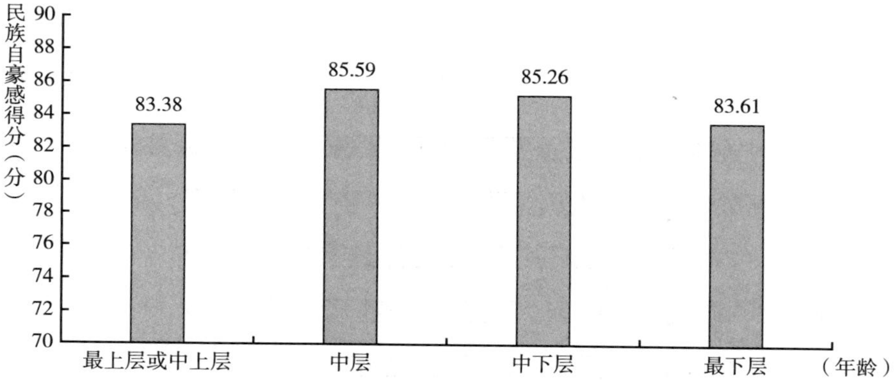

图 3　不同社会阶层居民的民族自豪感

5. 2022年北京冬奥会中展现的科技成就是居民民族自豪感的最大来源

调查结果显示，居民认为自己的民族自豪感很大程度上源于中国在此次冬奥会中展现的科技成就，1789 名居民在科技成就一题上选择“非常”，人数占总人数的 55.16%（见表 5、图 4），除此之外，体育成就、政治影响力和公平地对待社会群体也是居民的民族自豪感来源。中国的科技成就在冬奥会全过程给人们带来强烈震撼，尤其在开幕式上，借助电子信息技术和产品，中国向世界呈现了巨型“雪花”主火炬台、冰立方“雕刻”、60 米高的冰瀑屏等壮阔场景，这场融合科技感、体验感、唯美感的视听盛宴离不开人工智能、超高清渲染、5G、8K、三维仿真技术等科技创新力量，由此，飞速发展的科技广泛且强烈地唤起了人们的民族自豪感。

表 5　北京冬奥会民族自豪感来源选项分布

单位：人

题目	一点也不	很少	中立	有点	非常
科技成就	26	38	333	1057	1789

续表

题目	一点也不	很少	中立	有点	非常
体育成就	28	64	336	1100	1715
政治影响力	40	67	410	1050	1676
公平地对待社会群体	41	60	453	1017	1672
经济成就	36	90	469	1135	1513
艺术和文学成就	34	121	516	1148	1424

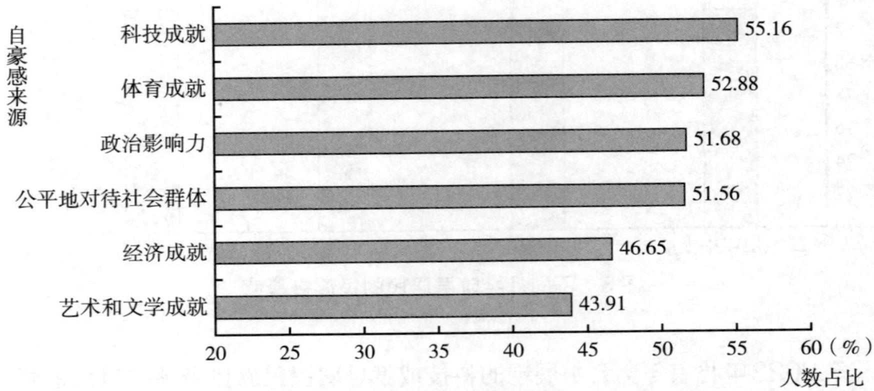

图 4　北京冬奥会民族自豪感来源各题目中选择“非常”的人数占比

（二）居民对2022年北京冬奥会关注程度

1. 居民对2022年北京冬奥会的关注度较高

北京市居民的关注度得分均值为 78. 54 分，显著高于中位数 50. 5［$t(3242)=94.18$，$p<0.001$］，表明北京市居民对 2022 年北京冬奥会的关注度较高。

2. 对中国国家队比赛表示“非常关注”的人最多，其次为开幕式

调查结果显示，1130 名居民对“中国国家队比赛”表示“非常关注”，该题选择此项的人数占总人数的 34. 84%；989 名居民对“开幕式”表示“非常关注”，该题选择此项的人数占总人数的 30. 50%。可见居民在 2022 年北京冬奥会中最为关注的方面是中国国家队比赛，其次关注的是开幕式（见表 6、图 5）。

表 6　北京冬奥会关注度选项分布

单位：人

题目	完全不关注	比较不关注	有点不关注	中立	有点关注	比较关注	非常关注
中国国家队比赛	87	97	158	475	712	978	1130
开幕式	61	59	86	272	578	1198	989
冰雪运动	62	82	136	453	775	999	735
文娱消息与周边产品	87	97	158	475	712	978	736
闭幕式	79	110	193	423	737	969	732

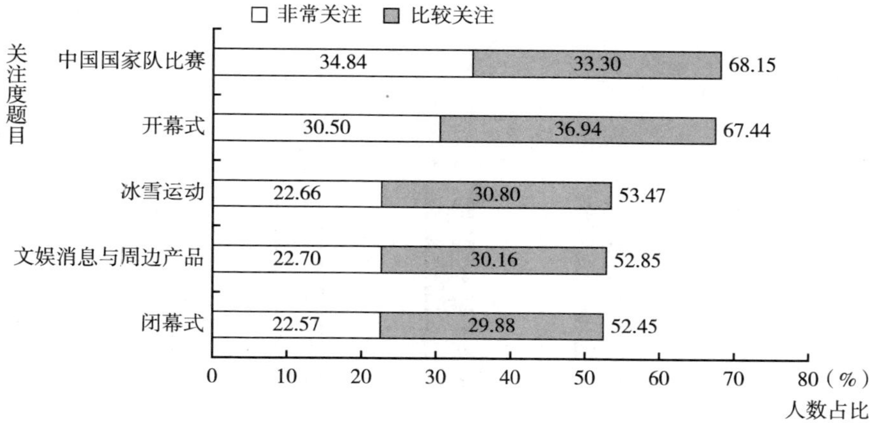

图 5　北京冬奥会关注度题目选择“非常关注”与“比较关注”的人数占比

3. 16~20岁居民对2022年北京冬奥会的关注度较低

采用单因素方差分析检验北京市居民对 2022 年北京冬奥会关注度的年龄差异，结果发现，北京市居民对 2022 年北京冬奥会的关注度存在显著的年龄差异［F（4，3238）= 5.74，p<0.001］（见表 7、图 6），进一步分析发现，16~20 岁居民的关注度显著低于其他年龄段的居民（ps<0.05）。16~20 岁的居民多处于初高中的义务教育阶段，繁重的课业可能占据了较多的假期时间，导致他们无法对冬奥会保持密切关注。

表 7　不同年龄段居民对北京冬奥会的关注度均分

单位：分

变量	年龄段	$M \pm SD$	F
北京冬奥会关注度	16～20 岁	76. 50±17. 15	5. 74***
	21～30 岁	79. 70±16. 50	
	31～40 岁	78. 66±16. 98	
	41～50 岁	80. 16±15. 91	
	50 岁以上	79. 92±19. 90	

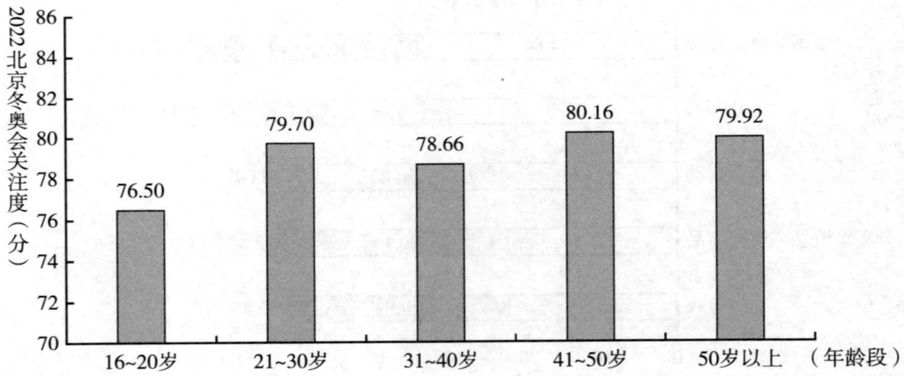

图 6　不同年龄段居民对北京冬奥会的关注度

4. 50岁以上的居民对国家赛事和重大活动的关注度比年轻居民高

调查结果显示，16～20 岁居民与 50 岁以上居民都是对开幕式和中国国家队比赛最为关注；不同的是，相较于 16～20 岁的居民，50 岁以上居民在这两项上选择“非常关注”的比例更大（见图 7）。可见，两个年龄段居民呈现出不同的观赛特征，年龄稍长的居民更多表现出对国家赛事和重大活动的关注，年轻人更关注文娱消息和周边产品（如冰墩墩）。同时，分析结果发现，“闭幕式”的关注度在 16～20 岁的居民中排在末位，而 50 岁以上居民对闭幕式仍然有较高的关注度，说明年长一辈对冬奥会的关注度表现出更稳定、更持续的特征。

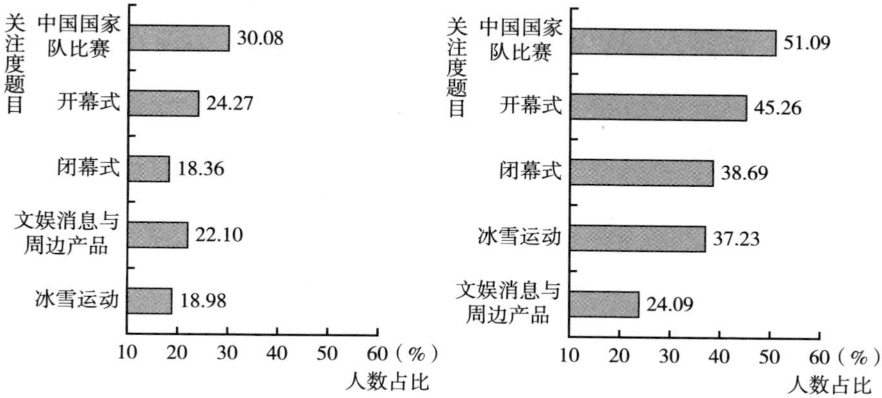

图 7　16~20 岁（左）和 50 岁以上（右）的居民选择“非常关注”的占比

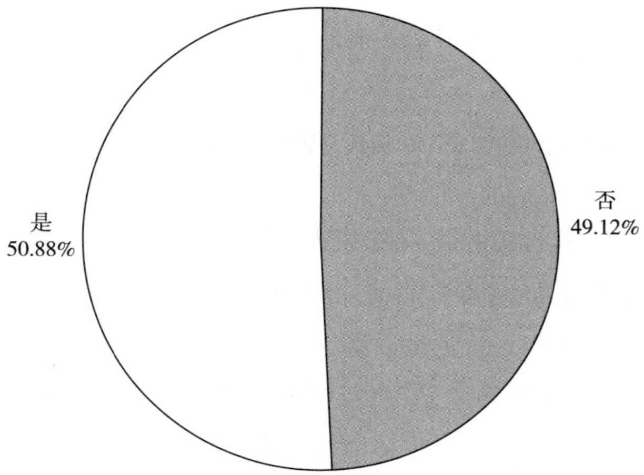

图 8　冬奥会结束后，居民是否有去相关场所/场馆参观游玩？

（三）居民对2022年北京冬奥会相关场所/场馆的参观/游玩意愿

1. 过半数的居民已经前往2022年北京冬奥会相关场所/场馆参观/游玩

调查结果显示，问及“冬奥会结束后，您是否有去相关场所/场馆（鸟巢、水立方、‘冰丝带’国家速滑馆、首钢大跳台、首都体育馆、五棵松冰上中心、延庆奥林匹克园区、国家体育馆冰球馆）进行参观或游玩？”时，50.88%的居民回答“是”（见图8）。冬奥会结束后，相关场馆陆续向社会开放，吸引了大部分居民前往参观、游玩和体验冰雪运动。

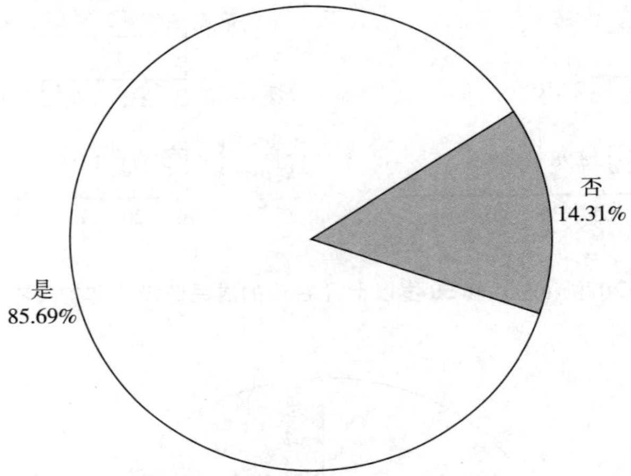

图9　在出行条件允许的情况下，居民是否想去上述场所/场馆进行参观或游玩？

2. 超80%居民愿意在未来前往2022年北京冬奥会相关场所/场馆参观/游玩

调查结果显示，询问还未能前往相关场所/场馆参观/游玩的居民“在出行条件允许的情况下，您是否想去上述相关场所/场馆进行参观或游玩?”，85.69%的居民回答“是”（见图9）。冬奥会带动了相关场所/场馆的参观和游玩热情，也增进了人们对冰雪运动的兴趣，但受疫情、出行便利度和个人时间安排等因素的影响，很多居民也许还没有去相关场所/场馆参观或游玩，因此若条件允许，大部分居民表示他们还是十分向往去相关场所/场馆参观游玩的。

3. 鸟巢是居民最想去的冬奥会场馆，其次是国家速滑馆

调查结果显示，40.33%的居民在最想去的冬奥会相关场所/场馆中将鸟巢排在首位，被选中排在第二的是“冰丝带”国家速滑馆（见图10）。这可能是因为鸟巢是北京两次奥运会的开幕式和闭幕式的举办场所，更是北京奥运会的标志性建筑，在人们心中有着至高地位和神圣意义，而“冰丝带”

国家速滑馆是具有极强冬奥会比赛项目特征的场馆，且滑冰运动有着很好的全民参与性，因此这两所场馆成为北京冬奥会结束后居民们最想前往的地方。

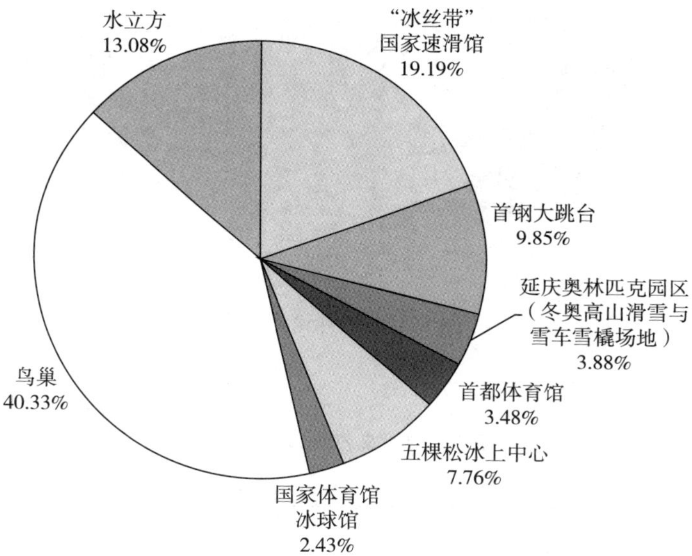

图 10　被选为想去场所/场馆第一名的各地占比

（四）居民“云观赛”热情不减

根据居民的评论文本绘制词云图（见图 11），结合词频分析结果发现在全部的微博评论文本中，“加油”出现的频率最高，达到 1388 次，其次为“打 call”，出现 1137 次（见表 8）。其中，“打 call”代表的是一个微博表情（见图 12），具体图形为一个人笑着挥舞荧光棒，是一个激动的、正在为某事喝彩助威的形象。因此，位居词频表第一与第二名的两个词语都能显示居民在为奥运健儿加油、为奥运盛事欢呼。根据疫情相关规定，大部分居民无法亲临比赛现场，而他们通过“云观赛”也依然积极热烈地参与到奥运会中来。

图 11　居民评论词云图

表 8　评论文本词频表前二十

单位：次

序号	词语	词性	词频
1	加油	动词	1388
2	打 call	动词(表情用语)	1137
3	中国	名词	937
4	冰墩墩	名词	507
5	恭喜	动词	425
6	china	名词	286
7	金牌	名词	280
8	谷爱凌	名词	237
9	我们	代词	209
10	中国队	名词	206
11	雪容融	名词	185
12	冬奥	名词	176
13	很棒	形容词	174
14	厉害	形容词	162
15	北京	名词	154
16	太棒了	形容词	151
17	浪漫	形容词	145
18	冬奥会	名词	133
19	第一	数量词	121
20	骄傲	形容词	118

图 12　微博表情“打 call”

（五）民族自豪感的网络表达特征

结合分词结果，从中提取与“民族自豪感”主题有关的关键词，对居民的评论文本进行三级节点的编码。其中三级节点为评论文本经过词频分析后产生的关键词，通过整合具有相似含义的词语、短语归纳形成二级节点，进一步归纳二级节点产生一级节点。分析结果显示，居民的评论内容可分为民族自豪感的涉及领域和民族自豪感的情感成分两个方面，民族自豪感的涉及领域指的是使居民产生自豪感的对象，民族自豪感的情感成分指的是自豪可能的情感表现形式，通过将评论文本的关键词划分为以上两个方面的内容，可以很好地了解“居民在自豪什么?”以及“居民的自豪是如何表现的?”两个问题。

由表 9 可知，居民的民族自豪感是对多个领域的自豪，包含了历史文化与艺术、传统精神、身份地位和体育成就四个领域。在历史文化领域，用诗词歌赋中的意象传递情感是文化的表达形式之一（折柳），而 2022 年北京冬奥会吉祥物以熊猫和灯笼形象传播世界文明交流互鉴、和谐发展的理念则是一种新颖的形式，其背后的寓意也源于我们的民族文化。如有网友做出如下评论：

“中国结、十二生肖、二十四节气、迎客松、折柳送别都是我们的[打 call] 上下五千年的文化底蕴!”

——网友 A

同样，在比赛战绩领域，不仅有“冠军”“金牌”等直白的词语，也出现了运动员的名字，这可能是因为运动员创造的战绩是人们对体育成就自豪的底气，因此，人们将运动员中的突出个体视作体育成就的标志，用这些家喻户晓的名字表达民族自豪感。如有网友做出如下评论：

“翊翊生辉，一鸣惊人，少年自有少年狂，恭喜小苏！”

——网友 B

在民族自豪感的情感成分中，包含为运动员加油（助威、激动）、为比赛战绩感到骄傲（自信、荣耀）、为运动员的拼搏感到动容（感动、敬畏）和对祖国美好未来充满希望（祝愿、期盼）。这些网络评论中的词语多元而直抒胸臆，蕴含饱满的能量，将自豪感这种丰富而深刻的情感，以多种可能的形式外露出来。如有网友做出如下评论：

“多棒啊，因自己的努力而升起五星红旗，因自己努力而为国争光，是多么为自己骄傲，为自己自豪啊！”

——网友 C（荣耀）

“已经很棒啦，没关系再接再厉。”

——网友 E（祝愿）

表 9　民族自豪感评论数据三级节点

一级节点	二级节点	三级节点(关键词)
民族自豪感的涉及领域	历史文化与艺术	迎客松、二十四节气、节气、历史、折柳、相赠、惜别、雪容融、冰墩墩、国师
	传统精神	薪火相传、拼搏、坚持、努力、团结、全力以赴、勇敢
	身份地位	中国、中国队、我们、国旗、五星红旗、华夏、祖国、格局、china、中国式、双奥之城、鸟巢、北京、风范
	体育成就	冠军、银牌、金牌、英雄、创造、第一、夺金、首金、谷爱凌、苏翊鸣、铜牌

续表

一级节点	二级节点	三级节点(关键词)
民族自豪感的情感成分	自信、荣耀	为国争光、了不起、惊艳、完美、相信、必胜、优秀、骄傲、赢、实力、胜利、大满贯、佳绩、太强、自豪
	助威、激动	恭喜、喝彩、加油、战胜、打 call、最棒、太棒了、厉害、很棒、鼓掌、开心、精彩、超越、震撼
	感动、敬畏	浪漫、致敬、热泪盈眶、感动
	祝愿、期盼	憧憬、圆梦、许愿、再接再厉、平安、圆满成功

四　政策建议

本调查首先通过发放问卷的方法，分析北京市居民的民族自豪感、对北京冬奥会的关注度、基于北京冬奥会的民族自豪感来源及居民前往北京冬奥会相关场所/场馆参观/游玩的意愿。结果显示，北京市居民的民族自豪感受人口因素影响，具体而言，女性、50 岁以上居民和社会中层居民的民族自豪感较强。在北京冬奥会中，居民的民族自豪感最大程度上来自科技成就，其次是体育成就；居民在北京冬奥会中最关注中国国家队比赛，50 岁以上的居民对国家赛事和重大活动的关注度较高。其次，基于新浪微博获取民族自豪相关网络数据后分析发现，居民的网络评论围绕历史文化与艺术、传统精神、身份地位和体育成就展开，表达了自信、激动、感动、敬畏等情感。综合以上两部分结果，本调查在最后对继续培养居民民族自豪感适当提出建议。

（一）做好历史定位，加强红色宣传教育

此次调查发现青年（30 岁及以下）的民族自豪感相较于中年（30 岁以上）稍弱一些，作为推进中国式现代化的中坚力量，当代青少年担负着中华民族百年复兴的历史使命，应当正视自己的责任，在继承民族精神的同时需要有饱满的民族自豪感，如此才能为新时代的国家与民族复兴全力以赴。因此，国家对于青少年应当不仅仅停留在道德教育以及专业技能的

学习和培养上，更应当加强传统红色文化的宣传。从时代背景出发，向各个年龄段的青少年传达新时代精神以及弘扬传统红色文化，激发他们心中的民族自豪感和家国情怀；除此之外，还应该立足于国际社会，以国家政策积极正向的重大事件为宣传导向，激发青少年民族自豪感。

（二）立足经济发展基石，全方位发展齐头并进

在此次冬奥会中，居民的民族自豪感来源主要是科技成就，表明日新月异的科技发展给居民带来的印象非常深刻。与此同时，应该意识到唯有经济稳定发展才能带来科技层面的进步和成果，所以国家应当深化经济体制改革，在疫情防控新阶段寻找突破口，继续保持经济稳中向好的态势，夯实国民经济基石，为其他领域的发展奠定良好的基础。除此之外，应当大力提升其他领域的实力，在政治、体育尤其是文化领域层面同样要继续深耕。国家应当深挖传统文化，结合新时代背景赋予传统文化新活力，在艺术和文学层面催生出更好的文艺作品，从而增强文化领域的民族自豪感。综合看来，国家要做到多领域宽层次的遍地开花，从而使国家在各个层面的实力齐头并进、平衡发展。

（三）传承冬奥精神，激发民族自豪感

冬奥场馆不仅是比赛的场地，更反映了中国设计师精心的设计以及中国奥运健儿们在赛场上不懈努力和拼搏的身影。冬奥会的每个场馆都举办了让人热血沸腾的精彩比赛，作为设计和奋斗精神的双重载体，国家可以在内部设置历史纪录专区，让游客能重温那些激情挥洒汗水的比赛；还可以设置体验专区，继续贯彻“全员冬奥”的精神，让更多游客能够亲身体验这些运动并且感受其中的魅力，从而迸发体育层面的民族自豪感。除此之外，国家应对外界宣传好冬奥精神，向国外讲好中国故事，吸引更多国外游客了解双奥之城的精神内涵。同时对于国内游客，可以做好从夏奥会到冬奥会的接连宣传，反映10余年来祖国在科技、文化、体育等多方面的全面发展。宣传冬奥运动健儿，弘扬竞技精神，鼓动民众参与冰上运动、感受冰雪的魅力。

（四）发挥网络媒体的作用，培育积极的网络社会心态

网络数据分析结果显示，居民积极投入“云观赛”并通过评论表达了自己对北京冬奥会的特殊情感，民族自豪感背后蕴含了骄傲、自豪、尊重、激动、感动等丰富且复杂的情绪，人们的情绪感受如此深刻与网络媒体对冬奥会的新闻报道、宣传和气氛渲染密切相关。如今网络媒体崛起，人们接收信息的渠道很大程度上向网络转移，因此，网络媒体想增进与公众的互动、调动公众情绪不仅需要把握时事热点，更需要满足公众日益丰富的视听需求。网络媒体要将奥运的政治性与全民性融合，利用好网络这一载体创造公众能够讨论的话题，用多样化的信息呈现方式抓住公众的注意，不错过每一个传播主流文化价值观、弘扬我们民族文化和民族精神的机会。

B.7

自然环境接触对北京市居民积极情感的影响

陈晓岩　李一冰　杨智辉*

摘　要： 本报告旨在了解北京市居民的自然环境接触现状，不同自然环境接触频次和时长、距自然场所的距离以及各活动类型居民的积极情感是否存在差异，以及自然环境中引发居民积极情感的因素。本报告使用问卷法对2757名北京市常住居民进行了调查。分析结果表明：居民接触自然环境的频次越高，积极情感水平越高；居民距自然场所的距离越近，积极情感水平越高；在自然场所中停留不同时间的居民，积极情感水平无显著差异；居民的积极情感水平与其在自然场所进行各类活动均显著相关。另外，使用pyhton3.6.5采集了定位在北京市公园的公开原创微博共21540条，经数据清洗，保留了9226条文本。分析后发现，83.86%的微博文本展示出积极情感，微风、春天、摄影、花花、天气、夏天和爬山等词能够引发居民的积极情感。因此，建议：提高居民对自然活动的重视度；保证自然场所的建设规模；重视对自然场所的环境维护；提高自然环境的吸引力，丰富自然场所的娱乐活动；提高自然场所的观赏和娱乐性等。

关键词： 自然环境接触　人与自然和谐共生　北京市居民　积极情感

---

* 陈晓岩，北京林业大学人文社会科学学院在读博士研究生，主要研究方向为社会与生态环境心理学；李一冰，北京林业大学人文社会科学学院在读本科生，主要研究方向为教育心理学与社会心理学；杨智辉，北京林业大学人文社会科学学院教授，博士生导师，主要研究方向为心理咨询与治疗、生态环境与个体发展。

一 研究背景

生态环境建设问题是关系党的使命、宗旨的重大政治问题，也是关系民生的重大社会问题。党的二十大报告强调坚持人与自然和谐共生，指出“大自然是人类赖以生存发展的基本条件。尊重自然、顺应自然、保护自然，是全面建设社会主义现代化国家的内在要求”。人与自然的和谐共生是马克思生态自然观的核心。马克思在《1844 年经济学哲学手稿》中首次提出了人与自然的关系：自然界，就它自身不是人的身体而言，是人的无机的身体。在纪念马克思诞辰 200 周年大会上，习近平总书记阐明了“人类在同自然的互动中生产、生活、发展”，强调了人与自然的融合。

近年来，随着我国经济的快速增长和城市化的快速发展，人们的生活便捷程度越来越高，物质生活水平也不断提高，城市中心的人口数量越来越多。然而，青少年课业负担繁重、成人工作忙碌、新冠疫情常态化以及互联网的普及，导致居民越来越喜欢“宅”在 Wi-Fi 屋，很少走进自然，越来越疏远自然世界了，人们面临着生活中自然环境越来越少的风险[①]。记者理查德·洛夫曾提出“自然缺失症”（Nature-Deficit-Disorder，NDD）来描述这种由人类与自然分离所带来的不良影响。北京市东城区疾病预防控制中心于 2020 年 10 月对小学生的调查中发现，63.67%的小学生每天在户外活动的时间少于 2 小时，存在自然接触不足的现象。

为了减轻现代城市对居民健康的负面影响，研究者们正在关注接触自然环境的各种益处[②]。自然接触是指个体与自然环境直接的身体或感官的接触。自然接触不仅有助于促进身体健康，如防止近视、肥胖等，也可以在情感和行为等方面促进个体的心理发展。在情感方面，自然接触有助于人们释

① 裘烨真：《生态现代化视野下自然缺失症成因及对策初探》，《国家林业局管理干部学院学报》2018 年第 2 期。

② 彭红松、韩娅、虞虎等：《日常和旅游两种情景的自然接触对儿童亲环境行为意愿的影响差异——兼论自然联结的中介效应》，《地理研究》2022 年第 2 期。

放压力，缓解疲劳，使个体趋于平静、放松的精神状态，强化自然联结（即衡量个体对自然情感态度的指标）及主观幸福感等。在行为方面，自然接触不仅可以促进个体的亲环境行为，也可以提高其自我控制、抑制冲动、减少攻击和暴力，并促进个体做出更多亲社会行为。

作为城市居民可以进行自然接触的重要途径，城市公园对居民的益处也成为研究者的关注点①。本研究探讨北京市居民的自然环境接触现状，包括接触自然环境的频次和时长、距自然场所的距离以及活动类型等，并分析不同自然环境接触的频次和时长、距自然场所的距离以及活动类型居民的积极情感是否存在差异，以及自然环境中引发居民积极情感的因素。为“促进人与自然和谐共生”提供数据支持和理论指导。

二　北京市居民的自然环境接触与积极情感水平

（一）调查对象

本调查通过“问卷星”填答和面对面填答等方式向北京市常住居民发放问卷，共发放问卷 2850 份，回收有效问卷 2757 份，有效回收率为 96.74%。调查样本人口学基本信息见表 1。

表 1　人口学信息

单位：人，%

人口学信息	类别	人数	百分比	人口学信息	类别	人数	百分比
性别	男	929	33.70	月收入	1999 元及以下	712	25.83
	女	1828	66.30		2000~4999 元	496	17.99
户籍	北京城市	1740	63.11		5000~9999 元	692	25.10
	北京农村	315	11.43		10000~19999 元	612	22.20
	外地城市	478	17.34		20000~29999 元	147	5.33
	外地农村	224	8.12		30000 元及以上	98	3.55

① 滕安宁：《自然接触的积极效应》，北京林业大学硕士学位论文，2020。

续表

人口学信息	类别	人数	百分比	人口学信息	类别	人数	百分比
受教育程度	初中及以下	161	5.84	居住地	城市	2029	73.59
	高中或中专	314	11.39		郊区	556	20.17
	大专	388	14.07		农村	172	6.24
	本科	1508	54.70	年龄	16~19岁	374	13.57
	硕士及以上	386	14.00		20~29岁	514	18.64
工作状态	正式工作	1556	56.44		30~39岁	809	29.34
	临时工作	143	5.19		40~49岁	836	30.32
	无业、失业或下岗	141	5.11		50~59岁	159	5.77
	离退休	112	4.06		60岁及以上	65	2.36
	学生	805	29.20				

（二）研究方法

自然活动类型：选用彭慧蕴编制的问卷对被试自然活动类型进行了调查[①]。该量表有9个题目，例如放松和思考、社会交往、场地活动、散步、因工作或生活需要而穿越自然空间。采用李克特5级评分，从“非常不同意”到“非常同意”分别计1~5分，得分越高表明个体开展此活动的频率越高。

积极情感：采用邱林等人修订的《积极情感消极情感量表》对北京市居民的积极情感进行测量[②]，由9个词语构成，采用李克特5点计分，从“非常轻微或根本没有”到“非常强烈”分别计1~5分。得分越高，表明个体的积极或消极情感水平越高。本报告中，内部一致性信度为0.97。

其他变量：调查了被试每周去自然场所的频率、从居住地到自然场所的距离和时间、去自然场所的方式、在自然场所停留的时间。该自然场所为居民最常去的公园、绿地、植物园或森林等。

① 彭慧蕴：《社区公园恢复性环境影响机制及空间优化》，重庆大学博士学位论文，2017。

② 邱林、郑雪、王雁飞：《积极情感消极情感量表（PANAS）的修订》，《应用心理学》2008年第14期。

人口学变量：性别、年龄、工作状态、月收入、受教育程度、户籍和居住地等。

（三）结果分析

1. 北京市居民的积极情感处于中等偏上水平

2022年度，北京市居民的积极情感为65.8（百分制，下同），处于中等略偏上水平（中值为62.2）。表明北京市居民具有较高水平的积极情感，但仍有提升的空间。

2. 居民每周去自然场所的频次越高，积极情感水平越高

本调查将居民每周去自然场所的频次划分为0次、1~2次、3~4次、5次和6次及以上。如表2所示，有3.83%的居民每周去6次及以上自然场所，有4.32%的居民每周去5次自然场所，有16.76%的居民每周去3~4次自然场所，有54.52%的居民每周去1~2次自然场所，有20.57%的居民每周去0次自然场所。由此可知，大多数居民每周去1~2次自然场所。

另外，采用单因素方差分析探讨居民每周去自然场所的频次不同时，积极情感水平是否存在差异。结果见图1，居民每周去自然的频次越高，积极情感水平越高，且存在显著差异［F（4，2752）= 29.35，p<0.001］。进一步分析发现，每周接触自然场所0次、1~2次、3~4次与6次及以上之间均存在显著差异（ps<0.01）。因此，居民在条件允许的情况下可以尽可能多地走出家门，走进自然场所，提高积极情感水平。或者每周尽量去一次自然场所，确保积极情感水平在中值以上。

表2　北京市居民每周去自然场所的频次统计

每周去自然场所的频次（次）	人数（人）	百分比（%）	累计百分比（%）
0	567	20.57	20.57
1~2	1503	54.52	75.09
3~4	462	16.76	91.85
5	119	4.32	96.17
≥6	106	3.83	100.00

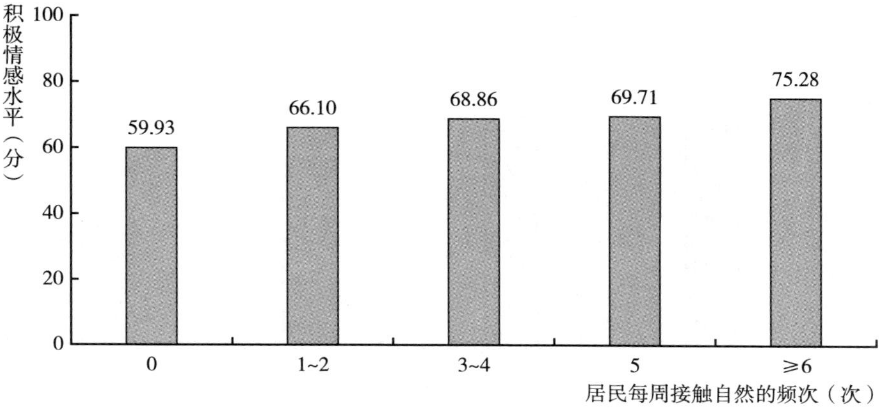

图 1　每周接触自然的频次与居民的积极情感水平

3. 居民距自然场所的距离越近，积极情感水平越高

本调查将居民居住地距自然场所的距离划分为 1 公里及以下、2～3 公里、4～5 公里和 6 公里及以上。如表 3 所示，有 37.98%的居民，居住地距自然场所的距离在 1 公里及以下。有 38.77%的居民，居住地与自然场所的距离在 2～3 公里。有 14.36%的居民，居住地与自然场所的距离在 4～5 公里。有 8.89%的居民，居住地与自然场所的距离在 6 公里及以上。

另外，采用单因素方差分析探讨居住地和自然场所距离不同的居民，积极情感水平是否存在差异，见图 2。结果表明，总体而言，居民距自然场所的距离越远，积极情感水平越低，且存在显著差异［F（5，2751）= 4.50，p<0.01］。进一步分析发现，距自然场所 1 公里及以下与 4～5 公里和 6 公里及以上的居民，积极情感水平存在显著差异（ps<0.05）。

表 3　北京市居民距自然场所的距离统计

居民距自然场所的距离（公里）	人数（人）	百分比（%）	累计百分比（%）
≤1	1047	37.98	37.98
2～3	1069	38.77	76.75
4～5	396	14.36	91.11
≥6	245	8.89	100.00

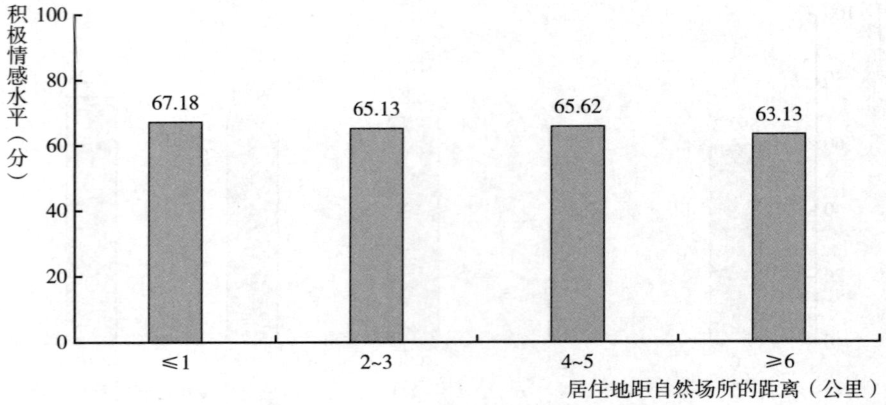

图 2 居住地距自然场所的距离与居民的自然联结水平

4. 居民的积极情感水平与在自然场所中停留的时间无关

本调查将居民在自然场所停留的时间划分为：0.5 小时及以下、0.5~1 小时、1~1.5 小时、1.5~2 小时、2~3 小时、3 小时及以上。如表 4 所示，21.73%的居民会选择在自然场所停留 0.5 小时及以下，有 34.20%的居民会选择在自然场所停留 0.5~1 小时，有 21.40%的居民会选择在自然场所停留 1~1.5 小时，有 12.55%的居民会选择在自然场所停留 1.5~2 小时，有 6.67%的居民会选择在自然场所停留 2~3 小时，有 3.45%的居民会选择在自然场所停留 3 小时及以上。采用单因素方差分析探讨在自然场所中停留时间不同的居民，积极情感水平是否存在差异，见图 3。结果表明不存在差异［$F(5, 2571) = 0.99$，$p>0.05$］。

表 4 北京市居民在自然场所停留的时间统计

停留时间（小时）	人数（人）	百分比（%）	累计百分比（%）
≤0.5	599	21.73	21.73
0.5~1	943	34.20	55.93
1~1.5	590	21.40	77.33
1.5~2	346	12.55	89.88
2~3	184	6.67	96.55
≥3	95	3.45	100.00

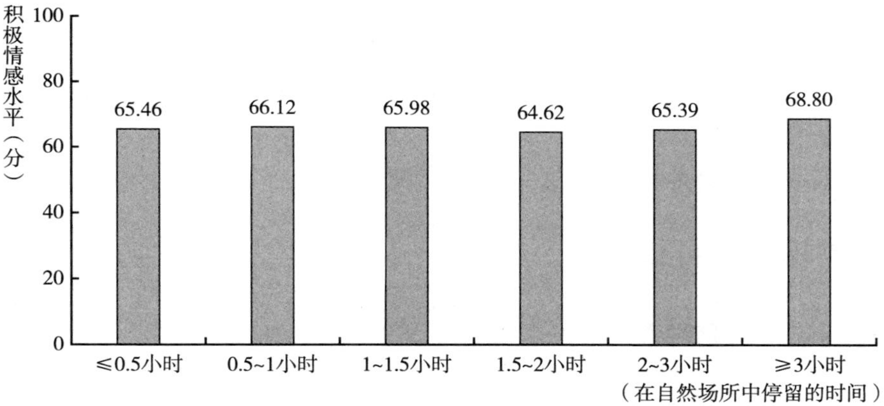

图 3　居民在自然场所停留的时间与积极情感水平

5. 各类活动类型与居民积极情感水平有关

人们在自然场所的活动类型包括放松和思考（如静坐、看书、冥想、用餐、呼吸清新空气等）、接触自然（如欣赏自然美景、观赏动植物、听鸟鸣和水声等）、社会交往（如聊天、聚会、打牌、喝茶等）、设施活动（如依托娱乐设施、健身设施的活动）、场地活动（如球类运动、舞蹈武术等健身活动）、自由活动（如嬉戏玩耍、拍照、带小孩等活动）、散步、跑步和因工作或生活需要而穿越公园等。本调查分析了不同活动类型与居民积极情感水平的相关性。结果表明，积极情感水平与各类活动显著相关，见表 5。

表 5　在自然场所中的活动类型与居民积极情感水平的相关性

	1	2	3	4	5	6	7	8	9
积极情感水平	0.29*	0.28**	0.35**	0.36**	0.37**	0.30**	0.24**	0.28**	0.24**

注：1=放松和思考（如静坐、看书、冥想、用餐、呼吸清新空气等）；2=接触自然（如欣赏自然美景、观赏动植物、听鸟鸣和水声等）；3=社会交往（如聊天、聚会、打牌、喝茶等）；4=设施活动（如依托娱乐设施、健身设施的活动）；5=场地活动（如球类运动、舞蹈武术等健身活动）；6=自由活动（如嬉戏玩耍、拍照、带小孩等活动）；7=散步；8=跑步；9=因工作或生活需要而穿越公园；* $p<0.05$；** $p<0.01$。

三　自然环境中引发居民积极情感水平的元素

（一）研究方法

网络数据分析法。

（二）研究对象

网络数据分析法的调查对象为北京市居民的公开微博文本。首先，从北京市各区中选取5~8个热门自然公园，例如海淀区的玉渊潭公园、朝阳区的奥林匹克森林公园和西城区的北京动物园等，共102个公园。通过搜索原创微博地点定位，共获得934个相关定位，删除重复定位、公园附近的饭馆和学校等定位后，剩余180个相关定位。对相关定位的原创微博进行搜索，获得21540条原创微博。

（三）研究过程

1. 数据清洗

首先，剔除重复微博、与研究内容无关的信息（如广告、蹭热点等内容）以及官方发布的信息后，最终保留9226条微博。

2. 人工情感编码

首先，由两名心理学专业的研究生对文本所表达的情感进行编码，两名编码者编码的一致性为0.95，对于有争议的编码内容由第三名心理学专业研究生再次编码并共同讨论确定其归属。

3. 词频分析

将全部微博评论文本放入中文分词工具包中，对评论文本进行分词。过滤“的”“我”“嗯嗯”等无实际意义的单字或词语，提取自然环境引发居民积极情感的关键词。

（四）研究结果

1. 绝大多数自然环境接触可以引发居民的积极情感

通过对微博文本进行编码，发现 83.86%的微博文本展示出积极情感。例如，居民 4 月在北京中山公园发文“最喜欢的花~”；居民 9 月在北京温榆河公园发文“躺下看夕阳，舒服”。然而，也有 9.51%的文本显示居民在自然接触中产生了消极情感。例如：居民 10 月在密云水库发文“早起，阴天没看到日出，有一点遗憾”；居民 9 月在北宫森林公园发文“被蚊子支配的下午”。有 6.63%的微博文本展示出的情感类型为中性（见图 4）。例如：居民 7 月份在紫竹院公园发文“打卡”。

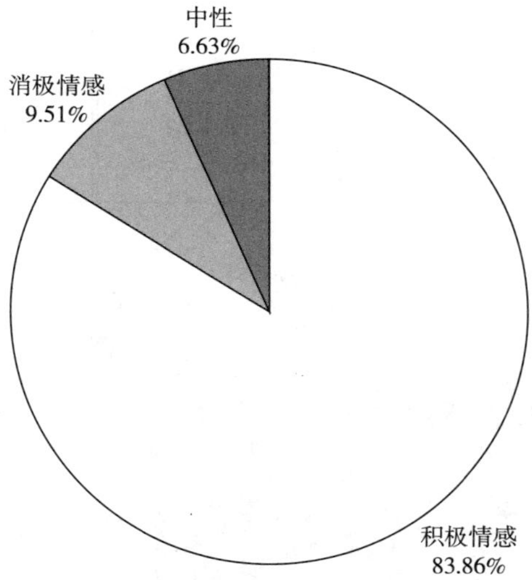

图 4　自然环境接触引发居民的情感类型

2. 引发居民积极情感的因素

词频分析结果显示，在全部的微博评论文本中，微风、春天、摄影、太阳、花花、天气、夏天、爬山等词语出现较多，表示这些词语能够引发更多居民的积极情感，见表 6 和图 5。其中，微风出现的频率最高，和居民日常生活中经常说的“出去吹吹风”“出去透透风”“出去呼吸新鲜空气”类似。

表 6　评论文本词频表前 36

单位：次

词语	频次	词语	频次	词语	频次
微风	401	长城	108	向日葵	77
春天	290	孩子	103	晚上	70
摄影	223	风景	101	彩虹	62
太阳	211	荷花	98	野鸭	61
花花	194	夏日	98	小朋友	59
天气	191	春日	94	日落	58
夏天	188	鲜花	93	天空	58
爬山	142	大家	91	兔子	57
动物	120	郁金香	90	季节	55
跑步	113	照片	84	音乐	55
朋友	112	阳光	82	咖啡	52
秋天	110	月亮	81	夕阳	51

图 5　自然环境引发居民积极情感的因素

四 政策建议

总体来说，2022 年北京市居民的自然联结处于中等略偏上水平；自然联结不存在人口学变量的差异；居民接触自然的频次越高，则自然联结水平越高；居民距自然场所的距离为 6 公里以上时，自然联结水平较低；在自然场所中停留不同时间的居民，自然联结水平无显著差异；自然联结与各类活动具有显著相关。本调查建议从以下几个方面提升居民自然联结水平。

提高居民对自然活动的重视。由于新冠疫情防控常态化、工作忙碌和互联网的普及，居民越来越喜欢“宅”在 Wi-Fi 屋里，很少走进自然，或多或少地存在“自然缺失症”。然而建设生态文明以及教育“双减”政策实施为居民走进自然提供了政策支持。相关部门应重视对居民的自然教育，引导居民认识到接触自然对生态文明建设，以及促进自身发展的作用，提高接触自然的频次。

保证自然场所的建设规模。居民距自然场所的距离会影响其自然联结水平，因此应保证自然场所建设的规模，缩短北京市居民住处与自然场所的距离，减少居民前往公园及其他自然场所的时间。另外，优化北京交通路线，如在公园等自然场所周围增设公交站点或地铁站点，缩短居民到达自然场所的时间。

重视自然场所的环境维护，提高自然环境的吸引力。自然场所的环境维护，包括提升整洁性、设施可用性、安全性等，提高自然场所的吸引力，增加居民前往自然场所的频次。另外，完善自然场所周围的配套设施，如休憩、健身、商业和活动设施等，能提高自然场所的吸引力。

丰富自然场所的娱乐活动，提高自然场所的观赏性和娱乐性。自然场所可以融入人们的工作和生活，自然环境应保持丰富的元素，包括花、草、树、木、鸟、鱼、山、水等，可丰富人们的感受，激发人们对自然环境的积极情感。另外，可以适当在攀、爬、跳、探索等方面提高挑战性，增加“柳暗花明又一村”的不确定性，提高其吸引力。

B.8
北京市居民生活满意度现状调查（2022～2023）

陈 慧　李秋怡　高 蕊*

摘　要： 为了解北京市居民生活满意度情况，本报告使用问卷法进行了调查，共收集到2707份有效问卷。调查结果表明：（1）居民工作方面最不满意的是通勤时间和晋升机会，工作时长为6～7小时的居民工作满意度最高，多数居民的实际人均住房面积与理想标准比存在差距；（2）居民普遍晚婚晚育，已婚居民中女性居民的婚姻满意度低于男性居民，居民不想要二孩、三孩的意愿强烈，其生育意愿受经济、个人、社会等因素的影响；（3）居民对城市公园和绿化的满意度最高，对超市、菜场、居民区等生活噪声的满意度最低，居住地距离中心城区较远的居民对环境的满意度更高；（4）居民对居住地周边地铁等公共交通设施的满意度最高，对停车设施的满意度最低；（5）居民对社区体育器材的满意度相对较高，对社区治安安全的满意度最低，农村居民对居住地周围环境及服务各方面不满意的人数占比皆高于城镇居民，尤其是物业服务和停车便利性方面；（6）老年居民、丧偶居民以及外地农村户口居民的社会支持情况较差，居民的睡眠问题较为严重。基于调查结果，本研究提出完善企业晋升机制和绩效考评制度、出台住房补贴政策、弥补自然环境建设的短板、完

* 陈慧，北京林业大学人文社会科学学院讲师，主要研究方向为大学生心理健康、农村留守儿童的心理健康；李秋怡，北京林业大学人文社会科学学院在读博士研究生，主要研究方向为社会与生态环境心理学；高蕊，北京林业大学人文社会科学学院在读硕士研究生，主要研究方向为临床心理学。

善居住地周边硬件设施、畅通居民反馈渠道等建议。

关键词： 工作和生活 自然环境 社会支持 北京市居民

习近平在党的二十大报告中强调，从现在起，中国共产党的中心任务就是团结带领全国各族人民全面建成社会主义现代化强国、实现第二个百年奋斗目标，以中国式现代化全面推进中华民族伟大复兴。中国式现代化要以人民为中心，中国式现代化就是要坚持人民至上，这既是社会主义的本质要求，也是中华优秀传统文化的内在理想，要把实现中华民族伟大复兴作为战略重心，把人民对美好生活的向往作为奋斗目标，为此，必须关注人们对工作和生活的满意度，以推进现代化进程。

经济状况决定着人们的生存方式和生活质量，经济的发展程度一直都是生活水平的重要衡量标准。从动态发展的角度上来看，就业可以较为全面地反映居民的收入情况和经济生活水平。另外，在中国目前的城市生活中，住房已经成为衡量人们生存状况，尤其是经济生活的重要因素。家庭是人类最基本最重要的一种制度和群体形式，居民的生活基本以家庭生活形式展开。因此，本研究将北京市居民的就业住房情况作为其生存状态的首要考察因素，并将北京市居民的婚姻家庭情况作为探讨其生活满意度的重要指标。

大自然孕育了人类，人类应该以自然为根，尊重自然、顺应自然、保护自然。“发展经济不能对资源和生态环境竭泽而渔，生态环境保护也不是舍弃经济发展而缘木求鱼。”新时代，我国以坚定意志和坚强决心加强生态文明建设，坚持在发展中保护、在保护中发展，在新时代坚持和发展中国特色社会主义基本方略中，坚持人与自然和谐共生是一条基本方略，考察北京市居民生存的自然环境在了解分析自然环境的建设状况、推动形成人与自然和谐共生新格局中尤为重要。《“十四五”公共服务规划》提出，到 2025 年，公共服务制度体系更加完善，政府基本保障、社会多元参与、全民共建共享的公共服务供给格局基本形成，民生福祉达到新水平。公共设施与服务是衡量经济社会发展文明程度、先进性与现代化的重要标志，高质量的公共设施与服务是人民群众获得感、幸福感与安全感的重要来源，同时也是国家治理体系和治理能力现代化的重要体现，近年来，随着我国城市发展步伐加快，城市公共服务质量成为日益突出的问题，努力提升公共服务质量成为顺利实现现代化发展目标的重要一环。因此，本研究将调查北京市居民对居住地附近的自然环境的满意度，并询问北京市居民关于所在城区公共设施建设、城市文化休闲场所建设、居住地交通出行便捷程度、居住地附近配套设施建设、公共服务质量评价等方面问题，以此衡量居民生活满意度。

每个人都是社会的一员，社会交往是人的基本需要，一个人通过社会交往与周围的人建立社会联系，良好的社会交往能带给个体积极的生活能量，这些围绕在个体身边的其他个体及他们之间建立的关系是个体独享的“社会财富”。一个人社会交往资源的多少及其质量情况一定程度上决定了其所获得的是正向影响还是负向影响。此外，约翰·洛克说道：“有健康的身体才有健全的精神。”人们的生命安全与身体健康始终被国家摆在第一位，个体本身更应该对自己的身体健康负责。凡是有志为社会出力的青年，一定要十分珍视自己的身体健康。因此，本研究最后将考察北京市居民的社会交往资源，并通过居民的各项生理指标、睡眠情况及自评健康状况反映北京市居民的身体健康状况，以此作为衡量生活满意度的指标之一。

一　研究对象

根据北京市 16 区常住人口占全市总常住人口的比例，采用分层抽样的方式，于 2022 年 9 月对北京市 16 个区居民工作和生活的满意度现状进行问卷调查，总共回收问卷 2825 份，通过筛选获得有效样本量 2707 份，有效率为 95. 82%。基本情况见表 1。

表 1　样本基本情况

单位：人

基本信息	类别	人数	基本信息	类别	人数
性别	男	882	城区	西城区	123
	女	1825		东城区	146
年龄	16~20 岁	534		石景山区	139
	21~30 岁	391		密云区	56
	31~40 岁	832		平谷区	46
	41~50 岁	761		怀柔区	47
	51~60 岁	127		门头沟区	39
	61 岁及以上	62		延庆区	57
家庭人数（除本人以外）	0	194	受教育程度	小学及以下	31
	1 人	183		初中	140
	2 人	761		中专或职高	92
	3 人	895		高中	225
	4 人	358		大专	383
	5 人	211		本科	1454
	6 人	69		硕博及以上	382
	7 人	13	工作状态	正式工作	1456
	8 人	23		临时工作	181
城区	朝阳区	428		无业、失业或下岗	142
	海淀区	525		离退休	114
	昌平区	371		学生	814
	丰台区	246	户籍所在地	北京城市	1690
	大兴区	127		北京农村	313
	通州区	121		外地城市	480
	顺义区	97		外地农村	224
	房山区	139			

二　研究方法

对北京市居民生活状态满意度的调查采用自编问卷，问卷内容包括个人信息、工作满意度、工作倦怠、婚姻满意度、自然环境满意度、社会支持状况和身体健康状况。个人信息询问调查对象的年龄、性别、受教育程度等。工作满意度和身体健康状况调查为自编题目；工作倦怠、婚姻满意度、自然环境满意度和社会支持状况调查选择已被广泛使用的、信效度良好的量表，并根据调查需要对量表中的题目进行适当删减，最终形成自编问卷，共 76 道题目。以下对测量工作满意度、工作倦怠、婚姻满意度、自然环境满意度、社会支持状况和身体状况的工具进行具体介绍。

（一）工作满意度

采用 6 道自编题目，询问居民对于工作环境、收入及福利待遇、同事关系、与领导关系、晋升机会和通勤时间的满意度。采用 5 点计分，得分越高代表居民的工作满意度越高。

（二）工作倦怠

采用李超平等人[①]编制的职业倦怠量表，该表从情感耗竭、人格解体和成就感降低 3 个维度测量个体的职业倦怠情况，共计 15 个题目，采用 5 点计分，从“1=完全不符合”到“5=完全符合”，分数越高表明居民的职业倦怠水平越高。本调查选取该量表中的 10 道题目测量北京居民的工作倦怠，本调查中 Cronbach's $\alpha=0.94$。

（三）婚姻满意度

采用 Olson 婚姻质量问卷中的婚姻满意度分量表[②]，该量表共 10 个项目，5 个正向计分题，5 个反向计分题，采用 5 点计分，正向计分题得分越高表示越满意，反向计分题得分越高表示越不满意。本调查选取该量表中的 7 道题目测量居民的婚姻满意度，本调查中 Cronbach's $\alpha=0.96$。

---

① 李超平、汪海梅：《时间管理与教师工作倦怠的关系》，《中国临床心理学杂志》2009 年第 1 期。

② Fowers, B. J., & Olson, D. H. “Enrich Marital Satisfaction Scale: A Brief Research and Clinical Tool,” *Journal of Family Psychology*, 1993, 7 (2), pp. 176-185.

（四）自然环境满意度

采用訾非等人[①]在中国城市环境满意度和生活满意度调查中所使用的绿色环境满意度量表，该量表共有 20 个题目，采用 7 点计分，得分越高代表人们对所在城市的环境建设越满意，可认为该城市的环境建设质量越高。本调查选取该量表中的 10 道题目测量居民的自然环境满意度，本调查中 Cronbach's α = 0.94。

（五）社会支持状况

采用钟霞等人[②]采用的社会支持量表，该问卷分为家庭支持、朋友支持和其他支持三个维度，共 12 道题目，采用 7 点计分，得分越高代表感知到的社会支持水平越高。本调查选取该量表中的 8 道题目测量北京市居民获得的社会支持，本调查中 Cronbach' s α = 0.91。

（六）身体健康状况

采用 4 道自编题目，询问居民对自己身体、心理、睡眠以及体检指标四个方面的评价，采用 5 点计分，得分越高表明居民认为自己的身心健康状况越好。

三　研究结果

（一）北京市居民对就业与住房的满意度

1. 居民工作上最不满意的方面为通勤时间，其次为晋升机会、收入及福利待遇

调查结果显示，10.3%的居民在通勤时间上不太满意，4.5%的居民在

---

① 訾非、杨智辉、张帆等：《中国 10 城市环境满意度和生活满意度调查报告》，《北京林业大学学报》（社会科学版）2012 年第 4 期。

② 钟霞、姜乾金、吴志霞等：《生活事件社会支持压力反应对医务人员应对方式的影响》，《中国行为医学与脑科学杂志》2004 年第 5 期。

通勤时间上非常不满意；7.8%的居民在晋升机会上不太满意，5.2%的居民在晋升机会上非常不满意；9.4%的居民在收入及福利待遇上不太满意，3.3%的居民在收入及福利待遇上非常不满意（见图1）。

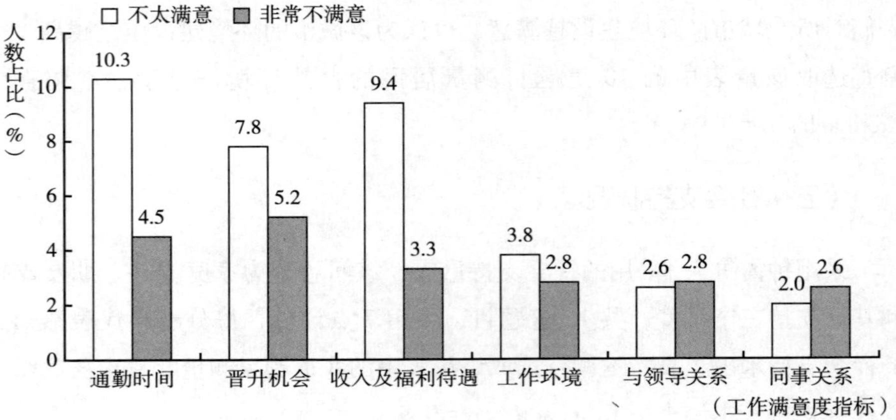

图1　居民的工作满意度

2. 通勤时间在0.5小时以内的居民工作满意度最高且工作倦怠程度最低，其次是通勤时间为0.5~1小时的居民；工作时长为6~7小时的居民工作满意度最高

对居民的通勤情况做进一步分析发现，工作倦怠程度随通勤时间增长而逐渐增加；通勤时间在1小时以下的居民工作倦怠程度较低而工作满意度较高，通勤时间在1~2小时的居民工作倦怠程度较高且工作满意度较低；通勤时间在2小时以上的居民工作倦怠程度较高且工作满意度也较高（见图2）。从不同工作时长来看，工作时长为6~7小时的居民工作满意度最高，为26.58分，工作时长为10小时以上的居民工作满意度最低，为23.61分（见图3）。

3. 实际人均住房面积为20（含）~30平方米的居民最多，理想住房面积为50（含）平方米以上的居民最多

实际住房方面，6.6%的居民实际人均住房面积为10平方米以内，

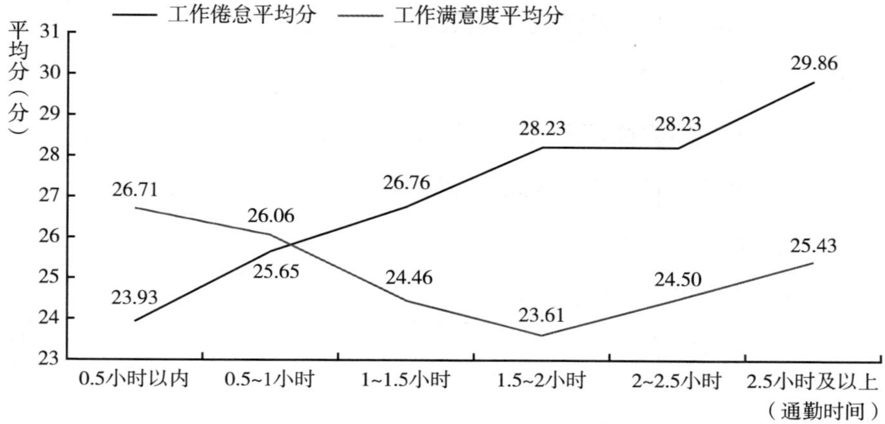

图2　不同通勤时长居民的工作倦怠程度与工作满意度

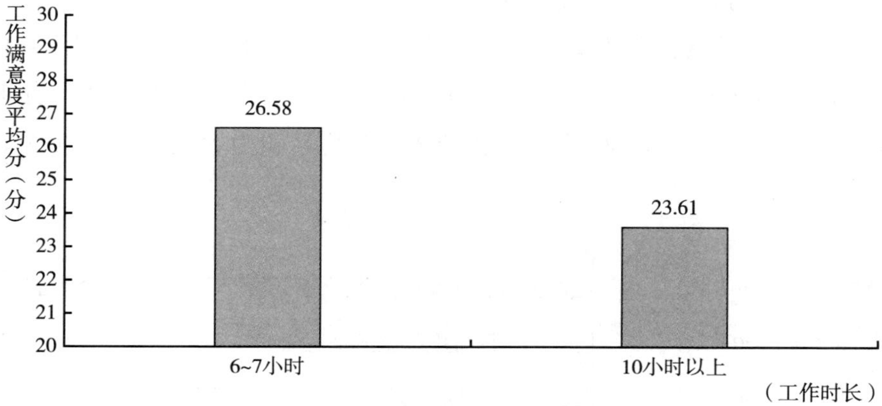

图3　工作时长为“6~7小时”和“10小时以上”居民的工作满意度

17.3%的居民实际人均住房面积为10（含）~20平方米，26.8%的居民实际人均住房面积为20（含）~30平方米，20.2%的居民实际人均住房面积为30（含）~40平方米，9.5%的居民实际人均住房面积为40（含）~50平方米，19.6%的居民实际人均住房面积为50（含）平方米以上（见图4）。

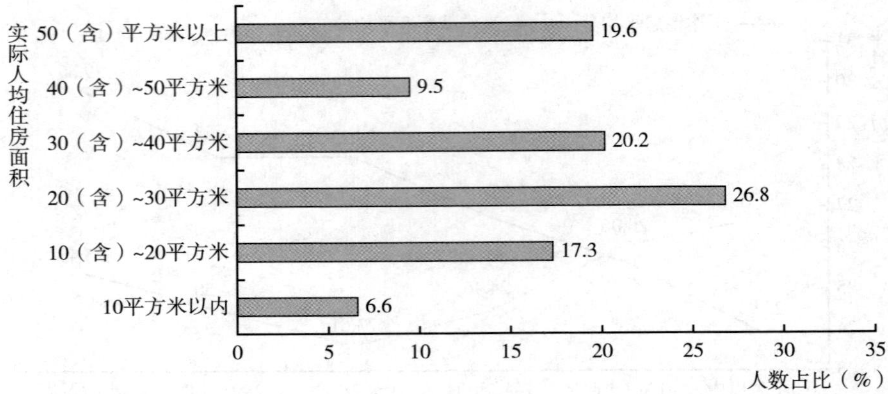

图 4　居民的实际人均住房面积

理想人均住房面积方面，0.5%的居民理想人均住房面积为 10 平方米以内，2.9%的居民理想人均住房面积为 10（含）~20 平方米，16.2%的居民理想人均住房面积为 20（含）~30 平方米，26.1%的居民理想人均住房面积为 30（含）~40 平方米，19.5%的居民理想人均住房面积为 40（含）~50 平方米，34.8%的居民理想人均住房面积为 50（含）平方米以上（见图 5）。

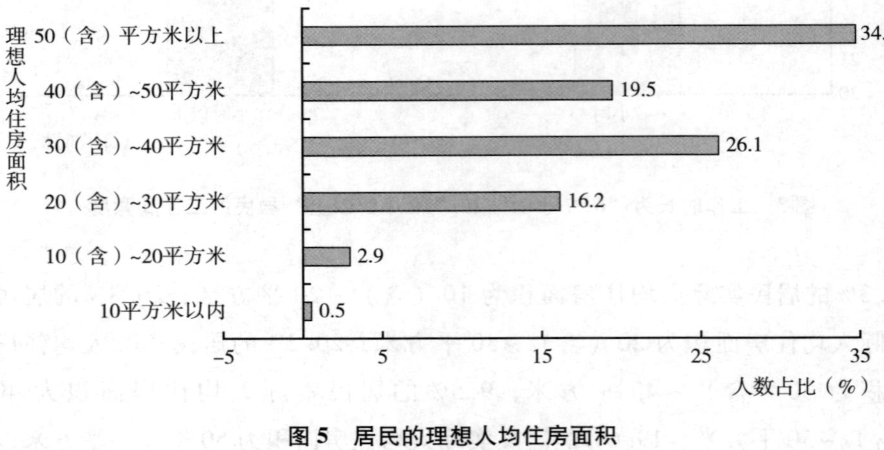

图 5　居民的理想人均住房面积

4. 超半数居民实际人均住房面积没有达到自己的理想标准

调查中，63.62%的居民表示实际人均住房面积没有达到自己的理想标准。实际人均住房面积为20平方米以下的居民中认为20（含）~30平方米是理想人均住房面积的人占比最多，实际人均住房面积为20（含）~30平方米的居民中认为30（含）~40平方米是理想人均住房面积的人占比最多。实际人均住房面积为30（含）平方米及以上的居民中认为50（含）平方米以上是理想人均住房面积的人占比最多（见图6）。

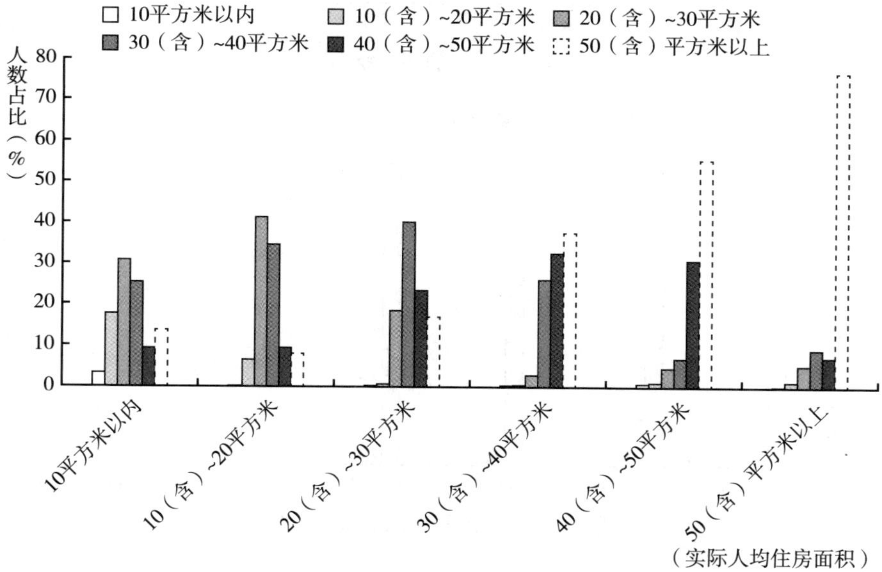

图6　不同实际人均住房面积居民的理想人均住房面积

（二）北京市居民对婚姻和家庭的满意度

1. 接近半数居民未婚，居民普遍晚婚晚育

已婚居民占总人数的53.4%，未婚居民占总人数的44.0%，离异居民占总人数的2.2%，丧偶居民占总人数的0.4%（见图7）。21~30岁的居民中85.70%的未婚（见图8），88.00%的居民未生育（见图9）。

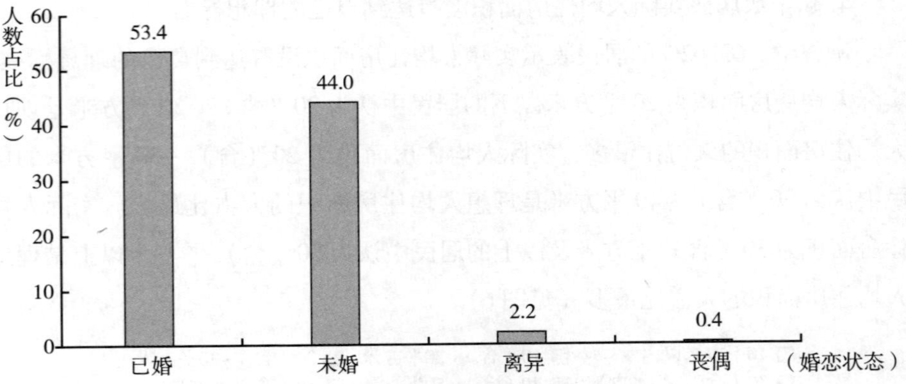

图 7　居民的婚恋状态

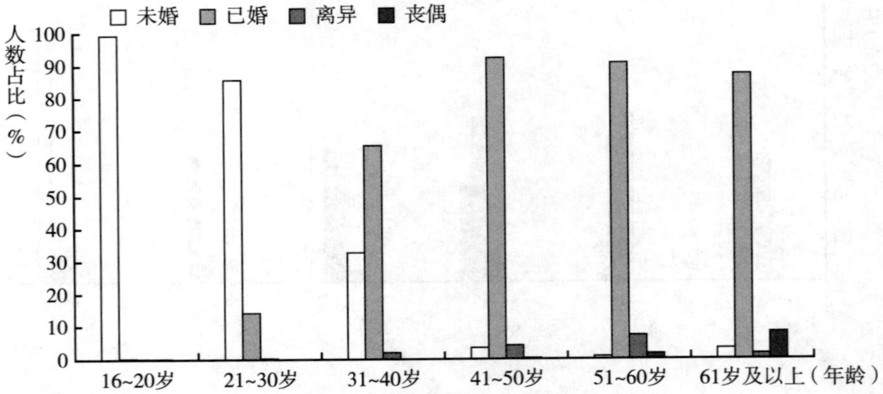

图 8　不同年龄段居民的婚恋状态

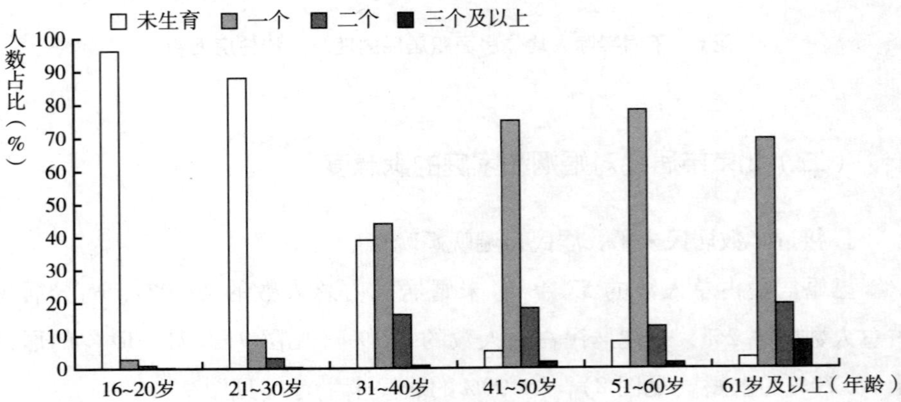

图 9　不同年龄段居民的生育情况

2. 女性居民的婚姻满意度低于男性居民，婚姻满意度高的居民继续生育的意愿更强

女性居民的婚姻满意度为 26. 30 分，男性居民的婚姻满意度为 27. 93 分（见图 10）。无论是未生育、已有一孩还是已有二孩的居民，有要下一胎打算以及还在犹豫中的居民的婚姻满意度都高于没有要下一胎打算的居民（见图 11）。

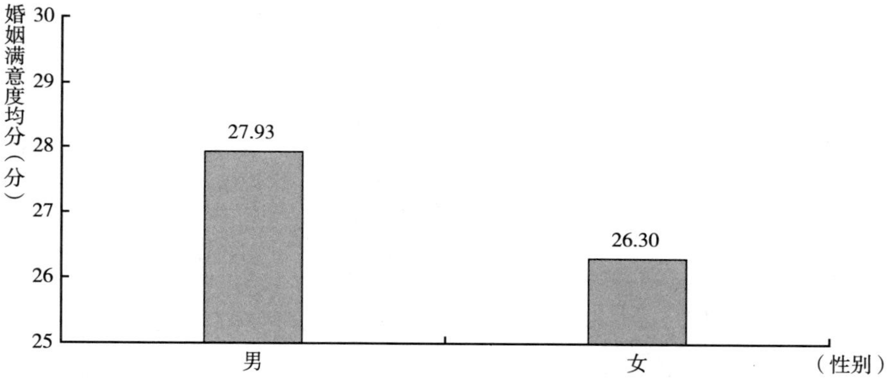

图 10　不同性别居民的婚姻满意度

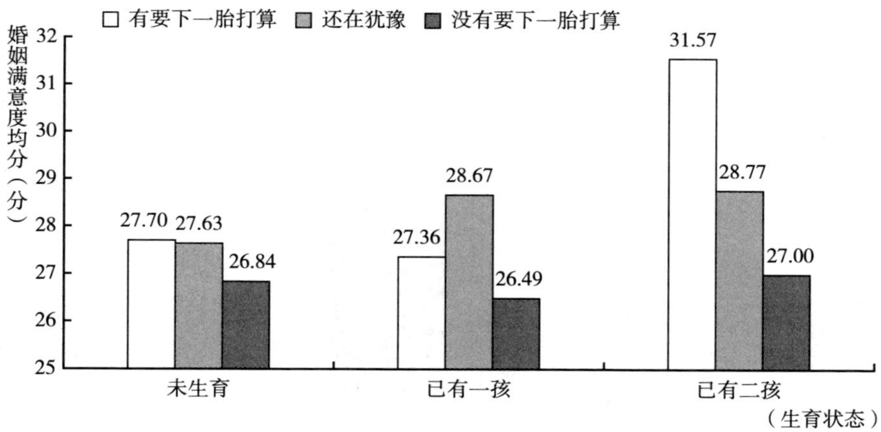

图 11　不同生育状态居民的婚姻满意度及生育意愿

3. 居民不想要二孩三孩的意愿强烈，居民生育二孩/三孩的意愿受经济、个人、社会等因素的影响

调查结果显示，有一个孩子的居民中不想要二孩的比例为 88.93%，有两个孩子的居民中不想要三孩的比例为 93.42%（见图 12）。城市户口的居民相较于农村户口的居民更不想生二孩，北京城市户口的居民不想生二孩的比例最多，为 90.85%（见图 13）。外地城市户口的居民不想生三孩的比例最多，

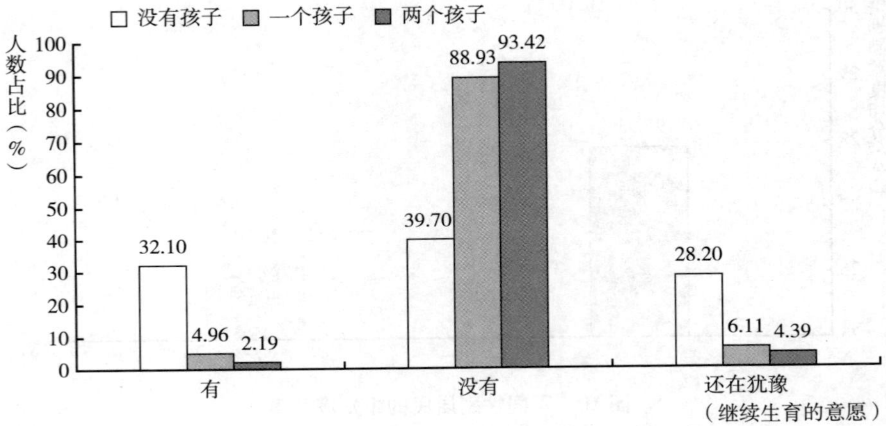

图 12　居民继续生育的意愿

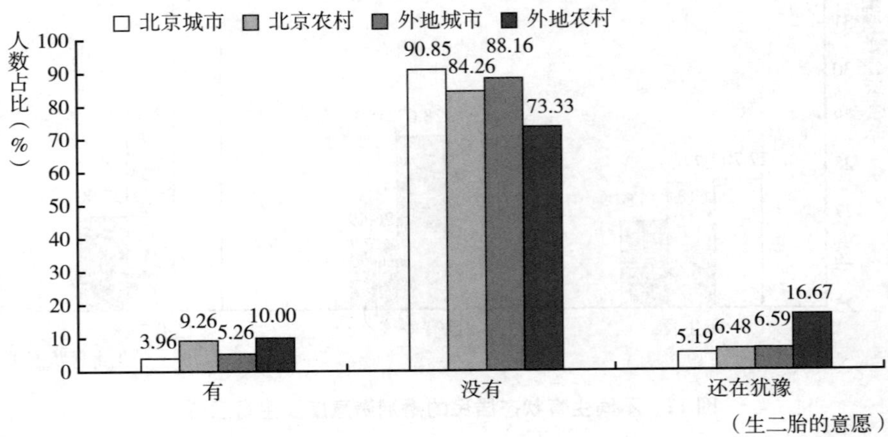

图 13　不同户籍所在地居民生二孩的意愿

为100.00%（见图14）。从不同房产数来看，房产数为3套及以上的居民想要二孩/三孩以及还在犹豫的比例最高，房产数为1套的居民不想要二孩的比例最高（见图15），房产数为0的居民不想要三孩的比例最高（见图16）。

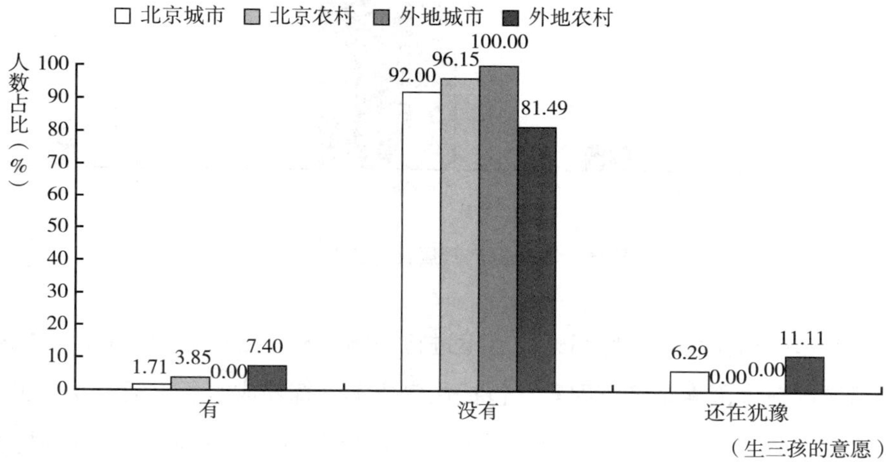

图14　不同户籍所在地居民生三孩的意愿

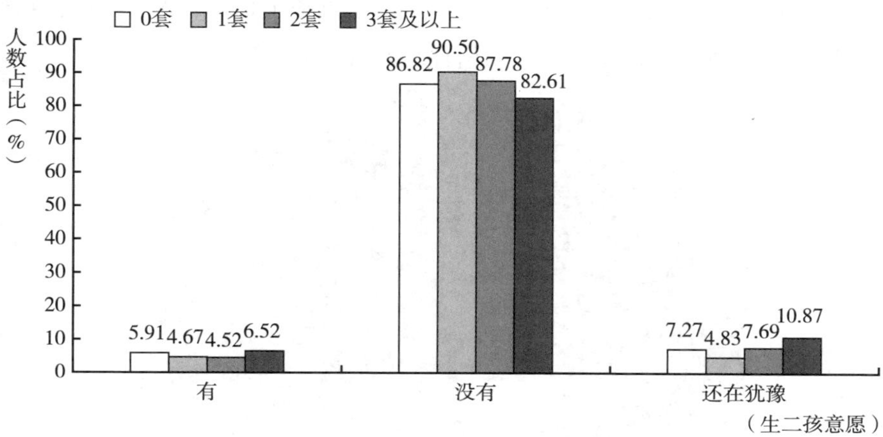

图15　不同房产数居民生二孩的意愿

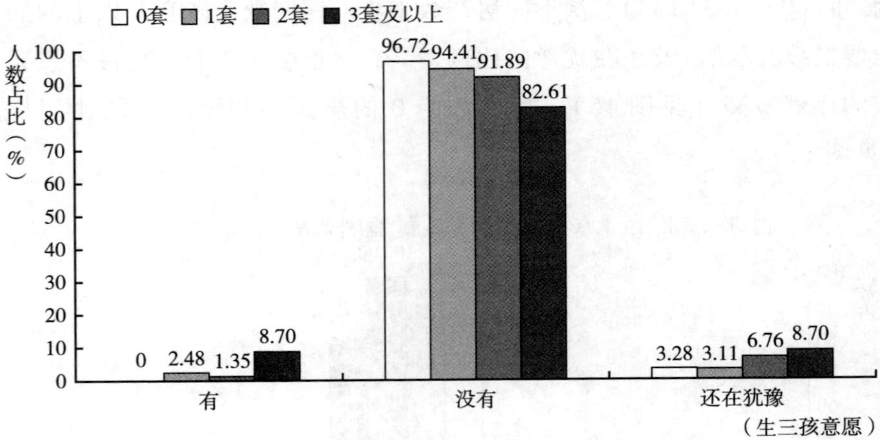

图 16　不同房产数居民生三孩的意愿

对影响居民生育意愿因素的答案进行词频分析，结果显示，制约居民生育意愿的最大因素是经济因素，包括住房成本、抚养成本、生活开支、工资收入等；影响居民生育意愿的第二大因素是个人因素，包括缺乏时间精力、年龄不适合、女性的生育代价（生产痛苦、影响身体健康、身材走样等）、对生育影响生活质量的担忧、不喜欢孩子等；其他因素还包括社会因素（环境及资源压力、社会竞争压力等）、生育的基本保障问题（教育问题、医疗问题、照顾与看管问题、家庭居住环境等）（见图 17）。

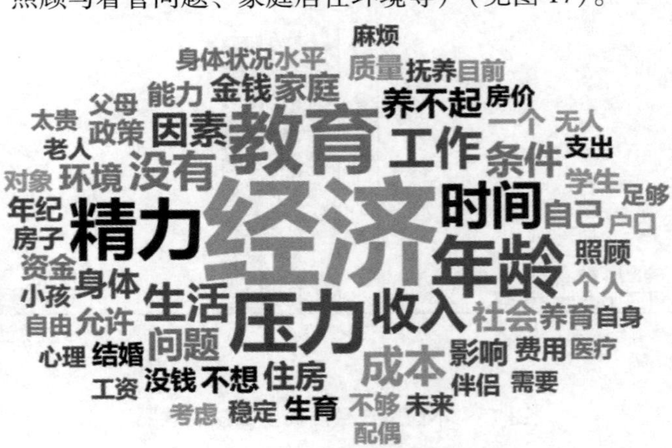

图 17　影响居民生育意愿的词频

（三）北京市居民居住区环境和服务设施的满意度

1. 北京市居民对自然环境的满意度

（1）居民对北京市自然环境的满意度总体处于中上水平，部分居住地距离中心城区较远的居民对环境的满意度更高。

居民自然环境满意度居前的皆为距离北京市中心较远的地区，分别是延庆区、大兴区、通州区、密云区、门头沟区，其次是中心城区（东城区、西城区）（见图 18）。

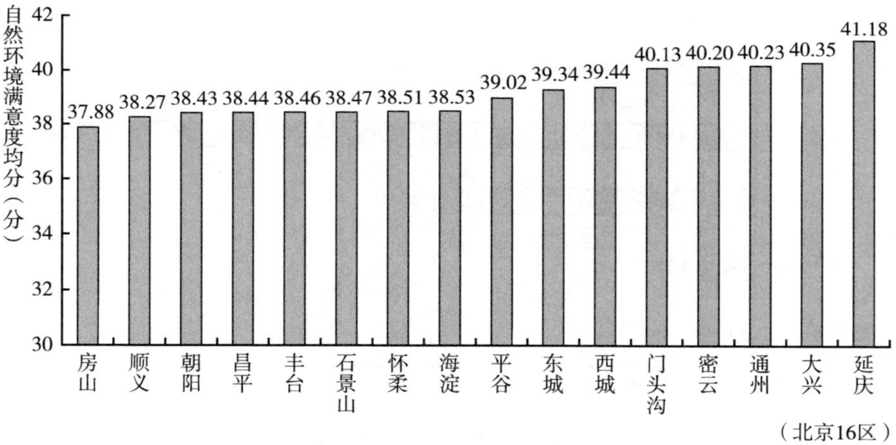

图 18　北京 16 区自然环境满意度均分

（2）居民对城市公园、绿化的满意度最高；居民对超市、菜场、居民区等生活噪声的满意度最低。

问及对“城市公园”和“绿化”的满意度，选择“比较满意”与“非常满意”的居民分别占总人数的 68. 99%、67. 83%（见图 19 和图 20），而问及对“超市、菜场、居民区等生活噪声”的满意度，选择“比较满意”与“非常满意”的居民仅占 45. 17%（见图 21）。

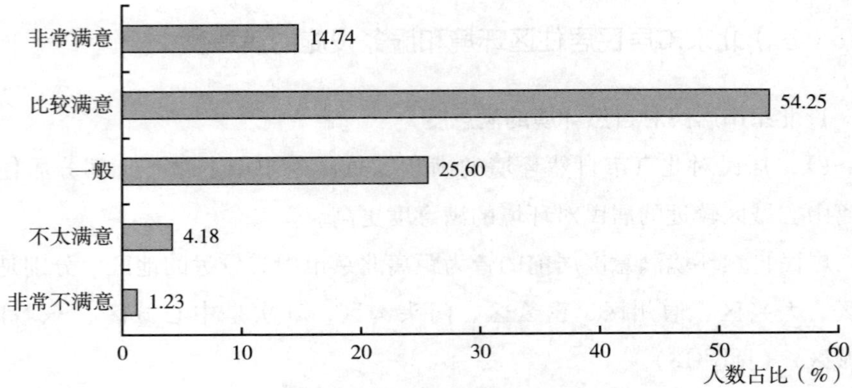

图 19　居民对城市公园的满意度

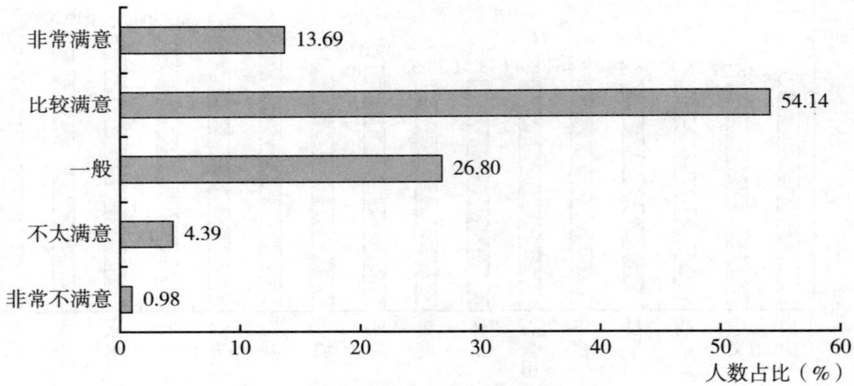

图 20　居民对绿化的满意度

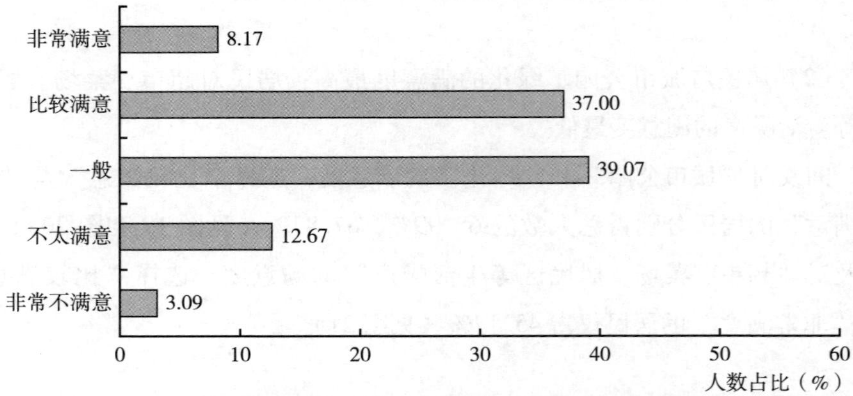

图 21　居民对超市、菜场、居民区等生活噪声的满意度

2. 北京市居民对居住地周边设施的满意度

（1）石景山区、平谷区和顺义区的居民对居住地周边设施配备的满意度较低。

调查结果显示，各区居民对居住地周边设施的满意度差距较大，石景山区、平谷区、顺义区居民的居住地周边设施满意度得分较低，分别为 30. 39 分、30. 54 分和 30. 81 分，在 16 区中居最后三位（见图 22）。

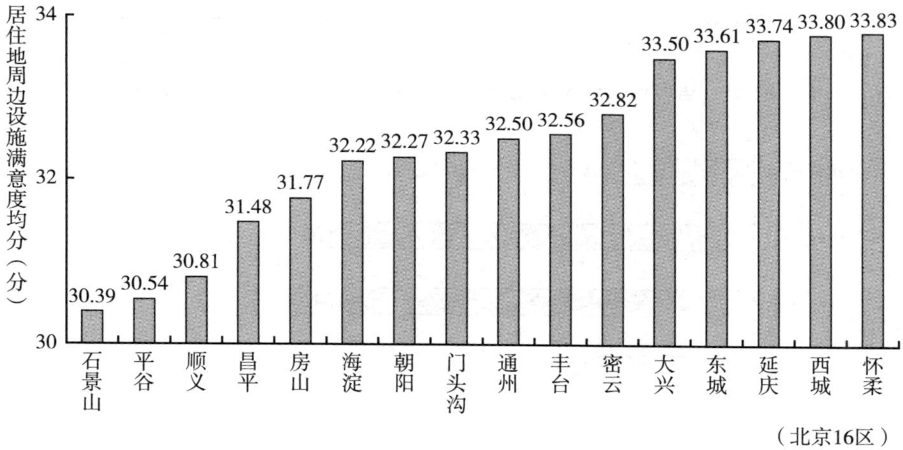

图 22　北京 16 区居住地周边设施满意度均分

（2）居民对居住地周边地铁等公共交通设施的满意度高，对停车设施的满意度低。问及对“地铁、公交汽车等交通设施”的满意度，选择“比较满意”与“非常满意”的居民达到 66. 85%（见图 23），而问及对“停车设施”的满意度，选择“比较满意”与“非常满意”的居民仅占 45. 79%（见图 24）。

（3）有一个和两个孩子的居民对教育设施的满意度较低。问及“对学前教育、托幼教育等机构”“小学”“初中”三类教育机构的满意度时，有一个孩子和两个孩子的居民给出的满意度要明显低于未生育和生育 3 个及以上孩子的居民（见图 25）。

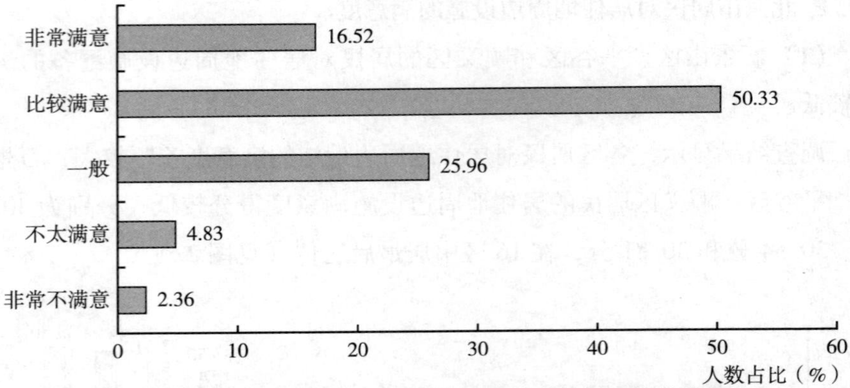

图 23　居民对居住地周边地铁、公共汽车等交通设施的满意度

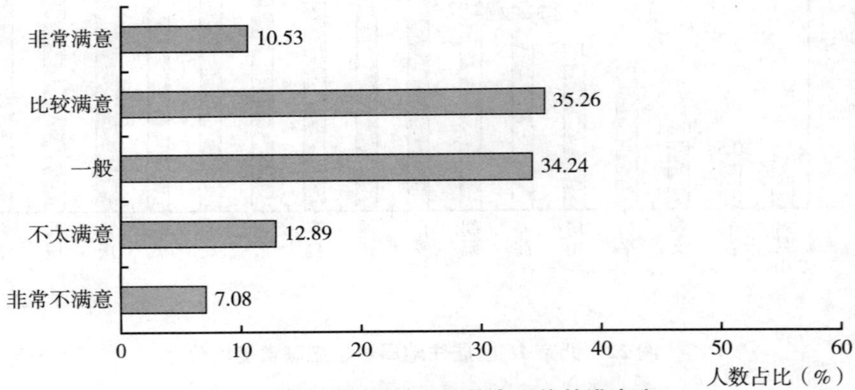

图 24　居民对居住地周边停车设施的满意度

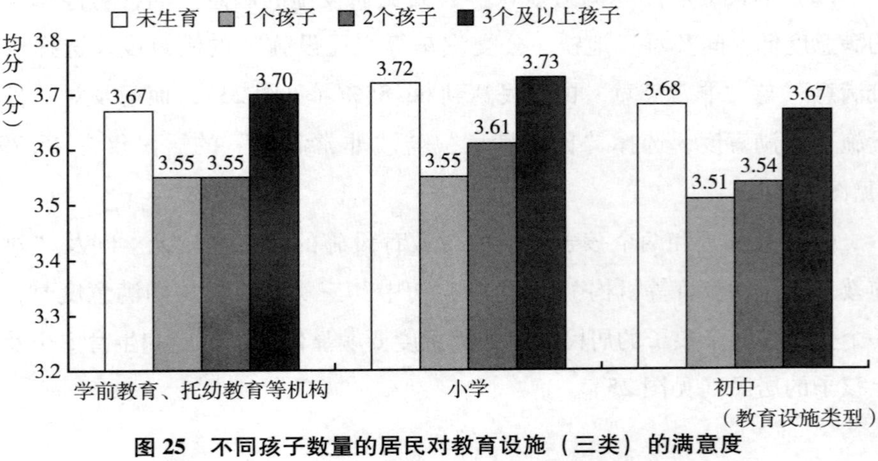

图 25　不同孩子数量的居民对教育设施（三类）的满意度

3. 北京市居民对居住地服务设施的满意度

（1）居民对社区治安的满意度最低，对体育健身器材的满意度相对较高。

调查居民对居住地周围环境及服务的满意度，问及对“社区治安”的满意度，40.05%的居民选择了“非常不满意”，仅有1.74%的居民选择“非常满意”（见图26）。问及对“体育健身器材”的满意度，26.47%的居民选择“非常不满意”，这一数值相较社区安全一题有所减少，且回答“非常满意”的人数占比也提高至6.61%（见图27）。

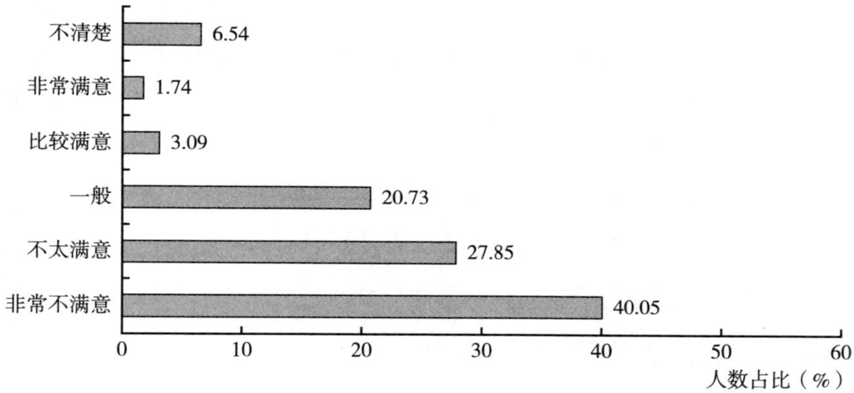

图26　居民对社区治安的满意度

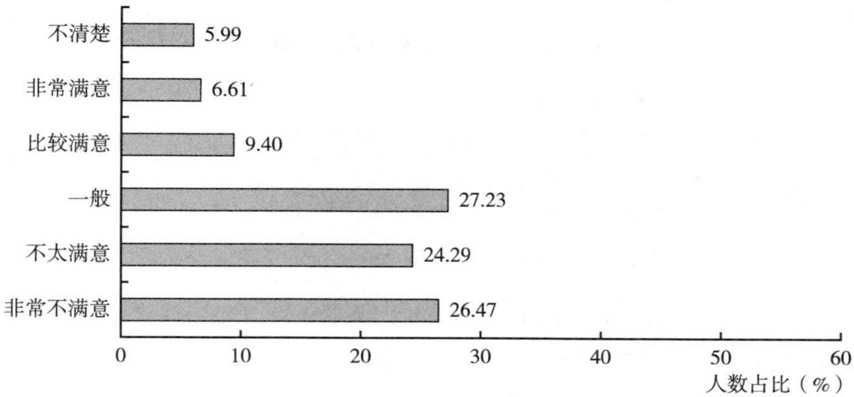

图27　居民对体育健身器材的满意度

（2）居住在农村的居民对居住地周围环境及服务各方面不满意的人数占比皆高于居住在城市和郊区的居民，尤其是物业服务和停车便利性。

调查结果显示，居住在农村的居民对居住地周围环境及服务表示不满意的人数占比在六个方面全部超过了50%；在城市和郊区，居民对社区治安的满意度最低，对此表示不满意的人数分别占到68.34%和65.32%；在农村，居民对邻里关系的满意度最低，对此不满意的人数占到71.60%；人数占比差距最大的方面是物业服务和停车便利性，在城市和郊区，居民对物业服务不满意的人数占比分别为52.21%和52.99%，而在农村，这一数据达到68.05%；在城市和郊区，居民对停车便利性不满意的人数占比分别为48.97%和48.28%，而在农村，这一数据达到62.13%（见图28至图30）。

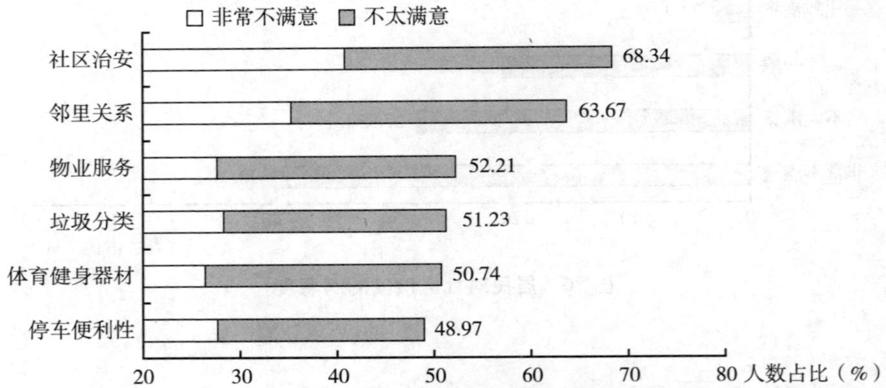

图28　城市居民的生活满意度现状

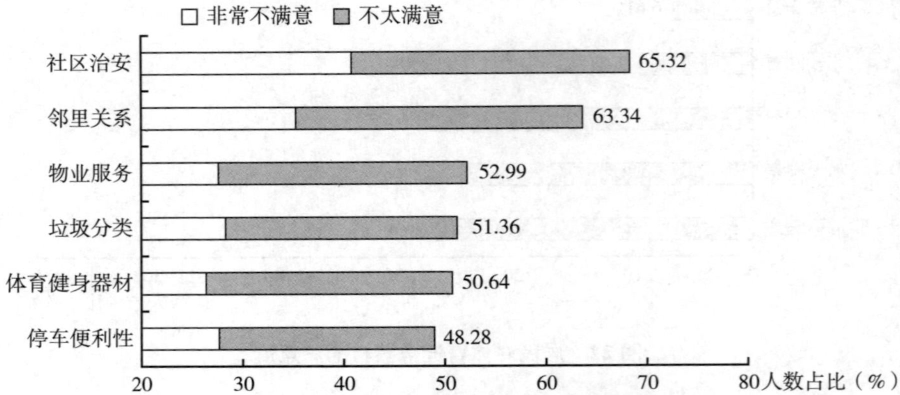

图29　郊区居民的生活满意度现状

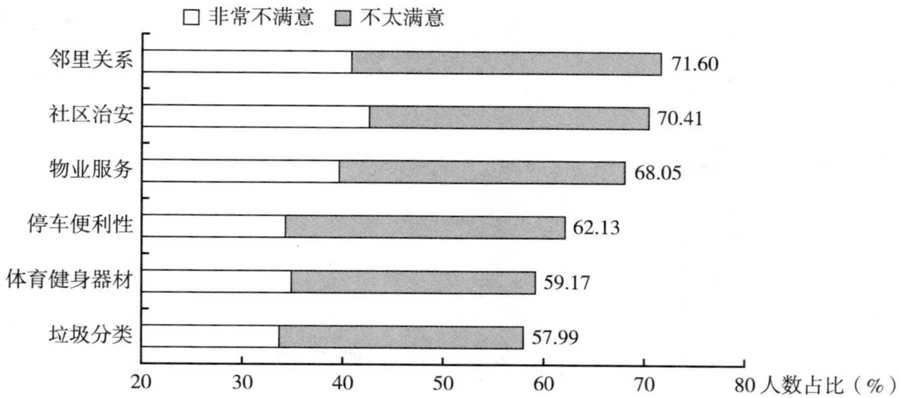

图 30 农村居民的生活满意度现状

（四）北京市居民的社会支持和身体健康状况

1. 老年居民、丧偶居民以及外地农村户口居民的社会支持情况较差

从不同年龄来看，北京市居民的社会支持随年龄增长逐渐降低，20 岁及以下青年居民的社会支持最高，60 岁以上的老年居民社会支持最低（见图 31）。从不同婚恋状态来看，未婚居民的社会支持情况最好，丧偶居民的社会支持情况最差，其次是离异居民（见图 32）。从不同户籍来看，户口所

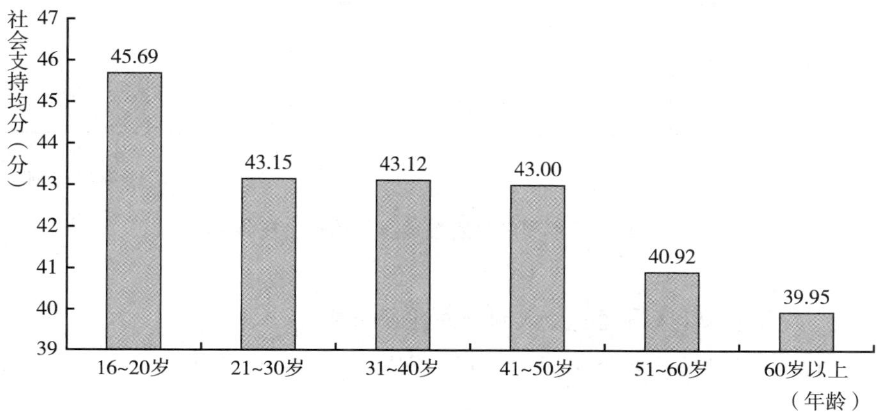

图 31 不同年龄段居民的社会支持

在地为北京城市的居民社会支持最好，户口所在地为外地农村的居民社会支持最差（见图 33）。

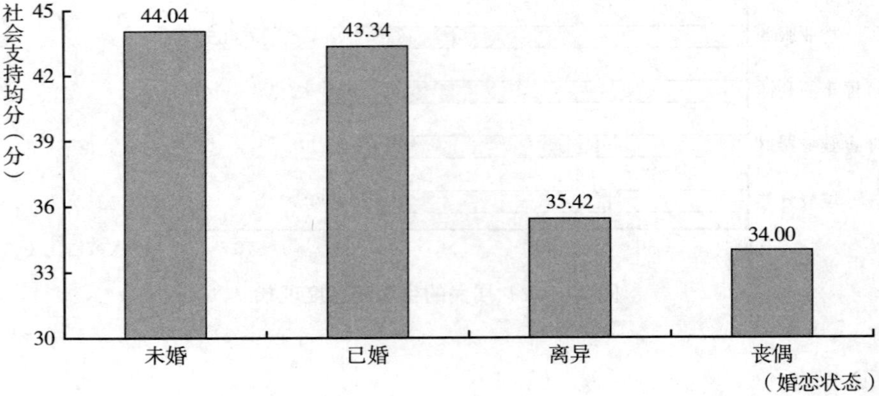

图 32　不同婚恋状态居民的社会支持

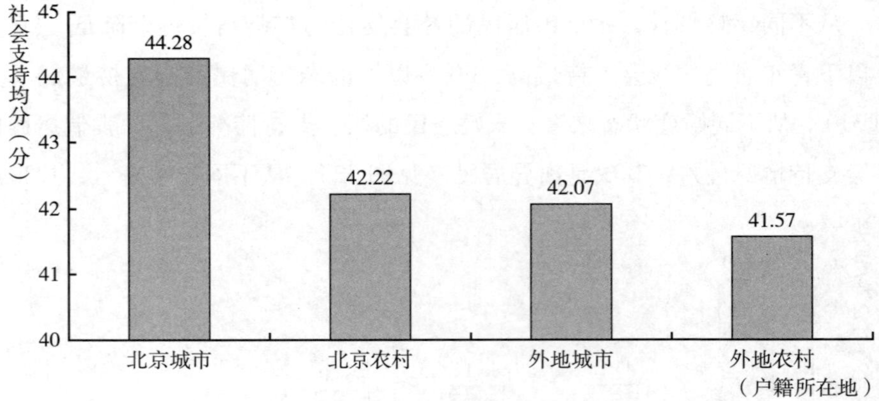

图 33　不同户籍所在地居民的社会支持

2. 居民身体健康方面的最大问题为睡眠问题

调查结果显示，北京市居民的睡眠问题较为突出，7.80%的居民睡眠状况较差，2.00%的居民睡眠状况很差（见图 34）。

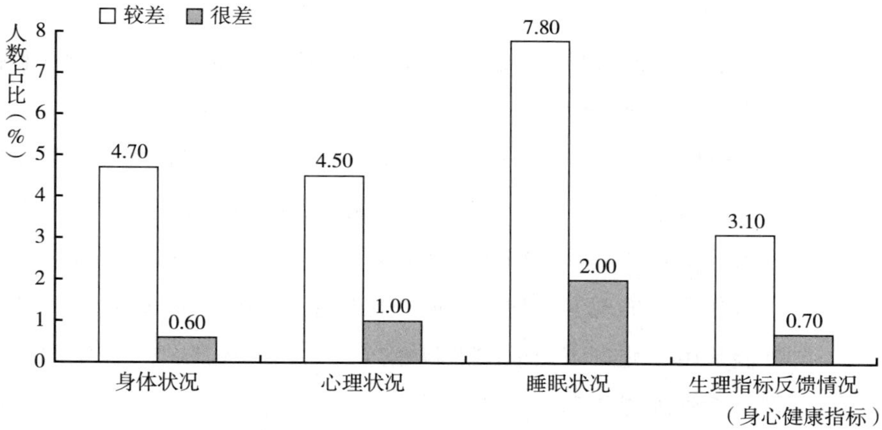

图 34　居民的身心健康状况

四　政策建议

就业情况可以较为全面地反映居民的收入情况和经济生活水平，住房情况也已成为当下衡量人们生存状况尤其是经济生活的重要因素。根据居民就业和住房状况反映出的居民生存状况，本报告提出如下建议。

宣传注重人文关怀的企业文化，激励员工提高工作效率。调查结果显示，时间成本过大会消磨居民的工作积极性，居民工作的黄金时长为6~7小时。居民居住与就业的空间错位，可能是由于首都城市中心的生活成本不断升高，但就业机会主要集中在主城区，为了降低生活成本，居民主动选择居住在距离工作地较远的外围地区，但除非是极为令人满意的工作，否则过长的通勤时间会令居民的工作积极性大打折扣，不利于个人的长期发展。除了过长的通勤时间外，长时间的工作也会提高居民的工作倦怠。当前流行的“996”“007”加班风潮极其打击员工的工作积极性，因此应当扭转企业这种不合理的加班文化，监管企业制定适当的工作时间，给员工的通勤留出一定时间，也给员工更多休息时间以调节身心状态。合理的工作时间也有助于提高员工的工作效率，减少工作中的无效时间。

企业建立更加完善的晋升机制和绩效考评制度，增强员工的成就感和自信心。企业要建立合理的薪酬福利制度，营造公平和谐的企业氛围。此外，企业应该优化岗位设置，进行工作培训，提高员工自身业务能力，对员工的职业规划进行激励并提供可实现的路径，激发员工的内在动力。

严格打击住房租赁乱象，细化住房保障制度。对居民的住房现状调查结果显示，多数居民的现实人均居住面积比理想人均居住面积少10~20平方米。这可能是由于北京市当前的人口密度过大，居民感到居住空间被不断压缩，难以达到理想状态。因此，可在一定范围内控制租金涨幅，严厉打击黑中介、甲醛房、群租房等租房乱象，保障北京住房租赁市场的平稳发展。

居民当前的婚姻状况与生育意愿都与三孩政策的生育目标背道而驰，应当针对影响居民生育意愿的现实因素提出相应措施，帮助居民走出生育困境。本报告提出如下建议。

出台补贴政策，完善“租售同权”，降低居民的生育养育经济成本。调查结果显示，经济、时间、医疗、教育、政策、生育代价等多方面的压力导致居民继续生育的意愿较低，其中对居民生育意愿影响最大的是经济因素，包括住房成本、抚养成本、生活开支、工资收入等。应对生育的家庭进行适当的现金补贴，并随着生育胎数的增加适当增大补贴力度，以及对单亲家庭、低收入家庭等特殊家庭给予倾斜性的生育保障。促进租房群体在公共服务中享有与有房群体同等的权利，尤其是在子女入学和医疗社保方面，让租房不再是居民生育的阻碍之一。

打破隐性歧视，缓解生育期女性职工的生育压力。对居民的婚姻状况与生育状况调查结果显示：首先，多数居民已加入“晚婚晚育少生优生”的队伍中，80%以上的30岁以下的青年居民未婚未育；其次，婚姻满意度会影响居民的生育意愿，具体表现为较低的婚姻满意度会制约夫妻的生育意愿，女性作为生育行为中更具压力的一方，婚姻满意度低于男性，其对婚姻的不满对生育意愿的影响值得重视。应针对生育年龄的职场女性，提供更支持更包容的政策，通过更多的宣传与更强力的监管，破除用人单位对生育期女职工的隐性歧视，保障生育期女职工的就业权利。

扭转陈旧生育文化，激发居民生育的内在动力。一方面，现代的年轻人长期受到计划生育的影响，思想观念发生了根本性的转变，不再接受“多子多福”“养儿防老”等传统观念，从“传宗接代”的任务型生育观转向了“喜欢才生”的需求型生育观。另一方面，经济压力、时间压力、身体压力等种种现实因素使得居民对婚姻与生育缺乏信心，在自顾不暇的状态下难以考虑生育问题。因此，需要根据居民当前的需求型生育观进行有针对性的生育宣传，从居民的情感需求入手设计宣传内容，避免让居民从宣传中感受到生孩子是家庭责任、社会责任等。

针对北京市的自然环境建设在不同居住区以及不同方面存在不平衡的情况，为做好自然环境建设的优势保持与劣势优化，本报告提出如下建议。

看到各区发展差异，弥补自然环境建设的短板。调查结果显示，北京市自然环境的建设状况整体良好，不同居住地区的居民对北京市自然环境的满意度虽然呈现差异，但整体差距较小。部分远离中心城区的居民满意度更高，可能是因为该地区居住人口密度更小，空气质量也更好，并且附近有自然生态场所（如森林公园等），使得居民拥有了更宜居的居住生存环境，有利于提高居民对自然环境的满意度。中心城区的居民可能由于交通拥挤、严重的空气污染等因素对自然环境的满意度较低。为打造示范性的城市环境样貌，北京市在推进自然环境改善方面持续努力，但还存在部分城区居民满意度较低的实际情况。因此，全市需要进一步加强绿化覆盖、改善水体质量等工作，具体到各区应立足实际情况，设计规划符合城区环境的自然空间，如在现代化楼宇较多的城区主要考虑打造小型的公园绿地；而在远离中心城区的居住区，平缓而宽阔的空地较多，可考虑建设大型城市综合公园。

提升绿化、水体等自然资源的丰富程度及其与城市景观的协调程度。进一步建设符合居民现代化需求的自然环境，亟须解决的现实问题可能在于，如何破除自然景观在城市夹缝中生存的“割裂”与“拥挤”感，并且这一点在北京市的中心城区更显重要，要提高自然环境的可观赏性，让自然融入城市而非在城市中“植入”自然。如北京市对平安大街的环境整治工程就是在保护老城风貌的基础上进行，工程将核心干道改造成林荫大道，以多种绿植丰富中央绿化带，让人们在穿越绿色的同时亲近文化遗址，使得绿色生态与历史文化保护在这条街上共生共存、交相辉映。平安街的整治工程不仅提升了城区风貌，解决历史文化保护区与周边环境不协调的问题，更是打造出了一条适宜骑行的绿色通道，方便居民的现代化生活。

尽力消除提升自然环境满意度的制约因素，打造人与自然和谐共生的复愈性环境。城市公园具有游憩功能，绿化景观可以缓解眼睛疲劳、美化城市环境。而与复愈性环境共存的污染和噪声，不仅是居民心中美丽环境的减分项，也限制了自然环境建设的效能。人们对城市公园和绿化的满意度较高，对超市、菜场、居民区等生活噪声的满意度低，反映出居民居住的矛盾体验。因此，在推进城市自然环境的建设进程中，要着重对环境“重灾区”进行整治，如治理大气污染、提升空气质量、对机动车道与非机动车道适当拓宽或缩窄、规范车辆停放等，落实《中华人民共和国环境噪声污染防治法》中对生活噪声的管理办法，通过加强夜间巡查、为居民安装隔音窗、设置限鸣提示、严格规定超市与农贸市场等场所营业时间来缓解居民的噪声困扰，改善居民的居住环境。

居民居住地周边设施直接关系到居民的生活质量与生活幸福感，针对上述现状，本报告提出如下建议。

重视居民需求，完善硬件设施，避免在北京市内形成两极分化。居民对居住地周边设施满意度的差异可能与不同区的经济发展水平有关，在经济发展水平较高的区域，居民居住区周边设施配备完善，居民的出行、消费、放松等日常的生活需求都能得到很好的满足，而在经济发展水平相对较低的区域，居民居住地周边的设施配备可能还不齐全，当居民对更高质量的生活有追求时（如购买奢侈品等非生活必需品、观看音乐演出、健身等），目前的居住条件往往无法提供相应的服务。因此，针对上述现状，在配备居住地周边设施的规划上，首要任务是完善各区的硬件设施，如居民对北京市停车设施的满意度较低，接下来应在停车紧张或便利性差的区域合理增设停车位，或者鼓励居民乘坐公共交通。更为重要的是保证远郊区居民的基本生活需求，扩大商业、就医等场所服务覆盖范围，避免居住环境及周边条件在不同居住区之间形成两极分化、进一步扩大居住区居民的心理落差。其次，在满足居民日常生活需求的基础上，可走访调研居民对居住周边的设施期待，帮助远郊区的居民链接中心城区的资源，或者丰富周边设施的服务内容，提高居民的生活质量与生活幸福感。

增强不同类型的教育设施之间的联络，为家长减轻教育负担。聚焦居民中的特殊群体可以发现，有 1 个或 2 个孩子的家庭对居住地周边教育设施（幼儿园、小学、初中等机构）的满意度普遍较低。这可能是因为未生育孩子的家庭暂时还不需要考虑下一代的教育问题，而生育 3 个及以上孩子的家庭可能生活相对优渥，没有教育方面的忧虑。对于有 1 个或 2 个孩子的家庭来说，他们正处于争夺教育资源的赛道上，对居住地周边教育设施的审视眼光也就更为严格。很多家庭所在的居住区较为偏远，无法享受优质的教育资源，多数情况是这些家庭不甘让孩子的教育落后，背负着沉重的经济压力，挤破脑袋拼得一套学区房。教育资源的均衡化是教育公平的重要体现，为提高居民对教育设施配备的满意度，一是要因地制宜，加强各区教育设施的配备力度，增强区域内不同类型的教育设施之间的联络，形成完整的教育设施服务链条，与家庭建立家校合作机制帮助家长分担教育与照顾孩子的压力；二是推进义务教育的优质均衡，以优质学校为中心带动周边或偏远地区的学校形成教育集团，缩小全市各区的教育差距，完善并改进多校的招生政策，加大对普通学校师资的培养力度，全面提升各区的教育水平。如 2022 年 9 月，北京市在 16 区开启教师轮岗，就是对教育资源均衡化的一次重要尝试。

对居民居住地周围环境及服务的调查结果显示，居民在社区治安、物业服务、邻里关系、停车便利性、垃圾分类和体育健身器材六方面服务中最不满意的是社区治安，反映了北京市各社区及相关负责治安部门履行职责不到位的问题，并且尽管体育健身器材的提供满意度相对较高，回答“比较满意”与“非常满意”的人数也仅占到16.01%。根据调查结果，北京市居民居住地周围环境及服务整体上还有很大的进步空间，要发挥涉及居民、社会工作者与其他责任部门的合力作用，本报告提出如下建议。

加强完善居住地周边环境与服务的宣传，呼吁居民共建共治。部分居民在回答居住地周围的环境和服务满意度问题时选择“不清楚”，说明居民对居住地周边的环境与服务状况并不了解，这在一定程度上会影响调查结果的准确性。帮助居民了解居住区周边的环境和服务是提高居民满意度过程中很重要的一环，只有居民关心并了解居住区周边的环境与服务情况，才能在自身有需求时主动寻求帮助，主动监督居住区周边的环境及服务质量，对环境和服务工作做出建设性贡献。因此，可利用社区宣传栏、公众号等展示居住地周边的环境，介绍各项服务内容，为居民普及社区工作的重要性，组织活动吸引居民共同参与居住地周围的环境建设与服务工作（如垃圾分类、修剪绿化、亲子读书等），可在居住社区成立工作小组定期召开建言献策的讨论会，负责策划每一次的社区活动，一是能够发挥居民的主观能动性，调动居民改善居住区周边环境和服务的内驱力；二是在思想融合、合作共建的过程中也可改善邻里关系。

提升居民意见处理的及时性与透明度，畅通并拓宽居民的反馈渠道。居民反馈渠道不通畅、问题无法得到妥善解决、处理意见与办法不透明等同样会引起居民不满。因此需要确保居民的诉求能够“事事有回音”，为居民开通多种意见与建议反馈渠道，如线上线下结合，为使用电子设备不方便的老年人设立电话专线，或者接受居民现场的咨询；安排专人解难并跟踪问效，为居民跟踪办事流程，在相应网站及时公布问题解决进度，处理过程要做到准确、公开、透明。

重点关注农村环境改善与基础服务的提升。调查结果显示，与城市和郊区相比，农村居民对居住地周围环境和服务的满意度在各个方面都有较大差距，这反映出农村居住区周围环境建设和基础服务存在漏洞。推动基层治理，就要将社会工作的重心下沉，农村的居住环境和条件与城市和郊区存在诸多区别，居民面临的问题可能更为复杂，因此，农村的社会工作更具灵活性和挑战性。社会工作者在社会协调以及提升居民生活质量等方面需要具备良好的技能和较高业务水平，然而目前社会工作的从业人员在农村稀缺，且从业人员的甄选与培养流程欠缺专业性。因此，社会要为农村输送能够妥善处理问题的专业人员，要精准定位农村环境改善与基础服务完善，关注农村与农村居民的需求，提供更加高效的服务。

对居民的社会支持与健康状况调查结果显示，老年居民、丧偶居民以及外地农村户口居民等特殊群体的社会支持状况急需关注，为了帮助特殊群体获得社会支持，以及提高居民的睡眠质量，本报告提出如下建议。

发挥社区心理服务站的功能，为问题居民提供心理支持与心理援助。调查结果显示，随着生活压力的逐渐加大，居民的睡眠问题也较为突出。低质量的睡眠会对人们的日间功能和身心健康产生消极影响，导致人们工作效率低下甚至引发意外事故，此外低质量睡眠也与多种精神疾病的发生和发展密切相关。因此，可以通过开展讲座、举办团体活动、开设宣传栏等方式大力科普心理健康知识与养生保健知识，例如科普睡眠障碍治疗预防相关知识。在传播心理健康知识的同时，帮助人们克服对心理问题的偏见，降低社会对心理疾病患者的病耻感和对心理疾病患者的歧视，促进人们的心理专业求助行为。

重点关注社区中的特殊群体，鼓励特殊群体积极参加社会交往活动。社会支持是衡量居民社会交往资源数量的重要指标之一，与居民生活的环境中的具体事件息息相关，良好的社会支持对维持居民的良好情绪体验、缓解居民的压力感具有重要意义。特殊群体的社会支持较低，意味着这一人群在生活中难以得到家庭、朋友或者其他个体的支持，这可能会使得他们看待事情变得消极，甚至产生心理问题。社区加强对特殊群体的物质支持、政策支持与心理支持，针对特殊群体的需求开展专题活动，在讲解心理知识的同时传授可操作性强的心理调节方法。有条件的社区还可以组建特殊群体自助团体，定期进行群内自助交流活动会，增强群体内外的社会支持，提高群体的心理健康水平。

加大基础服务设施的经济投入，加强和谐社会理念的宣传，为居民的健康生活营造和谐的社会氛围。依照各社区具体情况，遵循居民的需求和喜好，升级社区基础设施，打造社区特色便民服务，为居民的身心放松、社会交往提供合适的场合。

B.9

北京市居民对于热点事件态度的研究报告

杨靖渊　王思域　杨智辉*

摘　要： 民众观点是决策的重要依据，推进公民有序参与公共事务有利于推进国家治理体系和治理能力的现代化。本报告通过问卷调查法和网络数据采集法调查了北京市居民对2021年10月到2022年9月热点事件的态度。2474份问卷调查结果表明主观社会经济地位为下层的居民对热点事件的关注度显著低于中层和上层居民，共产党员对热点事件的关注度显著高于共青团员、民主党派及群众。7732条网络数据表明北京市居民对热点事件的态度显示了朴素的公平正义价值观以及较强的国家认同感、文化认同感和民族自豪感。因此，在面对舆论问题时，应坚持“舆论一律又不一律”的观点，同时发挥主流媒体对积极社会心态的引导作用，与民意协商互动，关注居民对热点事件态度后潜藏的社会需求。

关键词： 热点事件　网络数据　舆情信息　国家认同感　北京市居民

一　研究背景

在平台时代下，互联网平台在人们的日常生活和信息传播中发挥着越来

* 杨靖渊，北京林业大学人文社会科学学院在读硕士研究生，主要研究方向为临床心理学；王思域，北京林业大学人文社会科学学院在读硕士研究生，主要研究方向为临床心理学；杨智辉，北京林业大学人文社会科学学院教授，博士生导师，主要研究方向为心理咨询与治疗、生态环境与个体发展。

越大的作用[①]，在这一背景下，各种热点事件引发的网络舆论共振现象愈发频繁。即当热点事件出现时，公众在网络中表达自己独特的态度观点，这些观点随后在小范围内开始传播，获得一定关注度和流量后，越来越多的人将注意力投入此处，大量观点同时快速出现、聚集，网络舆论逐渐汇集融合，舆论共振现象由此产生[②]。积极热点事件的舆论共振现象可产生积极的社会影响力，如凝聚人心、攻坚克难，而消极热点事件的舆论共振现象容易引发舆情风险，甚至会影响社会和谐与国家安全。

为人民服务的宗旨是中国共产党百年发展过程中的重要文化特质[③]，在《中共中央关于党的百年奋斗重大成就和历史经验的决议》中，“坚持人民至上”成为中国共产党百年历史基本经验之一，人民是党执政兴国的最大底气[④]。因此，人民观点和人民支持是党在决策时的重要依据与参考，了解居民对热点事件的看法并发掘其潜藏需求，有利于推进公民有序参与公共行政，推进国家治理体系和治理能力的现代化[⑤]。

本报告聚焦于2021年10月到2022年9月热度较大的热点事件，通过对北京市居民发放问卷和对北京市用户进行热点数据采集的方式，呈现相关舆情信息，挖掘居民对热点事件的态度。

二　居民对热点事件的态度调查：基于问卷调查的结果

（一）研究方法

本研究采取随机抽样法，以北京市16个区18岁以上的常住居民为调查

---

① 周葆华：《出圈与折叠：2020年网络热点事件的舆论特征及对内容生产的意义》，《新闻界》2021年第3期。

② 江凌：《社会热点事件引发境内外网络舆论共振的话语传播机制与风险防范》，《理论月刊》2020年第6期。

③ 王振：《中国共产党为人民服务宗旨的百年历程与发展经验》，《思想教育研究》2022年第8期。

④ 《中共中央关于党的百年奋斗重大成就和历史经验的决议》，《人民日报》2021年11月17日，第1版。

⑤ 安东：《推进公民有序参与　提升执政水平思考》，《法学杂志》2011年第8期。

对象。于2022年6月~9月通过问卷星和面对面的方式发放问卷。共收集样本2595个，有效样本2474个，有效回收率为95.34%。

调查问卷共包括两个部分：人口统计学信息、居民对热点事件关注度自编问卷。人口统计学信息主要包括性别、年龄、婚恋状况、工作状态、月收入、政治面貌、文化程度、户籍所在地、居住地和主观社会地位（主观SES）。居民对热点事件关注度自编问卷共包括15个热点事件，通过对各官方媒体与自媒体盘点的“每月热点事件”进行整合，选取出现频率最高的10个事件（如房地产税改革、北京冬奥会等），同时对微博热搜进行监测，选取近期讨论热度较高的5个事件（如台海局势紧张、9月四川泸定地震等）。最终确立的15个热点事件分别为：疫情发展及防疫措施、北京冬奥会、房地产税改革、神舟十三号发射、唐山烧烤店打人事件、丰县生育八孩铁链女事件、东航MU5737坠机事件、8月重庆四川多地突发山火、俄乌冲突、台海局势紧张、人教版教材插图事件、新东方转行直播带货、“二舅治好了我的精神内耗”视频、“云健身”持续火热和9月四川泸定地震。问卷询问了居民对各热点事件的关注度。该问卷为7点计分，1表示“非常不关注”，7表示“非常关注”，总分可代表居民对热点事件的总体关注度。该问卷内部一致性信度为0.86，验证性因子分析结果显示，该问卷结构效度良好：$\chi^2=783.62$，$df=83$，CFI = 0.94，TLI = 0.93，RMSEA = 0.06，SRMR = 0.04。样本基本信息见表1。

表1　样本的基本信息

单位：人，%

基本信息		人数	百分比	基本信息		人数	百分比
性别	男	980	39.61	月收入	1999元及以下	720	29.10
	女	1494	60.39		2000~4999元	425	17.18
年龄	18~20岁	708	28.62		5000~9999元	635	25.67
	21~30岁	592	23.93		10000~19999元	504	20.37
	31~40岁	709	28.66		20000元及以上	190	7.68
	41~50岁	365	14.75	政治面貌	共产党员	535	21.62
	51~60岁	72	2.91		共青团员	923	37.31
	61岁及以上	28	1.13		民主党派及群众	1016	41.07

续表

<table>
<tr><th colspan="2">基本信息</th><th>人数</th><th>百分比</th><th colspan="2">基本信息</th><th>人数</th><th>百分比</th></tr>
<tr><td rowspan="5">婚恋状况</td><td>无恋爱经历</td><td>459</td><td>18.55</td><td rowspan="6">文化程度</td><td>初中及以下</td><td>35</td><td>1.41</td></tr>
<tr><td>有恋爱经历但现在单身</td><td>501</td><td>20.25</td><td>中专或职高</td><td>63</td><td>2.55</td></tr>
<tr><td>恋爱中</td><td>446</td><td>18.03</td><td>高中</td><td>155</td><td>6.27</td></tr>
<tr><td>已婚、同居</td><td>1028</td><td>41.55</td><td>大专</td><td>228</td><td>9.22</td></tr>
<tr><td>离异、丧偶</td><td>40</td><td>1.62</td><td>本科</td><td>1673</td><td>67.62</td></tr>
<tr><td rowspan="5">工作状态</td><td>正式工作</td><td>1275</td><td>51.54</td><td>硕士及以上</td><td>320</td><td>12.93</td></tr>
<tr><td>临时工作</td><td>127</td><td>5.13</td><td rowspan="4">户籍所在地</td><td>北京城市</td><td>1284</td><td>51.90</td></tr>
<tr><td>无业、失业或下岗</td><td>79</td><td>3.19</td><td>北京农村</td><td>214</td><td>8.65</td></tr>
<tr><td>学生</td><td>911</td><td>36.82</td><td>外地城市</td><td>645</td><td>26.07</td></tr>
<tr><td>其他</td><td>82</td><td>3.32</td><td>外地农村</td><td>331</td><td>13.38</td></tr>
<tr><td rowspan="3">主观社会地位</td><td>上层</td><td>145</td><td>5.86</td><td rowspan="3">居住地</td><td>城市</td><td>1807</td><td>73.04</td></tr>
<tr><td>中层</td><td>1227</td><td>49.60</td><td>郊区</td><td>443</td><td>17.91</td></tr>
<tr><td>下层</td><td>1102</td><td>44.54</td><td>农村</td><td>224</td><td>9.05</td></tr>
</table>

（二）研究结果

1. 问卷描述统计结果

调查结果显示，北京市居民对热点事件的关注度从高到低依次为唐山烧烤店打人事件（6.41 分）、北京冬奥会（6.29 分）、台海局势紧张（6.22 分）、9 月四川泸定地震（6.17 分）、人教版教材插图事件（6.14 分）、东航 MU5737 坠机事件（6.05 分）、俄乌冲突（6.02 分）、疫情发展及防疫措施（6.00 分）、神舟十三号发射（5.90 分）、8 月重庆四川多地突发山火（5.84 分）、丰县生育八孩铁链女事件（5.43 分）、房地产税改革（5.11 分）、“云健身”持续火热（5.08 分）、新东方转行直播带货（5.02 分）、“二舅治好了我的精神内耗”视频（4.60 分）（如图 1）。

2. 北京市居民对热点事件关注度的基本特点

(1) 21~50 岁居民对热点事件的关注度最高。

对北京市居民对热点事件的关注度分析后发现，北京市居民的关注度在

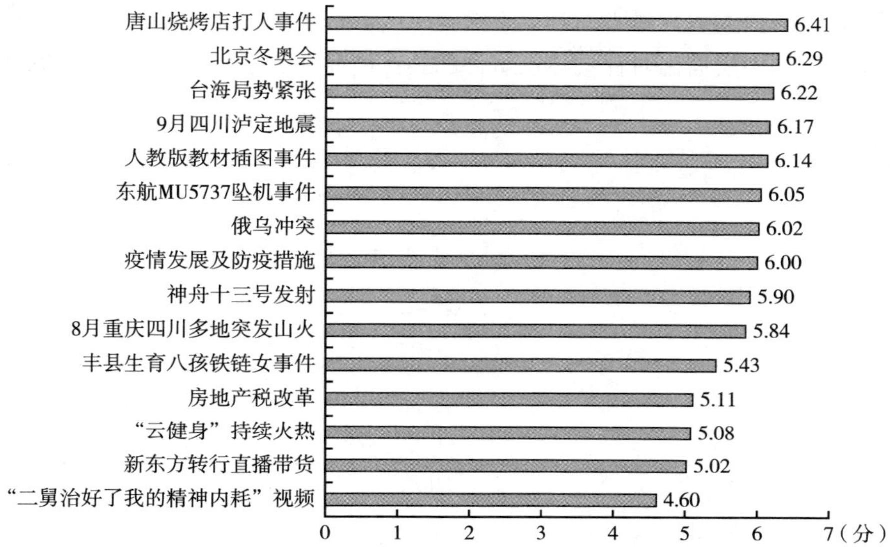

图 1　北京市居民对热点事件的关注度

年龄方面有显著差异（$F = 3.71$，$p < 0.01$）。进一步研究发现，18~20 岁群体对热点事件的关注度显著低于 21~50 岁居民（见图 2）。

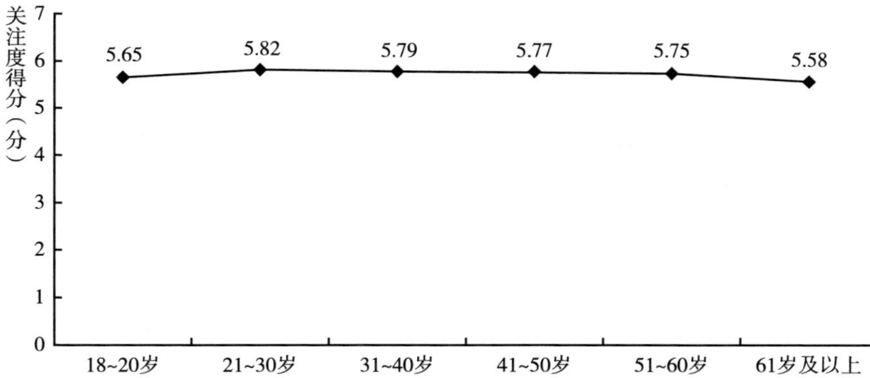

图 2　不同年龄段北京市居民对热点事件的关注度差异

（2）主观社会地位在上层和中层的居民对热点事件的关注度最高。

对北京市居民对热点事件的关注度分析后发现，北京市居民的关注度在主观社会地位方面有显著差异（$F = 0.87$，$p < 0.001$）。进一步研究发现，上层居民和中层居民对社会热点事件的关注度显著高于下层居民（见图3）。

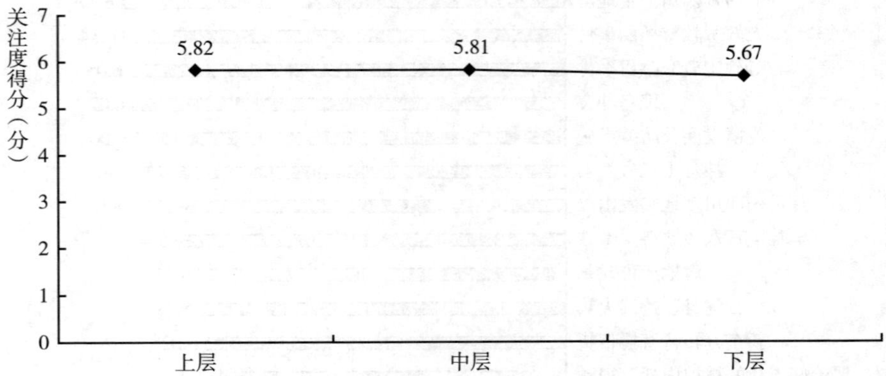

图3　不同主观社会地位（主观SES）北京市居民对热点事件的关注度差异

（3）共产党员对热点事件的关注度最高。

对北京市居民对热点事件的关注度分析后发现，北京市居民的关注度在政治面貌方面有显著差异（$F = 17.68$，$p < 0.001$）。进一步研究发现，共产党员对热点事件的关注度显著高于共青团员、民主党派及群众（见图4）。这说明共产党员有强烈的社会责任感。

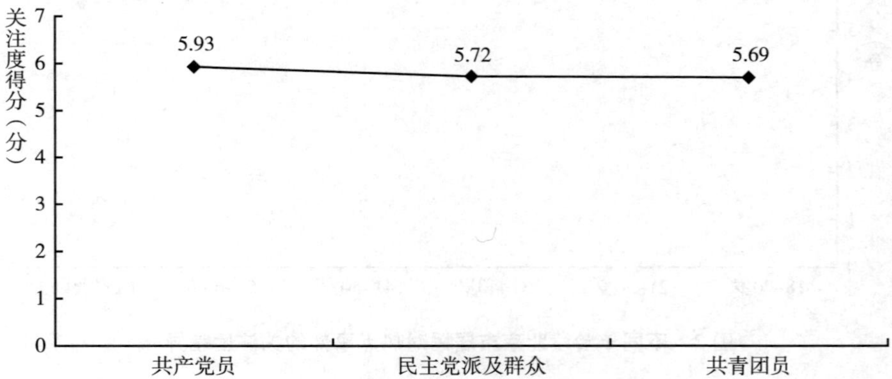

图4　不同政治面貌北京市居民对热点事件的关注度差异

三 基于网络数据分析的结果

（一）研究方法

文献分析法和网络数据分析法。

（二）研究对象及研究过程

本研究以微博用户中的北京市人群为研究对象，针对该群体对近一年来的热点事件评论（2021 年 10 月~2022 年 9 月）进行文本分析。首先，通过热点事件内容确定关键词和微博话题，随后对相关微博内容进行采集，共采集数据 8596 条。接下来，对数据进行清洗：首先，剔除重复微博数 137 条，再对其中内容进行人工筛选，删除与热点事件无关的信息，最终保留微博评论 7732 条。

（三）研究结果

1. 唐山烧烤店打人事件

（1）事件概况：2022 年 6 月 10 日，河北唐山机场路一家烧烤店多人起冲突，疑因男子酒后骚扰女性，后多人对女子进行殴打。

（2）词频见表 2。

表 2　北京市微博用户对“唐山烧烤店打人事件”态度的关键词示例

单位：次

关键词	词频	关键词	词频	关键词	词频	关键词	词频	关键词	词频
唐山	294	社会	95	背后	70	腐败	50	公开	40
等	252	被告人	90	依法	69	犯罪	49	应该	40
陈某志	245	继志	87	扫黑	63	群众	48	有期徒刑	40
打人	228	案	81	某某	62	打伞	47	进行	40
烧烤店	165	问题	79	违法犯罪	60	除恶	47	宣判	39
保护伞	154	黑恶势力	76	广阳区	57	实施	46	被害人	39
事件	147	案件	75	罪	55	通报	44	他们	38
恶势力	142	我们	74	廊坊市	54	人民法院	44	严惩	37
人	136	调查	73	人民	53	寻衅滋事	42	纠集	36
组织	121	涉嫌	71	一起	51	唐山市	41	影响	35

图 5　北京市微博用户关于“唐山烧烤店打人事件”态度的关键词词云图（部分）

（3）总结：在“唐山烧烤店打人”这一热点事件的舆情信息中，“保护伞”“黑恶势力”“扫黑”“违法犯罪”等与法治相关的词语出现频率很高，这体现了我国全国常态化扫黑除恶斗争在精神培育方面的巨大作用，民众在此过程中受到了潜移默化的影响，法治观念逐渐形成、完善，当面对法律问题时，懂得如何采取合法的方式积极向公权力机关申诉。此外，“被害人”“人民”“群众”“公开”等体现公民主体词语的词频也较高，这体现了公民对弱者的同情、对公平正义的呼唤和主人翁意识的觉醒。综合来看，社会主义核心价值观中“公正”“法治”价值观念深入人心。

2. 北京冬奥会

（1）事件概况：第 24 届冬季奥林匹克运动会在北京举办，于 2022 年 2 月 4 日开幕，2 月 20 日闭幕，北京成为世界上首座“双奥之城”。

（2）词频见表 3。

表 3　北京市微博用户对“北京冬奥会”态度的关键词示例

单位：次

关键词	词频	关键词	词频	关键词	词频	关键词	词频	关键词	词频
加油	1370	比心	243	赢	151	骄傲	118	致敬	98
打 call	1137	棒	226	太棒了	151	北京	115	健儿	95
中国	882	我们	206	鲜花	147	继续	112	他们	93
心	752	牛	198	期待	145	好棒	111	允悲	91
泪	613	谷爱凌	198	公主	142	可爱	108	开学季	88
冰墩墩	501	中国队	197	浪漫	141	鼓掌	107	未来	84
恭喜	425	雪容融	184	冬奥	129	辛苦	106	冬奥会	83
good	393	很棒	173	比赛	129	悲伤	102	爱凌	80
China	286	厉害	162	运动员	119	祝贺	102	一起	75
金牌	270	爱	153	第一	119	姑娘	100	哭	73

图 6　北京市微博用户关于“北京冬奥会”态度的关键词词云图（部分）

（3）总结：在“北京冬奥会”这一热点事件的舆情信息中，“加油”“打 call”“中国”“China”等高频词体现了公民积极的国家认同感；“good”“棒”“比心”“厉害”等高频词体现了公民强烈的民族自豪感和文化自信。与此同时，“谷爱凌”“运动员”“健儿”等与奥运会运动员相关词的出现体现了运动员代表的奥林匹克精神对广大人民群众的积极影响与鼓舞。在相关舆情信息中，广大民众不仅表达了对运动员的崇拜与致敬，也表达了自己对奥运精神的深入理解与继承。由于奥林匹克精神和人类命运共同体的理念具有一致性，因此，人类共同福祉至上与文明价值观本位的伦理文化新形态——人类命运共同体理念得以进入理解与实践。综合来看，“中华民族共同体”与“人类命运共同体”的共时性得以体现。

3. 台海局势紧张

（1）事件概况：2022 年 8 月 2 日，美国国会众议长南希·佩洛西窜访中国台湾地区，台海局势紧张加剧。

（2）词频见表 4。

表 4　北京市微博用户对“台海局势紧张”态度的关键词示例

单位：次

关键词	词频	关键词	词频	关键词	词频	关键词	词频	关键词	词频
美国	535	俄罗斯	105	统一	68	世界	49	阿塞拜疆	43
中国	448	窜访	98	美方	65	发展	49	和平	41
台湾	327	危机	97	大陆	65	地区	48	乌克兰	41
佩洛西	225	亚美尼亚	93	战争	64	访问	46	马斯克	41
台海	197	中方	85	军事	63	挑衅	46	政策	40
我们	159	现在	82	打	61	需要	46	海军	40
一个	144	自己	80	冲突	56	解放军	46	支持	40
日本	144	如果	79	关系	56	局势	45	安全	39
问题	142	他们	74	能力	52	政治	45	两岸	38
国家	122	美军	71	进行	49	卫星	44	势力	37

（3）总结：在“台海局势紧张”这一热点事件的舆情信息中，“中国”“我们”“一个”“国家”等与政治相关高频词体现了居民对“一个中国”原则的坚定信念和实现祖国统一的共同愿望。与此同时，“战争”“军事”“和平”“两岸”等词及相关信息暗含着居民对和平稳定这一发展道路的坚持。

4. 9月四川泸定地震

（1）事件概况：2022 年 9 月 5 日 12 时 52 分，四川省甘孜州泸定县发生 6.8 级地震，截至 9 月 6 日，地震已造成 74 人遇难。

（2）词频见表 5。

图 7　北京市微博用户关于“台海局势紧张”态度的关键词词云图（部分）

表 5　北京市微博用户对“9 月四川泸定地震”态度的关键词示例

单位：次

关键词	词频	关键词	词频	关键词	词频	关键词	词频	关键词	词频
地震	294	英雄	46	中国	34	应急	26	好人	23
甘宇	187	物资	43	他们	31	获救	26	回家	23
四川	162	捐赠	43	大家	31	泄洪	26	情况	23
泸定	146	群众	42	心	29	新闻	25	目前	22
发生	75	甘孜州	40	恢复	29	当地	25	找到	21
救援	74	受灾	39	四川省	28	驰援	25	被困	21
灾区	68	自己	38	一起	28	失联	24	灾情	21
我们	53	甘孜	37	人员	27	罗永	24	村民	20
公益	50	出院	37	时间	27	关注	24	发现	20
泸定县	47	安置	35	工作	27	网友	24	希望	20

（3）总结：在“9 月四川泸定地震”这一热点事件的舆情信息中，“救援”“灾区”“公益”“捐赠”等与灾情相关的高频词语体现了万众一心、众志成城的民族凝聚力，侧面体现出居民的责任意识和担当精神。“甘宇”“英雄”“好人”等词语体现出居民对凡人英雄们的致敬。在这场地震中，既有一方有难、八方支援的同舟共济，也有自力更生、自强不息的砥砺前行，千千万万个普通人精神汇聚而成生生不息的民族精神。

图 8　北京市微博用户关于“9 月四川泸定地震”态度的关键词词云图（部分）

5. 人教版教材插图事件

（1）事件概况：2022 年 5 月，#人教版数学教材#这一话题登上热搜，引发热议。人教版小学教材被批“画风奇怪”，与立德树人根本要求存在差距。

（2）词频见表 6。

表 6　北京市微博用户对“人教版教材插图事件”态度的关键词示例

单位：次

关键词	词频	关键词	词频	关键词	词频	关键词	词频	关键词	词频
教材	390	教育	50	网友	35	社会	26	风格	23
插图	259	教育部	48	日本	34	完成	26	作者	21
问题	91	工作	47	处理	34	进行	25	时间	21
数学	82	人教社	45	相关	34	因为	25	发现	20
小学	82	吴勇	40	没有	30	事件	25	老师	20
中国	79	设计	37	国家	30	人员	24	要求	20
毒	77	语文	36	存在	30	孩子	24	专业	20
人教版	58	重绘	36	人民教育出版社	29	很多	23	团队	20
绘制	54	新	36	文化	28	学生	23	731	19
我们	54	插画	35	内容	26	审美	23	体现	19

图 9　北京市微博用户关于“人教版教材插图事件”态度的关键词词云图（部分）

（3）总结：在“人教版教材插图”这一热点事件的舆情信息中，“数学”“小学”“教育”“教育部”等与教育相关的高频词语体现了居民对未成年人身心健康的关注和对全社会共同事业——基础教育的关注。“中国”“日本”“国家”“文化”等高频词语体现了居民对国家安全的关注与担忧，这从侧面说明国家安全教育的大中小学一体化建设取得了较大成效①。

6. 东航 MU5737坠机事件

（1）事件概况：2022 年 3 月 21 日，东航 MU5737 次航班在广西梧州藤县掉落并引发山火，机上 132 人全部遇难。

（2）词频见表 7。

表 7　北京市微博用户对“东航 MU5737 坠机事件”态度的关键词示例

单位：次

关键词	词频	关键词	词频	关键词	词频	关键词	词频	关键词	词频
东航	144	事故	53	失事	50	发生	28	黑匣子	21
飞机	88	原因	51	飞行	41	知道	25	调查	20
坠机	80	事件	51	中国	28	结果	22	可以	20

① 李志强：《刍议国家安全教育大中小学一体化建设》，《思想教育研究》2022 年第 9 期。

续表

关键词	词频	关键词	词频	关键词	词频	关键词	词频	关键词	词频
MU5735	20	记者	16	为什么	15	不能	13	还有	12
自己	19	后续	16	公布	15	坠毁	13	波音	12
看到	17	航空公司	16	现场	15	最后	13	疫情	12
新闻	17	我们	16	等	14	旅客	13	时间	11
他们	17	如果	15	机长	14	航空	13	问题	11
客机	17	美国	15	唐山	14	行业	13	MU5737	11
事情	16	航班	15	很多	13	工作	12	发布	11

图 10　北京市微博用户关于“东航 MU5737 坠机事件”态度的关键词词云图（部分）

（3）总结：在“东航 MU5737 坠机”这一热点事件的舆情信息中，“事故”“原因”“结果”“调查”等高频词体现了居民对这一事故调查结果的理性关注，“航空公司”“机长”“疫情”等词体现了居民对可能原因的讨论，说明居民具有一定的网络理性素养。

7. 俄乌冲突

（1）事件概况：2022 年 2 月 24 日，俄罗斯总统普京对乌克兰宣战，俄乌冲突正式拉开序幕。

（2）词频见表 8。

表 8　北京市微博用户对“俄乌冲突”态度的关键词示例

单位：次

关键词	词频	关键词	词频	关键词	词频	关键词	词频	关键词	词频
俄罗斯	1702	表示	277	进行	191	地区	130	支持	119
乌克兰	1367	我们	277	问题	182	国际	129	组织	119
美国	715	战争	276	能源	174	大桥	128	军队	118
俄	498	总统	240	克里米亚	169	导弹	127	基辅	104
普京	462	西方	229	欧盟	158	系统	126	时间	104
冲突	450	德国	226	世界	157	土耳其	125	军事	102
中国	405	报道	217	马斯克	138	武器	124	全球	101
欧洲	349	俄军	204	提供	133	开始	122	政治	100
国家	345	天然气	200	继续	132	合作	120	打击	98
俄乌	296	北约	191	经济	131	法国	119	泽连斯基	98

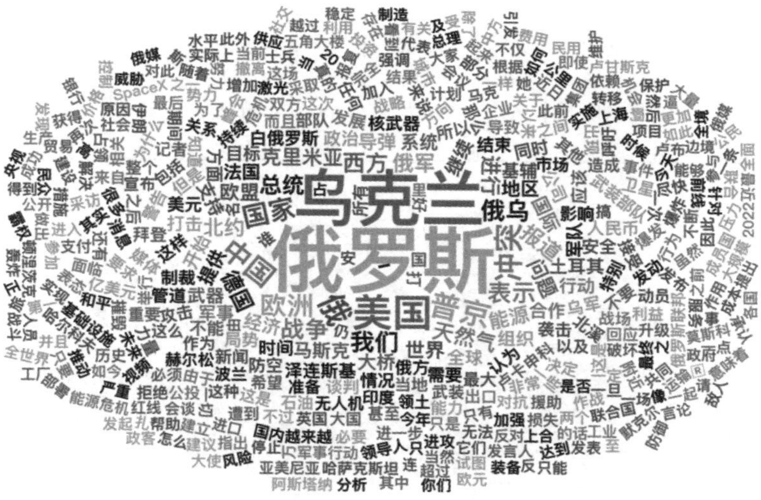

图 11　北京市微博用户关于“俄乌冲突”态度的关键词词云图（部分）

（3）总结：在“俄乌冲突”这一热点事件的舆情信息中，“俄罗斯”“乌克兰”“美国”“普京”等与冲突密切相关的主体词频率最高，与此同时，“中国”“经济”“全球”“能源”等相关信息也被热烈讨论。这说明居民不仅对俄乌冲突这一事件本身较为关注，也对冲突对世界范围内经济、能源等方面的影响积极探讨，这说明“人类命运共同体”的理念深入人心。

8. 疫情发展及防疫措施

（1）事件概况：自2020年新冠暴发以来，疫情持续发展变化，防疫措施也随疫情变化不断更新调整。

（2）词频见表9。

表9　北京市微博用户对“疫情发展及防疫措施”态度的关键词示例

单位：次

关键词	词频	关键词	词频	关键词	词频	关键词	词频	关键词	词频
疫情	381	风险	87	开始	57	上海	45	酒店	40
北京	336	封控	81	今天	57	希望	45	新增	40
弹窗	322	自己	78	政策	54	生活	44	新冠	39
核酸	171	工作人员	77	可能	52	检测	44	回来	39
防疫	132	泪	74	需要	52	问题	44	要求	39
我们	127	想	73	例	52	回家	42	病例	38
隔离	118	苦涩	65	12345	51	小区	41	进京	34
健康	114	知道	61	学校	50	大家	41	感染者	34
社区	97	解除	60	地方	49	情况	41	措施	34
防控	88	结果	59	居家	48	小时	40	美国	34

图12　北京市微博用户关于“疫情发展及防疫措施”态度的关键词词云图（部分）

（3）总结：在“疫情发展及防疫措施”这一热点事件的舆情信息中，“弹窗”“核酸”“防疫”“隔离”“防控”等与疫情防控措施相关词出现的频率最高，这说明居民更关注疫情防控给生活带来的影响。因此，需要进一步提高公共卫生政策的精准性、科学性与有效性，最大程度上减少其对居民正常生活的影响，以增强居民对相关政策的信心和耐心，为政策的有效落实提供基础。

9. 神舟十三号发射

（1）事件概况：2021 年 10 月，神舟十三号顺利发射，翟志刚、王亚平、叶光富进入太空。2022 年 4 月 16 日，神舟十三号成功着陆，载人飞行任务取得圆满成功。

（2）词频见表 10。

表 10　北京市微博用户对“神舟十三号发射”态度的关键词示例

单位：次

关键词	词频	关键词	词频	关键词	词频	关键词	词频	关键词	词频
太空	295	飞船	96	科学	67	地球	47	完成	31
航天员	290	乘组	94	授课	65	科普	43	陈冬	31
神舟	239	出舱	87	北京	63	轨	43	宇宙	29
中国	225	进行	84	飞行	61	实验舱	40	发展	29
空间站	161	课堂	84	实验	58	舱	39	研究	29
载人	141	活动	74	返回舱	57	成功	37	广大	29
十三号	123	十四号	74	工作	56	探索	36	梦想	28
王亚平	123	天宫	73	我国	52	叶光富	36	中心	28
航天	117	首次	70	发射	51	刘洋	35	返回	28
翟志刚	98	任务	69	一起	48	青少年	34	地面	28

（3）总结：在“神舟十三号发射”这一热点事件的舆情信息中，“航天员”“中国”“王亚平”“翟志刚”等相关词出现的频率较高，这体现了中国载人航天精神对居民文化世界的滋养，也体现了居民对航天员的崇敬。同时，“课堂”“科学”“授课”“科普”等关键词体现了中国载人航天工程对科普教育的推动。

10. 8月重庆四川多地突发山火

（1）事件概况：2022 年 8 月出现严重的极端连晴高温天气，重庆、四

图 13　北京市微博用户关于"神舟十三号发射"态度的关键词词云图（部分）

川多地突发山火，由于地势陡峭、风向不定形成乱流等，灭火工作难度极大。

（2）词频见表 11。

表 11　北京市微博用户对"8 月重庆四川多地突发山火"态度的关键词示例

单位：次

关键词	词频	关键词	词频	关键词	词频	关键词	词频	关键词	词频
重庆	305	摩托车	63	南部	37	发布	27	预警	23
干旱	168	我们	61	发生地	35	已经	27	网友	22
山火	129	灭火	56	英雄	34	队员	26	未来	22
救援	128	人民	54	国家	33	救火	25	重庆市	21
四川	98	队伍	49	出现	32	贵州	25	致敬	21
云南	71	持续	43	地震	31	现场	24	今年	21
森林	69	消防员	43	天气	31	志愿者	24	参与	20
气象	66	火灾	41	物资	30	东南部	24	辆	20
消防	65	他们	39	江西	29	火场	23	降雨	20
高温	63	中国	38	扑灭	29	心	23	连续	19i

（3）总结：在"8 月重庆四川多地突发山火"这一热点事件的舆情信息中，"救援""消防""摩托车""人民""消防员""志愿者"等相关词

图 14　北京市微博用户关于“8 月重庆四川多地突发山火”态度的关键词词云图（部分）

不仅体现了森林消防队伍逆火而行的红色基因和不畏艰险的精神特质，也体现了人民群众凡人不凡、不等不靠的自救精神，军民同心的暖暖情意被充分展现。与此同时，“干旱”“气象”“高温”“天气”等词体现了居民对环境气候风险的关注和对气候变化的焦虑。

11. 丰县生育八孩铁链女事件

（1）事件概况：2022 年 1 月，一则江苏“丰县生育八孩女子”的视频在网络流传，这一事件引起社会高度关注。

（2）词频见表 12。

表 12　北京市微博用户对“丰县生育八孩铁链女事件”态度的关键词示例

单位：次

关键词	词频	关键词	词频	关键词	词频	关键词	词频	关键词	词频
她	83	自己	29	八孩女	24	感觉	17	舆论	13
铁链女	71	女性	29	关注	22	打人	17	孩子	13
人	66	后续	28	徐州	21	你们	15	女生	12
丰县	58	知道	28	忘记	20	乌衣	14	新闻	12
结果	34	八孩	27	事情	20	想起	14	热	12
事件	31	看到	25	发生	19	问题	13	社会	12
唐山	30	我们	25	怎么样	18	回应	13	男	11

续表

关键词	词频	关键词	词频	关键词	词频	关键词	词频	关键词	词频
通报	10	希望	10	情况	9	女人	9	出来	9
时间	10	生	10	解决	9	这件	9	保护	9
女孩	10	大学生	10	锁	9	其实	8	难过	9

图 15　北京市微博用户关于“丰县生育八孩铁链女事件”态度的关键词词云图（部分）

（3）总结：在“丰县生育八孩铁链女”这一热点事件的舆情信息中，“结果”“后续”“关注”“难过”等相关词体现了居民对此拐卖事件的关注与争议，“女性”“女生”“男”“女孩”体现了女性对自身权益的伸张。事实上，与拐卖相关的热点事件往往容易引发较大的舆论（如孙海洋事件、刘学州事件等），如何打击拐卖人口犯罪也成为居民的热议话题，如何治理拐卖人口犯罪、扶助受害人群回归正常生活应成为相关工作人员关注的重点课题。

12. 房地产税改革

（1）事件概况：2021 年，全国人大常委会授权国务院在部分地区开展房地产税改革试点工作，以引导房地产市场健康发展。

（2）词频见表 13。

表 13　北京市微博用户对“房地产税改革”态度的关键词示例

单位：次

关键词	词频	关键词	词频	关键词	词频	关键词	词频	关键词	词频
房价	324	市场	72	国家	43	居民	38	比	30
房地产	228	中国	64	征收	43	政府	38	那么	30
房子	165	房产	64	土地	43	住	35	年轻人	30
税	108	上涨	57	涨	42	工作	35	跌	29
城市	108	政策	56	钱	42	他们	35	行业	28
房产税	104	价格	56	收入	41	投资	33	孩子	27
北京	100	发展	51	涨幅	41	房	32	住房	27
买	95	未来	49	高	40	不能	32	跟	27
买房	86	楼市	49	下跌	39	购房	32	全国	27
经济	82	生活	45	美国	38	二手房	31	银行	27

图 16　北京市微博用户关于“房地产税改革”态度的关键词词云图（部分）

（3）总结：在“房地产税改革”这一热点事件的舆情信息中，“房价”“买房”“上涨”“楼市”等与房价相关的词语出现频率高，这说明大多数居民更加关注自己能否买得起房，而房地产税改革正是基于这一需求而出现的，如果房地产税改革试点成功，无疑可推动房地产市场的健康发展，进而满足居民的需求与期待。

13. “云健身”持续火热

（1）事件概况：受到疫情特殊时期居家的影响，高便利低门槛的“云健身”逐渐流行。2021 年，某平台健身类主播涨粉数量同比增长 134%，且至今热度不减。

（2）词频见表 14。

表 14　北京市微博用户对“‘云健身’持续火热”态度的关键词示例

单位：次

关键词	词频	关键词	词频	关键词	词频	关键词	词频	关键词	词频
运动	82	好	30	快乐	19	拉伸	14	苦涩	12
打卡	69	自己	30	允悲	19	坚持	14	中秋	11
刘畊宏	60	跑	28	哇	18	今日	14	开始	11
健身	57	哈哈	26	加油	18	里	13	休息	11
刘耕宏	52	训练	26	赞	16	每天	13	央视	11
帕梅拉	51	人	24	感觉	15	第	13	生活	11
分钟	48	一起	24	笑	15	√	13	体重	11
刘教练	46	起来	21	公里	14	有氧	13	全民	11
跳	44	跟练	20	直播	14	嘻嘻	12	现在	10
吃	35	打 call	19	我们	14	练操	12	晚会	10

图 17　北京市微博用户关于“‘云健身’持续火热”态度的关键词词云图（部分）

（3）总结：在“‘云健身’持续火热”这一热点事件的舆情信息中，“打卡”“刘畊宏”“帕梅拉”“跟练”“直播”等与“云健身”相关内容体现了居民对线上运动的热情。在疫情特殊时期，居家生活激发了居民参与线上健身的兴趣，从全民健身到全民健康的发展指日可待。

14. 新东方转行直播带货

（1）事件概况：受到“双减”政策的影响，教培机构开启转型之路。2022 年 6 月，“新东方主播”冲至微博热搜，新东方转行直播带货受到居民的广泛关注。

（2）词频见表 15。

表 15　北京市微博用户对“新东方转行直播带货”态度的关键词示例

单位：次

关键词	词频	关键词	词频	关键词	词频	关键词	词频	关键词	词频
新东方	240	好	68	辛巴	33	培训	26	吃	22
俞敏洪	190	教育	58	问题	32	表示	26	讲	22
东方	136	俞	49	生活	30	事情	25	带货	21
甄选	123	不是	48	钱	29	能力	25	东北	21
董宇辉	120	直播间	46	显示	29	对话	24	明明	21
老师	96	人生	40	精神	28	世界	24	退休	21
直播	77	解除	38	$	28	学生	24	书	21
中国	75	卖	37	企业	27	努力	24	赔偿金	21
玉米	70	劳动合同	34	在线	27	行业	23	企业家	20
公司	70	工作	34	大家	26	许渊冲	23	读书	20

图 18　北京市微博用户关于“新东方转行直播带货”态度的关键词词云图（部分）

（3）总结：在“新东方转行直播带货”这一热点事件的舆情信息中，“俞敏洪”“公司”“劳动合同”“工作”“企业家”等与新东方这一企业相关的关键词暗含了居民对民营企业勇于结合自身特点及时代背景积极转型、承担社会责任的称赞。与此同时，“董宇辉”“老师”“教育”“努力”等高频词体现了知识付费时代下居民对知识及教育的尊崇。

15.“二舅治好了我的精神内耗”视频

（1）事件概况：2022年7月，一则名为《回村三天，二舅治好了我的精神内耗》的视频在短时间内播放量突破2000万，其视频内容、主人公及创作者引发了热议。

（2）词频见表16。

表16 北京市微博用户对“‘二舅治好了我的精神内耗’视频”态度的关键词示例

单位：次

关键词	词频	关键词	词频	关键词	词频	关键词	词频	关键词	词频
二舅视频	1031	澄清	137	存在	73	有人	59	思考	48
精神内耗	457	发布	122	关注	71	歌颂	58	社会	48
作者	361	治好	118	流量	70	记者	54	观察	48
回应	217	大家	108	故事	70	全网	54	表达	47
苦难	188	别人	91	之前	66	翻倍	52	打扰	47
质疑	174	网络	84	争议	65	目前	51	自媒体	46
媒体	153	网友	83	人生	63	获得	51	焦虑	45
互联网	147	回村	82	世界	61	收益	50	报价	45
猜想	146	喜欢	80	希望	61	朋友	49	现实	45
生活	145	事情	78	选择	60	广告	48	热度	43

（3）总结：在“‘二舅治好了我的精神内耗’视频”这一热点事件的舆情信息中，“精神内耗”“生活”“人生”“希望”“焦虑”体现了居民对如何调整负性心态的思考与尝试。与此同时，“作者”“回应”“质疑”“流量”“自媒体”也体现了自媒体时代，居民对自媒体市场导向、利益至上等弊端的不满与愤懑。

图 19　北京市微博用户关于“‘二舅治好了我的精神内耗’视频”态度的关键词词云图（部分）

四　结论与建议

（一）面对舆论问题时，坚持“舆论一律又不一律”的观点

大多数热点事件的舆论信息均展现了居民强烈的国家认同与文化认同（如北京冬奥会、台海局势紧张等），体现了居民对于中华人民共和国及中华文化的归属感。具体体现为称赞应急状态下政府的组织力与控制力（如 8 月重庆四川多地突发山火、9 月四川泸定地震等），且在面对恶性事件时，积极向公权力机关寻求帮助、伸张权利（如唐山烧烤店打人事件、丰县生育八孩铁链女事件等），同时保持着对生活的热爱和对健康、幸福、美好生活状态的追求（如“云健身”持续火热、“二舅治好了我的精神内耗”视频）。因此，在面对舆论问题时，应坚持“舆论一律又不一律”的观点，即在人民内部允许“舆论不一律”，而面对国家安全问题坚持“舆论一律”①。

① 王亦高：《高级互联网时代的舆论形态及其省思——以毛泽东同志“舆论一律又不一律”观点为先导》，《青年记者》2022 年第 18 期。

（二）发挥主流媒体对积极社会心态的引导作用

在热点事件的舆论中，自媒体牵强附会、炮制谣言、煽动情绪等弊端使各种网络乱象层出不穷。以“唐山烧烤店打人事件”为例，受害者死亡的谣言、受害者被强奸坠亡谣言、受害者为高考生谣言一度甚嚣尘上，除了应采取综合措施对自媒体的造谣行为进行治理与规范外[①]，还应发挥主流媒体的作用，与民意协商互动[②]，引导公众进行正向符号建构，提升居民的信任感与参与感，培养积极的网络社会心态[③]。

① 陈世华：《以假乱真与去伪存真：自媒体欺骗行为的表征及其治理》，《学习与实践》2022年第6期。

② 李劭强：《实践观念视域下建设性新闻理念的实现——以主流媒体新闻评论为例》，《中国编辑》2021年第6期。

③ 侯光辉、郑桂贤、邱国良：《应对公共危机的信心符号如何生产——基于火神山医院建设“慢直播”的分析》，《江汉论坛》2021年第8期。

社会心理服务篇

Social Psychological Services

B.10 北京市老年居民心理服务与养老需求调查

李佩玲　高 蕊　钱 坤*

摘　要： 为了解北京市老年居民的心理服务与养老需求，本报告使用了问卷法和网络数据分析法进行调查，共收集到1145份有效问卷与1103条微博文本。调查结果表明：（1）北京市老年居民的抑郁发生率为19.10%，孤独感处于中等偏上水平，老年居民的孤独感和抑郁有密切联系。（2）91.40%的老年居民认为有必要在社区开设社会心理服务站，且老年居民最需要的心理服务是免费心理咨询和心理健康讲座等。（3）超半数北京市老年居民具有养老保险与医疗保险，但大多数老年居民对未来的养老存在一定程度的担忧，认为养老最大的问题在于自身的身体健康状况，医疗服务是当前北京市老年居民最需要的服务。

---

* 李佩玲，中国地质大学心理咨询中心副教授，主要研究方向为大学生心理健康教育；高蕊，北京林业大学人文社会科学学院在读硕士研究生，主要研究方向为临床心理学；钱坤，北京林业大学人文社会科学学院在读本科生，主要研究方向为临床心理学。

(4) 能够接受养老机构的居民多于不能接受养老机构的居民，对养老机构持有负性情绪的居民多于对养老机构持有正性情绪的居民。(5) 居民对养老机构的不满的原因中首要的是心理方面的原因，其次为经济方面与服务方面的原因。因此，建议从大力改善老年人的精神文化生活质量、进一步完善养老保险制度以及形成多元化养老模式等方面满足北京市老年居民养老需求。

关键词： 老年居民　心理服务　养老需求　北京市

一　研究背景

老年人是社会中需要特殊关注的群体，随着我国人口老龄化的加剧，老年人口数量急剧增加。2020 年第七次全国人口普查数据显示，我国 60 岁及以上人口占全国人口的 18.70%，较 2010 年增长了 5.44 个百分点。其中，北京市 60 岁及以上人口占全市人口的 19.63%，已远高于老龄化的划界标准。针对人口老龄化及其带来的社会影响，2022 年 3 月发布的《“十四五”健康老龄化规划》提出，要提升老年人心理健康服务能力，完善老年人心理健康服务网络。党的二十大报告强调，要“实施积极应对人口老龄化国家战略”。目前的社会老龄化现状以及政策的相关要求均表明，有必要了解当前老年人心理健康状况与养老需求，从多方面积极应对人口老龄化带来的影响。

从心理层面来说，老年人受身体机能衰退、社会角色地位转变、传统养老模式改变等影响，容易产生心理问题，其中抑郁是老年人群中常见的一种情绪障碍。老年抑郁指老年居民主观感知到的自身抑郁状态，其表现与抑郁症临床表现相似，但未确诊或未达到临床诊断标准。若未及时和有效地对其进行干预，将有发展成抑郁症的风险。调查显示，我国 26.8%的老年人有抑郁现象，积极应对老年人抑郁这一公共卫生问题迫在眉睫[①]。此外，根据第六次和第七次全国人口普查的数据，2010 年，我国 65 岁及以上独居老年人口为 1443.9 万人，2020 年达到了 2486.1 万人，我国独居老年人的比例大幅增加。独居老年人缺少子女陪伴，会感受到更多的孤独感。孤独感是老年群体最普遍的一种主观心理体验，任其发展可能演化为更严重的心理障碍。及时对老年人孤独感进行干预能有效促进老年人、社会乃至国家的全面健康发展。已有研究表明，测量抑郁和孤独感，可以直观反映老年人心理健康状况[②③]。因此，本报告以抑郁与孤独感作为考察北京市老年居民心理健康状况的指标，调查老年人的心理健康状况，并调查老年人的心理服务需要。

从养老层面来说，近年来，北京市老年抚养比逐渐提高，社会养老负担加重，社会支持压力逐渐增大。从户籍人口看，按劳动年龄人口（15~59 岁）抚养老年人口（60 岁及以上）的抚养比计算，2019 年，北京户籍人口总抚养系数达到 68%，老年抚养系数达 44.3%，与 2018 年、2017 年和 2016 年相比，分别上升 2.1%、4.6%和 6.2%，总体增幅大、增速快[④]。老龄化趋势将深刻影响北京市的社会经济发展，主要体现在经济发展、社会保障和养老服务三个方面。经济发展方面，人口老龄化程度持续加深，将导致劳动力供给后劲不足、社会养老负担加剧以及经济结构面临转型压力；社会保障方面，北京市人口的平均预期寿命在延长，人口老龄化在不断发展，这也导致养老保险支出上升、医疗保障面临新挑战以及社会福利需求增加；养老服务方面，主要面临机构养老供给不足的问题，随着人们生活水平的提高，老年人对机构养老也提出较高要求，但养老机构发展不平衡，部分机构无法提供具有良好保障的服务。因此，

---

① 杨展、陈饶、胡晓、任晓晖：《中国城乡老年人抑郁症状及其影响因素差异的分析》，《中华流行病学杂志》2017 年第 8 期。

② 周玮、洪紫静、胡蓉蓉、朱婷婷、刘燊、张林：《亲子支持与老年人抑郁情绪的关系：安全感和情绪表达的作用》，《心理发展与教育》2020 年第 2 期。

③ 王宇：《智能手机使用对老年人主观健康的影响研究——基于 2016 年中国老年社会追踪调查（CLASS）数据》，《人口与发展》2020 年第 26 期。

④ 包路芳、龙昊廷：《北京市人口老龄化现状、影响及对策建议》，《北华大学学报》（社会科学版）2022 年第 2 期。

本报告将从经济现状、社会保障与养老服务三个方面调查北京市老年居民的养老现状与养老需求，并重点关注老年居民对机构养老的态度与需求。

二　研究方法

（一）问卷调查

1. 调查对象

2022 年 9 月，本调查采取随机抽样法，以北京市 16 个区 60 岁以上的居民为调查对象，通过面对面填答和“问卷星”填答等方式发放问卷，共调查了 1165 位在北京生活的老年居民，剔除未认真填答的 20 人，剩余有效的样本数为 1145 人，问卷有效率为 98.28%。样本基本信息见表 1。

表 1　人口学信息

单位：人，%

人口学变量		人数	百分比	人口学变量		人数	百分比
文化程度	小学及以下	49	4.28	性别	男	484	42.27
	初中	249	21.75		女	661	57.73
	中专或职高	203	17.73	所在地区	朝阳区	135	11.79
	高中	222	19.39		海淀区	192	16.77
	大专	178	15.55		丰台区	123	10.74
	本科	205	17.90		昌平区	88	7.69
	硕士及以上	39	3.41		大兴区	59	5.15
子女数量	未生育	20	1.75		通州区	69	6.03
	1 个	715	62.45		西城区	148	12.93
	2 个	261	22.79		房山区	35	3.06
	3 个及以上	67	5.85		顺义区	43	3.76
	缺失	82	7.16		东城区	60	5.24
婚姻状况	未婚	15	1.31		石景山区	58	5.07
	同居	265	23.14		密云区	24	2.10
	已婚	718	62.71		平谷区	23	2.01
	离婚	43	3.76		怀柔区	29	2.53
	丧偶	52	4.54		延庆区	27	2.36
	缺失	52	4.54		门头沟区	32	2.79

2. 调查内容

（1）基本人口学信息

包括性别、婚姻状况、所在地区、文化程度和子女数量等方面。

（2）老年人抑郁

本研究采用 Zung 编制的抑郁自评量表（SDS）①，该量表是用于测量成人抑郁症状轻重程度的自评量表，包含 20 个项目，是分为 4 级评分的自评量表，主要评定症状出现的频度。20 个项目中有 10 项是用负性词陈述的，其余 10 项是用正性词陈述的，反向计分。SDS 的主要统计指标为总分，将 20 个项目的各个得分相加，即得初始分。标准分等于初始分乘以 1.25 后的整数部分。参照中国常模结果，SDS 标准分总分≥53 分为有抑郁症状，<53 分为无抑郁症状。本调查中该量表的 Cronbach's α 系数为0.78。

（3）老年人孤独感

采用孤独感自评量表（第 3 版）②，该量表是专门为非大学生人群编制的，被转译为中文后在我国使用，在我国中老年群体中具有良好信效度。本量表共 20 个项目，采用 Likert4 级评分，1～4 分代表从“从不”到“一直”，得分越高，个体孤独感越高。具体评分标准为：20 分以下（包含 20 分）为无孤独感，20～40 分为轻度孤独，40～60 分为中度孤独，60～80 分为重度孤独。本调查中该量表的 Cronbach's α 系数为 0.87。

（4）社会心理服务需求

采用自编的社会心理服务需求量表收集社会心理服务需求态度及方式等信息。该量表共 8 个项目，包括：“您对所在社区开展的社会心理服务满意吗?”“您认为有必要在社区开设社会心理服务站吗?”“如果出现心理问题，您会求助吗?”“如果出现心理问题，您会采用哪种方式求助?”“您认为社

---

① Schaefer Pamela W. et al. (2015). “Limited Reliability of Computed Tomographic Perfusion Acute Infarct volume Measurements Compared with Diffusion-weighted Imaging in Anterior Circulation Stroke,” *Stroke*, 46 (2): 419-24.

② 汪向东、王希林、马弘：《心理卫生评定量表手册》，中国心理卫生杂志社，1999。

区的社会心理服务站应该配备哪些设施?”“在接受社区的社会心理服务时,您更倾向于选择哪些服务工作者?”“您认为社区的社会心理服务站应该开展哪种形式的服务?”“您认为社区的社会心理服务站开展如下服务的频率应是?”

(5)老年人养老现状与养老需求

采用自编的北京市老年人养老现状与养老需求调查问卷,从经济现状、社会保障与养老服务三方面收集老年居民的相关信息。该问卷共包括 16 个项目,包括“您觉得通货膨胀对您生活的哪方面影响较大?”“您参加过哪些社会保障项目?”“在选择不同的养老方式时,您最先考虑哪个因素的影响?”等。

(二)网络数据分析法

1. 调查对象

网络数据分析法的调查对象为北京市常住居民的公开微博文本。(1)2022 年 9 月,本调查通过微博热搜确定关于老年人的热点话题,如“为什么老人不愿意住养老院”“您会选择在养老院养老吗”等。(2)使用 python3.6.5 采集热点话题的公开原创微博及评论,共获得 4346 条文本。(3)删除相关度较低的文本和重复文本,最终保留 1103 条文本。

2. 调查内容

通过微博文本调查网民对养老机构的态度、情感以及行为倾向,并分析网民对养老机构不满意的原因。研究过程如下。

(1)人工阅读微博文本,分析每条微博文本中表达出的态度,如接受、拒绝和中立等;(2)分析每条微博文本中表达出的情感,如正性、负性和中性等;(3)分析每条微博文本中表达出的行为倾向,如愿意送老人去、不愿意送老人去、愿意自己去以及不愿意自己去等;(4)分析每条文本表达出的对养老机构不满意的原因,并进行归类统计。

三　研究结果

（一）问卷调查结果

1. 北京市老年居民孤独感处于中等偏上水平

北京市老年居民的抑郁得分为 52.78，本研究的调查对象的抑郁表现发生率为 19.10%，高于上海市城市社区老年人的抑郁表现发生率（13.38%）[①]，低于烟台市城市社区老年人的抑郁表现发生率（31.07%）[②]。北京市老年居民孤独感得分为 43.42，量表总分范围在 20～63 分，据此可知，北京市老年居民孤独感处于中等偏上水平（见表 2）。

表 2　抑郁和孤独感总分

单位：分

项目	平均值	标准差
抑郁总分	52.78	9.79
孤独感总分	43.42	9.58

相关分析结果表明老年人孤独与抑郁呈显著正相关（$r = 0.51$，$p < 0.001$），即老年人孤独感越高，其抑郁情况越严重（见图 1）。将孤独感划分为低、中、高三个水平，进行差异检验发现，不同水平孤独感下的老年居民抑郁有显著差异［F（4，1089）= 6.073，$p < 0.01$］。进一步分析发现，低孤独水平的老年居民的抑郁水平（M = 45.15，SD = 8.82）显著低于中孤独水平的老年居民（M = 54.64，SD = 7.62）；中孤独水平的老年居民的抑郁水平显著低于高孤独水平的老年居民（M = 61.62，SD = 3.49）。这一

① 李阳、范梅香、杨婷婷、王颖、黄延焱：《上海市社区老年人抑郁状态及影响因素研究》，《老年医学与保健》2022 年第 5 期。

② 颜豪森、祝贵明、李梓盟、马先莹、韩春蕾、孙红卫：《烟台市区老年人抑郁状况及影响因素研究》，《应用预防医学》2022 年第 5 期。

结果表明，老年居民的孤独感与抑郁密切相关，中孤独水平和高孤独水平老年居民的抑郁情绪需要关注以及干预。

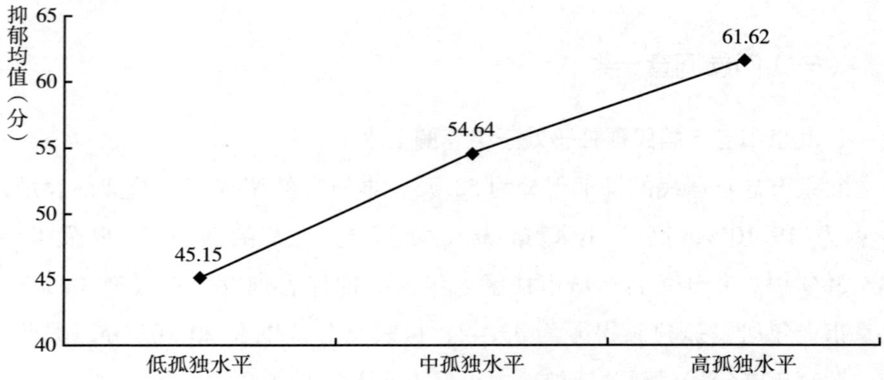

图 1　不同孤独感水平下老年居民抑郁程度

2. 老年居民的社会心理服务需求

关于“您认为有必要在社区开设社会心理服务站吗?”一题的调查结果显示，53. 20%的老年居民报告在社区开设社会心理服务站“非常有必要”，38. 20%的老年居民报告“可能有必要”，6. 10%的老年居民报告“一般”，2. 00%的老年居民报告“可能没必要”，0. 50%的老年居民报告“非常没必要”（见图 2）。因此，认为有必要在社区开设社会心理服务站（选择“非常有必要”和“可能有必要”）的老年居民比例是 91. 40%，认为没必要在社区开设社会心理服务站（选择“非常没必要”、“可能没必要”和“一般”）的老年居民比例是 8. 60%。

关于“您对所在社区开展的社会心理服务满意吗?”一题的调查结果显示，6. 11%的老年居民报告对社区的社会心理服务“非常满意”，30. 53%的老年居民报告“比较满意”，42. 24%的老年居民报告“一般满意”，15. 78%的老年居民报告“比较不满意”，4. 33%的老年居民报告“非常不满意”（见图 3）。因此，对社区的心理服务较为满意（选择“非常满意”和“比较满意”）的老年居民比例是 36. 64%。

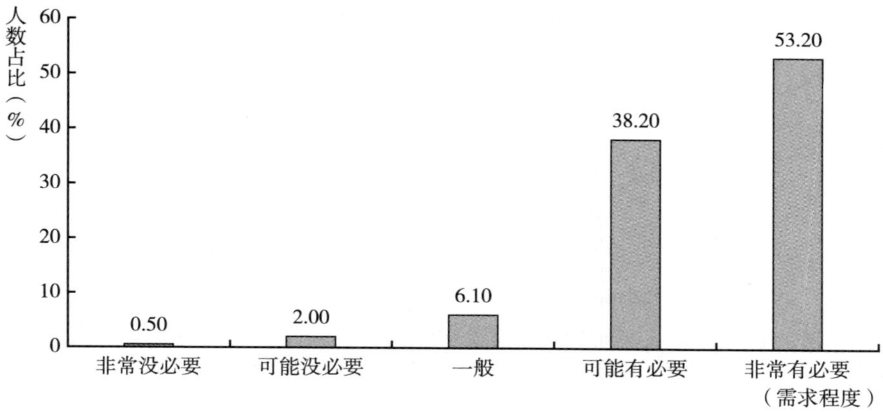

图 2　北京市老年居民对社会心理服务站建设需求

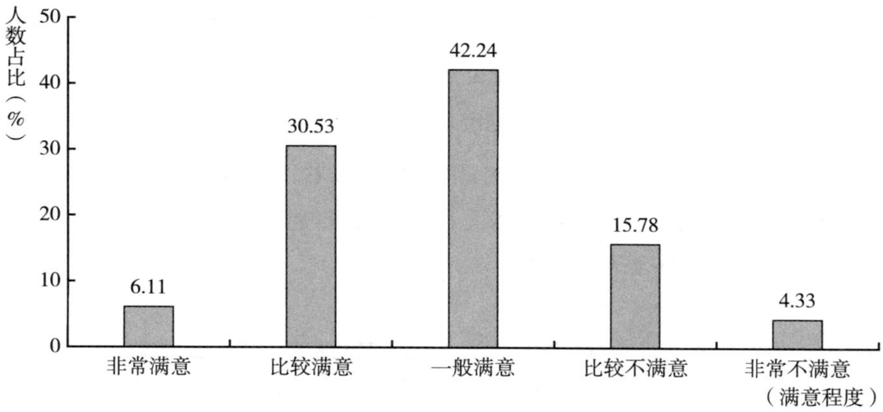

图 3　北京市居民对所在社区开展的社会心理服务的满意程度

关于“如果出现心理问题，您会求助吗?”一题的调查结果显示，36.13%的老年居民报告“肯定会求助”，51.91%的老年居民报告“可能会求助”，6.36%的老年居民报告“不知道”，4.83%的老年居民报告“可能不求助”，0.76%的老年居民报告“肯定不求助”（见图 4）。

关于“如果出现心理问题，您会采用哪种方式求助?”一题的调查结果显示，选择寻求亲朋好友倾诉的比例最高，占 60.56%；59.29%的老年居民选择社区卫生服务中心心理咨询，49.87%的老年居民选择综合医院的心理

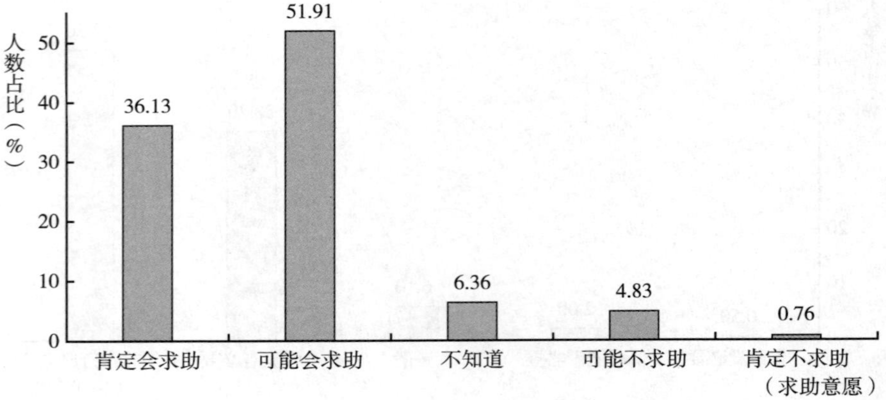

图 4　北京市居民的心理问题求助意愿

门诊，31.81%的老年居民选择私人心理服务机构，27.23%的老年居民选择社区居委会调解员，25.45%的老年居民选择教育部门的心理服务机构，21.63%的老年居民选择政府部门如妇联、残联的心理服务机构，13.49%的老年居民选择民间心理援助志愿者，13.49%的老年居民选择精神专科医院（见图 5）。这一结果表明，老年居民存在心理问题时最有可能找亲朋好友倾诉，而最不愿意去精神专科医院。

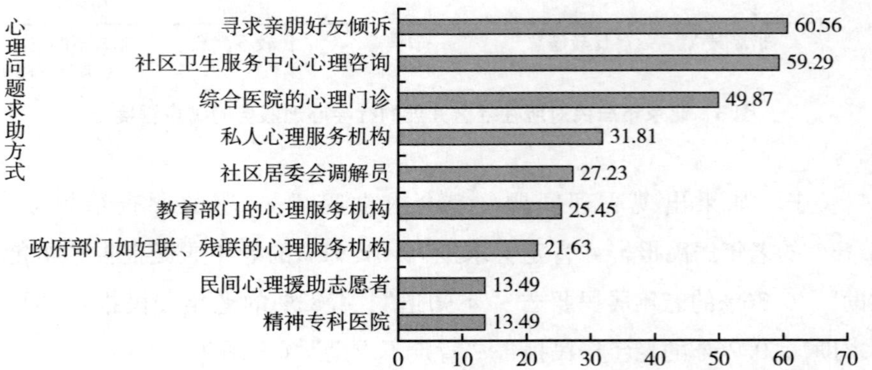

图 5　北京市居民的心理问题求助方式

关于“您认为社区的社会心理服务应该开展哪种形式的服务?”一题的调查结果显示，选择社会心理服务配置心理咨询室的比例最高，占74.55%；60.56%的老年居民期望配备音乐治疗和放松仪器，57.51%的老年居民期望配有心理图书借阅室，54.96%的老年居民期望配备心理测量工具，52.42%的老年居民期望配备情绪发泄室，49.87%的老年居民期望配置心理热线，39.19%的老年居民期望配有讲座教室与讲堂（见图6)。这一结果表明，老年居民最希望社区心理服务配置心理咨询室。

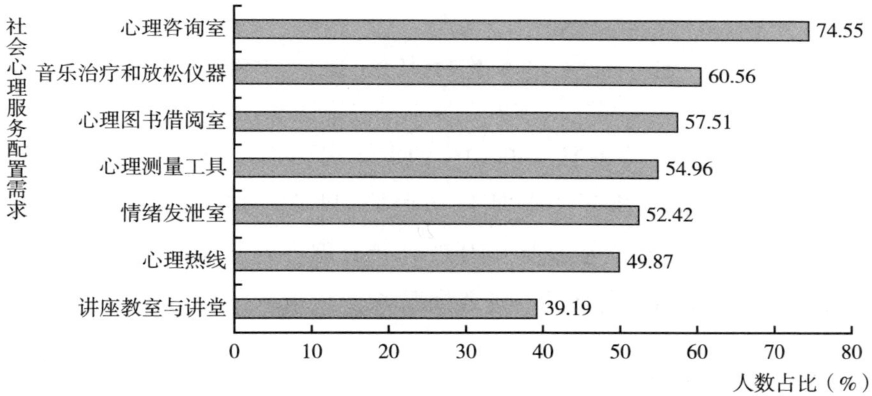

图6　北京市老年居民对社会心理服务配置需求

关于“在接受社区的社会心理服务时，您更倾向于选择哪些服务工作者?”一题的调查结果显示，选择专业心理学工作者的比例最高，占83.97%，45.29%的老年居民期望能有社区卫生服务站医护人员，37.15%的老年居民期望能有社区志愿者，27.23%的老年居民期望能有社区干部（见图7)。这一结果表明，老年居民最希望专业的心理学工作者进行社会心理服务。

关于“您认为社区的社会心理服务应该开展哪种形式的服务?”一题的调查结果显示，选择免费心理咨询的老年居民占比最高，占73.28%。同时，66.67%的老年居民期望开展心理健康讲座，58.52%的老年居民期望开设心理热线，58.27%的老年居民期望开展心理测验与评估，43.77 的老年

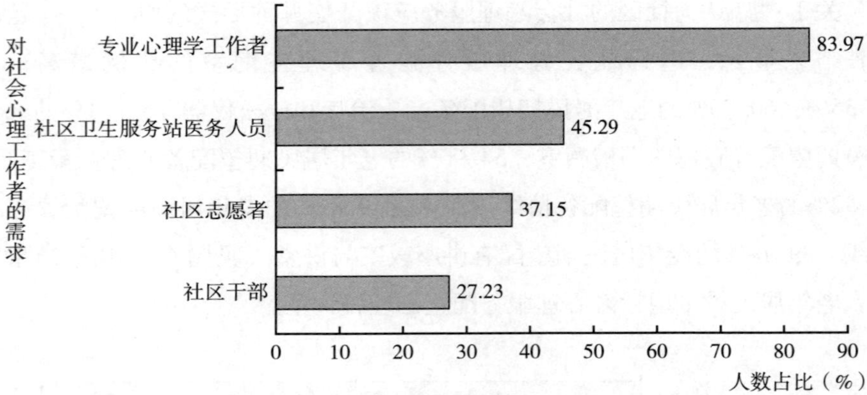

图 7　北京市老年居民对社会心理工作者需求

居民期待配备心理宣传手册，40.71%的老年居民期望提供网络心理咨询，35.37%的老年居民期望开展心理团体活动，34.61 的老年居民期望拥有心理宣传栏，9.67%的老年居民期望开展计费心理咨询（见图 8）。这一结果表明，老年居民最希望免费的心理咨询服务。

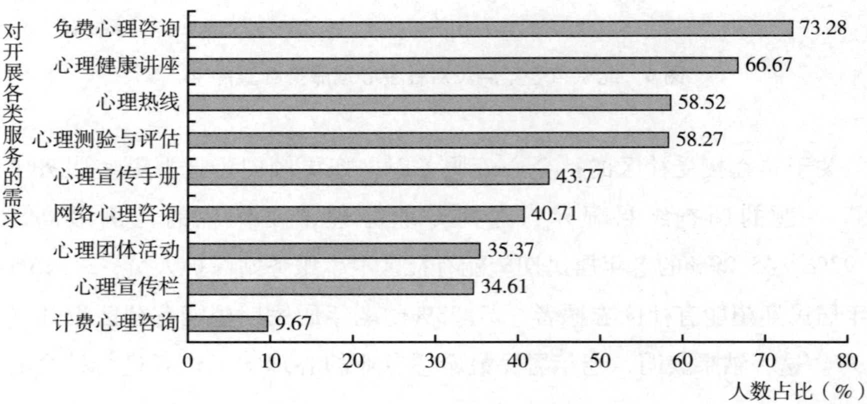

图 8　北京市老年居民对社会心理服务开展各类服务的需求

关于“您认为社区的社会心理服务开展心理疾病的预防、早期识别等相关知识的教育指导服务的频率应是?”一题的调查结果显示，21.12%的老年居民认为应每周开展一次，22.90%的老年居民认为应两周开展一次，37.91%的老年居民认为应每月开展一次，12.21%的老年居民认为应半年开展一次，4.83%的老年居民认为应一年开展一次，1.02%的老年居民认为应不开展（见图9）。这一结果表明，老年居民希望社区的心理服务应每月开展一次心理疾病的预防、早期识别等相关知识的教育指导服务。

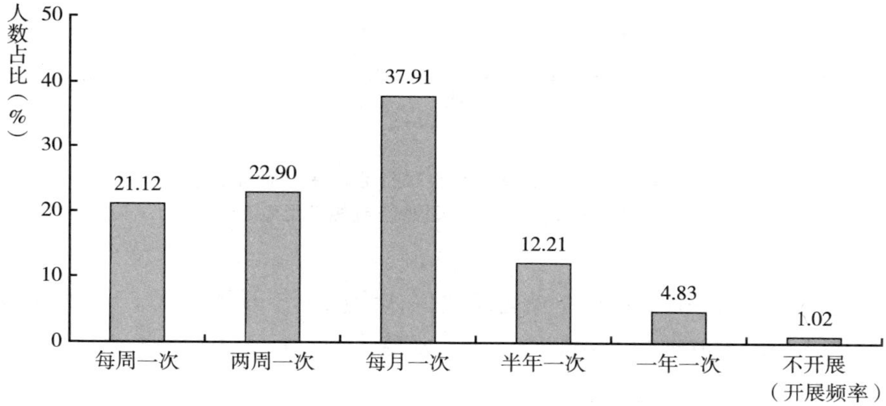

图9　北京市老年居民期望社会心理服务开展心理疾病的预防、早期识别等相关知识的教育指导服务的频率

关于“您认为社区的社会心理服务开展如何协调家庭关系、处理家庭矛盾的心理讲座或相关活动的频率应是?”一题的调查结果显示，18.32%的老年居民认为应每周开展一次，24.94%的老年居民认为应两周开展一次，38.42%的老年居民认为应每月开展一次，12.98%的老年居民认为应半年开展一次，4.33%的老年居民认为应一年开展一次，1.02%的老年居民认为应不开展（见图10）。这一结果表明，近四成老年居民希望社区的心理服务应每月开展一次如何协调家庭关系、处理家庭矛盾的心理讲座或相关活动。

关于“您认为社区的社会心理服务开展针对弱势群体（无业人群、老年人、妇女、儿童等）的心理讲座或辅导的频率应是?”一题的调查结果显示，21.63%的老年居民认为应每周开展一次，23.16%的老年居民认为应两周开展一次，35.37%的老年居民认为应每月开展一次，14.25%的老年居民

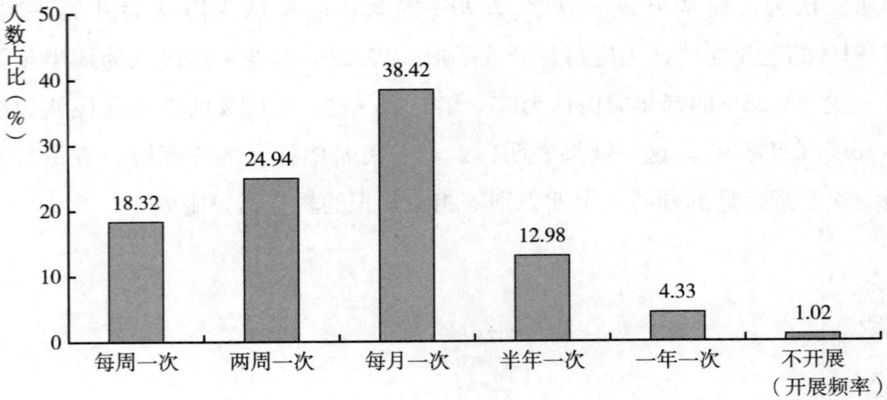

图 10　北京市老年居民期望社会心理服务开展如何协调家庭关系、处理家庭矛盾的心理讲座或相关活动的频率

认为应半年开展一次，4.07%的老年居民认为应一年开展一次，1.52%的老年居民认为应不开展（见图 11）。这一结果表明，1/3 以上的老年居民希望社区的心理服务应每月开展一次针对弱势群体（无业人群、老年人、妇女、儿童等）的心理讲座或辅导。

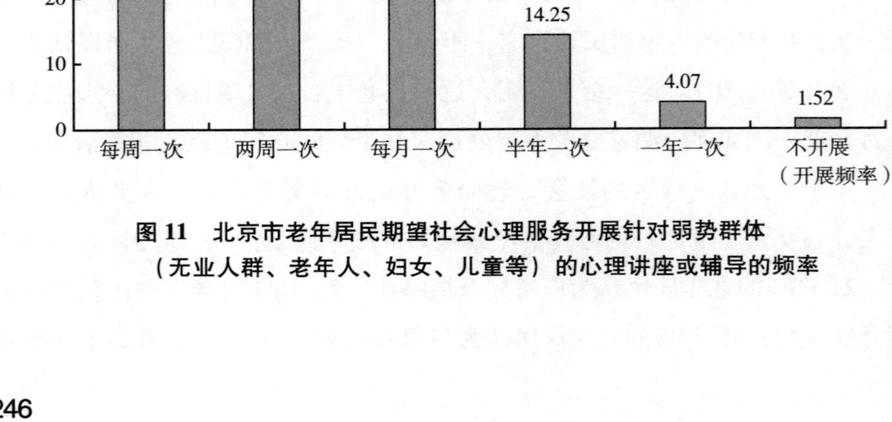

图 11　北京市老年居民期望社会心理服务开展针对弱势群体（无业人群、老年人、妇女、儿童等）的心理讲座或辅导的频率

关于“您认为社区的社会心理服务开展针对儿童、青少年、家长的性教育与性科普讲座的频率应是?”一题的调查结果显示，20.61%的老年居民认为应每周开展一次，21.37%的老年居民认为应两周开展一次，31.55%的老年居民认为应每月开展一次，19.08%的老年居民认为应半年开展一次，5.85%的老年居民认为应一年开展一次，1.52%的老年居民认为应不开展（见图12）。这一结果表明，约1/3老年居民希望社区的心理服务应每月开展一次针对儿童、青少年、家长的性教育与性科普讲座。

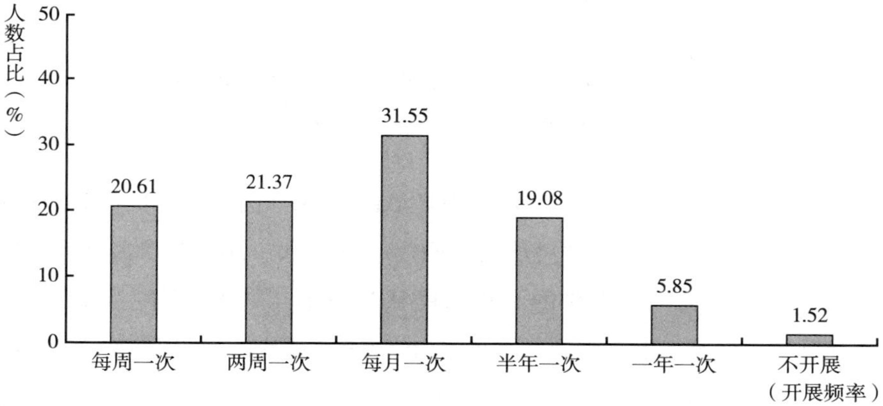

图12　北京市老年居民期望社会心理服务开展针对儿童、青少年、家长的性教育与性科普讲座的频率

关于“您认为社区的社会心理服务开展如何排解不良情绪、缓解工作或学习压力相关知识宣教或讲座的频率应是?”一题的调查结果显示，20.87%的老年居民认为应每周开展一次，25.45%的老年居民认为应两周开展一次，32.82%的老年居民认为应每月开展一次，15.52%的老年居民认为应半年开展一次，3.05%的老年居民认为应一年开展一次，2.30%的老年居民认为应不开展（见图13）。这一结果表明，约1/3老年居民希望社区的心理服务站应每月开展一次如何排解不良情绪、缓解工作或学习压力相关知识宣教或讲座。

关于“您认为社区的社会心理服务开展心理测验及心理疾病早期的筛

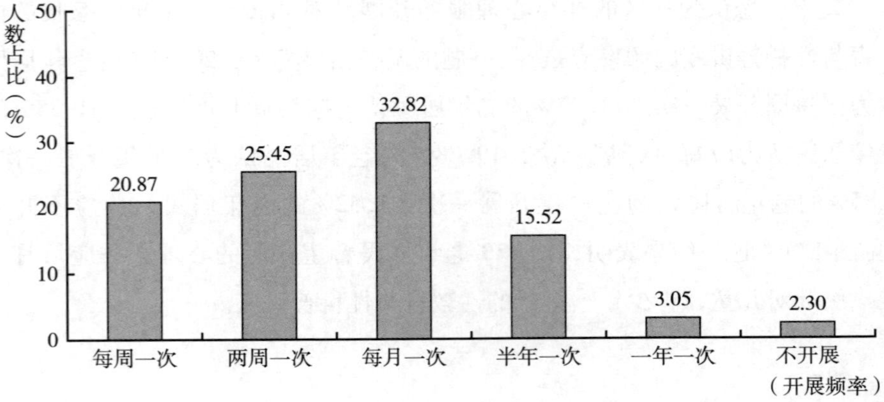

图 13　北京市老年居民期望社会心理服务开展如何排解不良情绪、缓解工作或学习压力相关知识宣教或讲座的频率

查服务的频率应是?”一题的调查结果显示，16. 03%的老年居民认为应每周开展一次，20. 10%的老年居民认为应两周开展一次，30. 79%的老年居民认为应每月开展一次，23. 16%的老年居民认为应半年开展一次，8. 14%的老年居民认为应一年开展一次，1. 78%的老年居民认为应不开展（见图 14）。这一结果表明，约 1/3 老年居民希望社区的心理服务应每月开展一次心理测验及心理疾病早期的筛查服务。

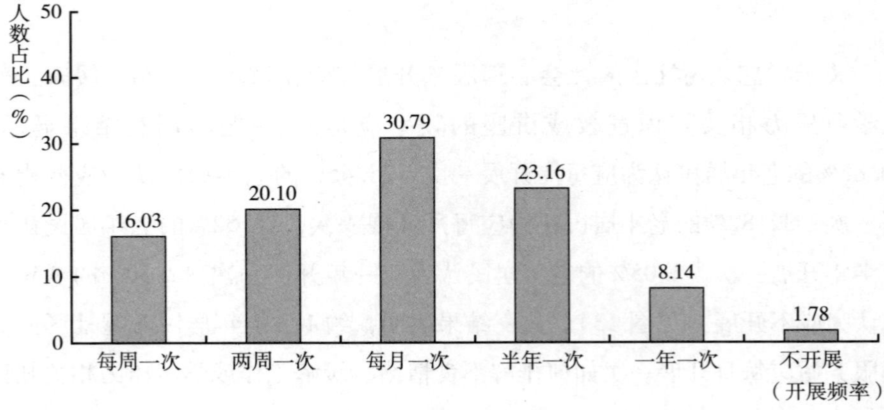

图 14　北京市老年居民期望社会心理服务开展心理测验及心理疾病早期的筛查服务的频率

关于“您认为社区的社会心理服务开展儿童青少年心理发展和学习、交往等社会适应技能的教育指导的频率应是?”一题的调查结果显示，20.87%的老年居民认为应每周开展一次，21.12%的老年居民认为应两周开展一次，34.61%的老年居民认为应每月开展一次，17.05%的老年居民认为应半年开展一次，4.58%的老年居民认为应一年开展一次，1.78%的老年居民认为应不开展（见图15）。这一结果表明，超过1/3老年居民希望社区的心理服务应每月开展一次儿童青少年心理发展和学习、交往等社会适应技能的教育指导。

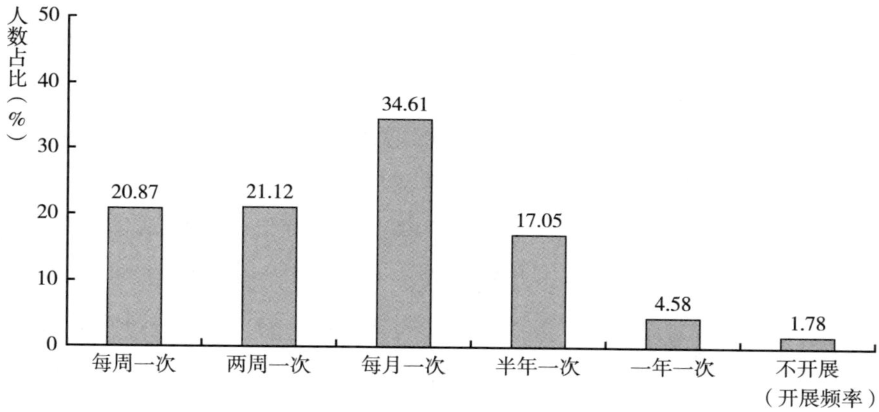

图15　北京市老年居民期望社会心理服务开展儿童青少年心理发展和学习、交往等社会适应技能的教育指导的频率

关于“您认为社区的社会心理服务开展社区心理咨询及转诊服务的频率应是?”一题的调查结果显示，22.90%的老年居民认为应每周开展一次，23.41%的老年居民认为应两周开展一次，32.32%的老年居民认为应每月开展一次，14.25%的老年居民认为应半年开展一次，5.09%的老年居民认为应一年开展一次，2.04%的老年居民认为应不开展（见图16）。这一结果表明，约1/3老年居民希望社区的心理服务应每月开展一次社区心理咨询及转诊服务。

关于“您认为社区的社会心理服务开展心理健康促进、健康生活和行

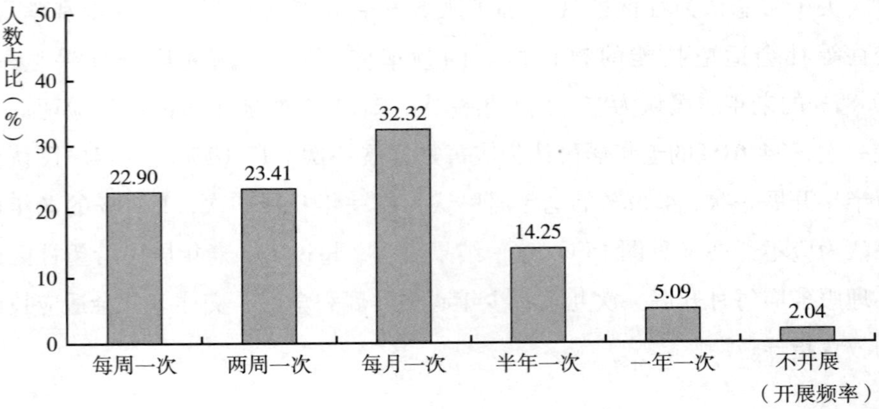

图 16　北京市老年居民期望社会心理服务开展社区心理咨询及转诊服务的频率

为方式等信息的宣教的频率应是?”一题的调查结果显示，16.79%的老年居民认为应每周开展一次，23.92%的老年居民认为应两周开展一次，36.13%的老年居民认为应每月开展一次，13.99%的老年居民认为应半年开展一次，7.89%的老年居民认为应一年开展一次，1.27%的老年居民认为应不开展（见图 17）。这一结果表明，超过 1/3 老年居民希望社区的心理服务应每月开展一次心理健康促进、健康生活和行为方式等信息的宣教。

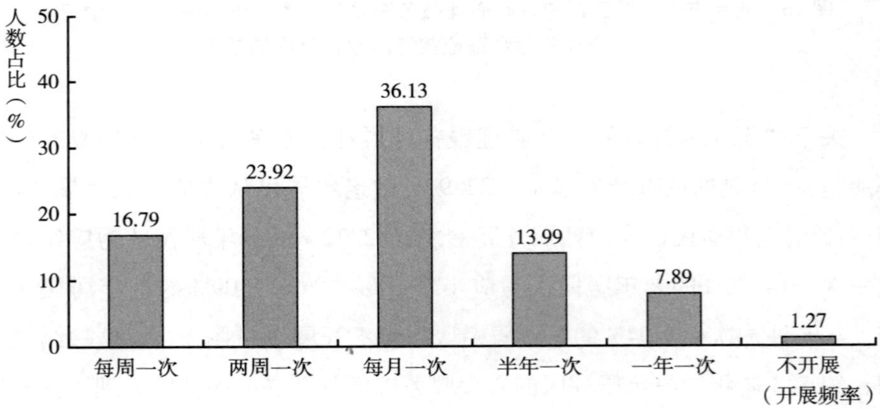

图 17　北京市老年居民期望社会心理服务开展心理健康促进、健康生活和行为方式等信息的宣教的频率

关于“您认为社区的社会心理服务开展如何处理人际交往中出现的问题的心理讲座或团体活动的频率应是?”一题的调查结果显示，12.98%的老年居民认为应每周开展一次，20.61%的老年居民认为应两周开展一次，36.39%的老年居民认为应每月开展一次，21.88%的老年居民认为应半年开展一次，6.62%的老年居民认为应一年开展一次，1.53%的老年居民认为应不开展（见图18）。这一结果表明，超过1/3老年居民希望社区的心理服务应每月开展一次如何处理人际交往中出现的问题的心理讲座或团体活动。

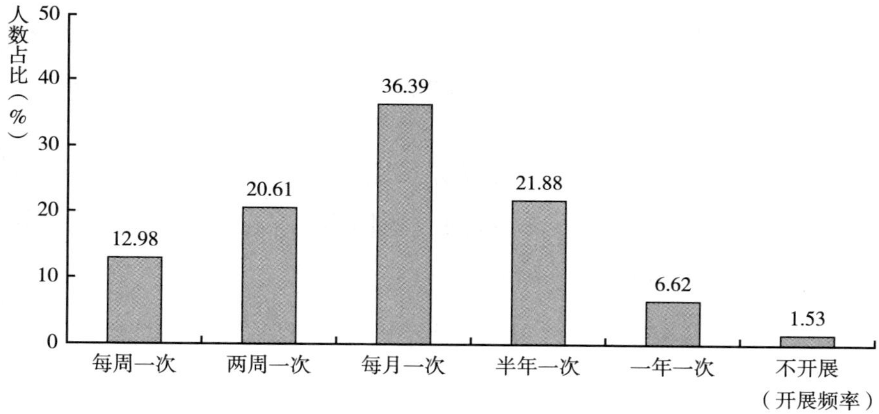

图18　北京市老年居民期望社会心理服务开展如何处理人际交往中出现的问题的心理讲座或团体活动的频率

关于“您认为社区的社会心理服务开展亲子沟通方式的指导的频率应是?”一题的调查结果显示，24.94%的老年居民认为应每周开展一次，24.94%的老年居民认为应两周开展一次，27.48%的老年居民认为应每月开展一次，17.56%的老年居民认为应半年开展一次，3.31%的老年居民认为应一年开展一次，1.78%的老年居民认为应不开展（见图19）。这一结果表明，不到1/3老年居民希望社区的心理服务应每月开展一次亲子沟通方式的指导。

3.老年居民的养老现状

（1）物价对老年居民养老生活的影响情况

关于“您是否关注身边的物价浮动（比如蔬菜、米、面等)?”一题的

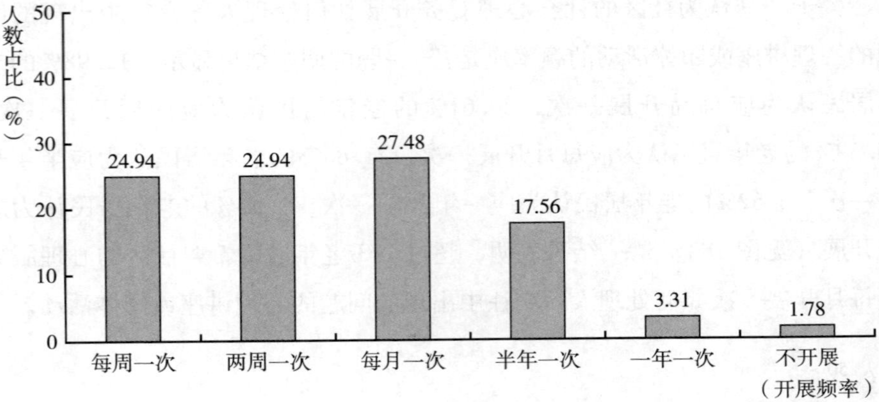

图 19　北京市老年居民期望社会心理服务开展亲子沟通方式的指导的频率

调查结果显示，74.52%的老年居民表示关注，20.53%的老年居民表示偶尔关注，4.94%的老年居民表示并不关注（见图 20）。这一结果表明，大多数老年居民很关心身边的物价浮动。

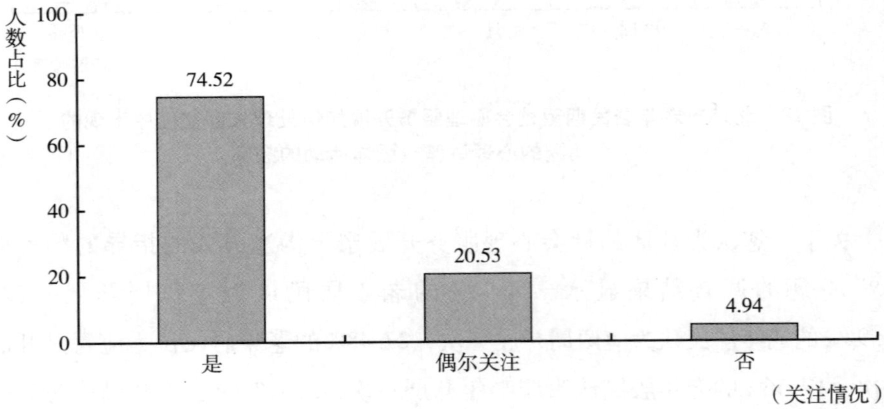

图 20　北京市老年居民对身边物价浮动的关注情况

关于“您认为近两年的哪些物品的价格较前几年是否有很大的增加？”一题的调查结果显示，80.99%的老年居民表示食物（如米面粮油等）方面的价格有很大增加，54.37%的老年居民表示医疗保健方面的价格有很大增加，

49.05%的老年居民表示生活用品方面的价格有很大增加，38.78%的老年居民表示住房方面的价格有很大增加，19.01%的老年居民表示娱乐教育文化用品及服务方面的价格有很大增加，18.63%的老年居民表示服装方面的价格有很大增加，17.49%的老年居民表示交通通信方面的价格有很大增加，6.46%的老年居民表示农资用品（如种子化肥等）方面的价格有很大增加（见图21）。这一结果表明，半数以上的老年居民认为近两年食物和医疗保健方面的物品价格有很大增加。

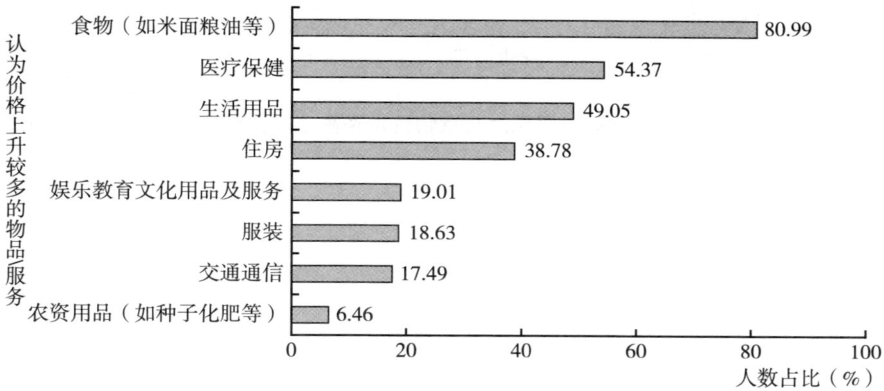

图21　北京市老年居民认为近两年价格上升较多的物品/服务

关于“您是否认为相较其他城市，北京的物价会更高?”一题的调查结果显示，63.88%的老年居民认为北京的物价比其他城市更高，21.29%的老年居民表示不是很清楚北京的物价是否比其他城市更高，9.89%的老年居民认为北京的物价没有比其他城市更高，4.94%的老年居民认为北京部分物品的物价比其他城市更高（见图22）。这一结果表明，半数以上的老年居民认为北京的物价较其他城市来说更高。

关于“您是否担心家里的存款会因为通货膨胀而贬值吗?”一题的调查结果显示，30.04%的老年居民非常担心，34.60%的老年居民比较担心，23.95%的老年居民一般担心，7.98%的老年居民不太担心，3.42%的老年居民不担心（见图23）。这一结果表明，88.59%的老年居民会担心家里的存款因为通货膨胀而贬值。

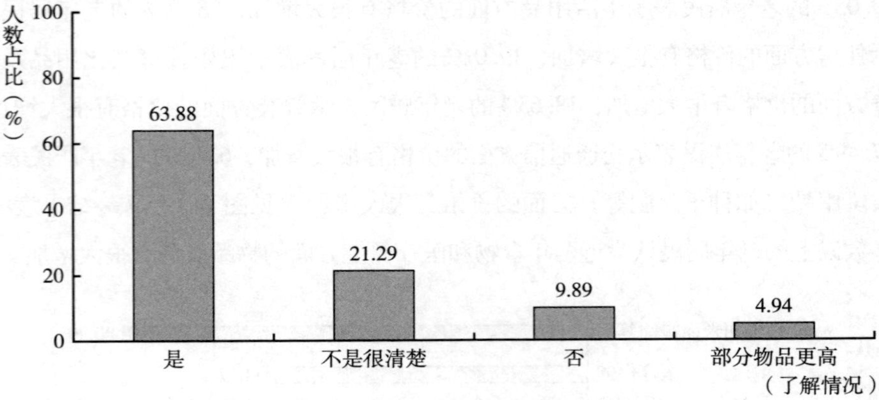

图 22　北京市老年居民对北京物价是否高于其他城市的认知

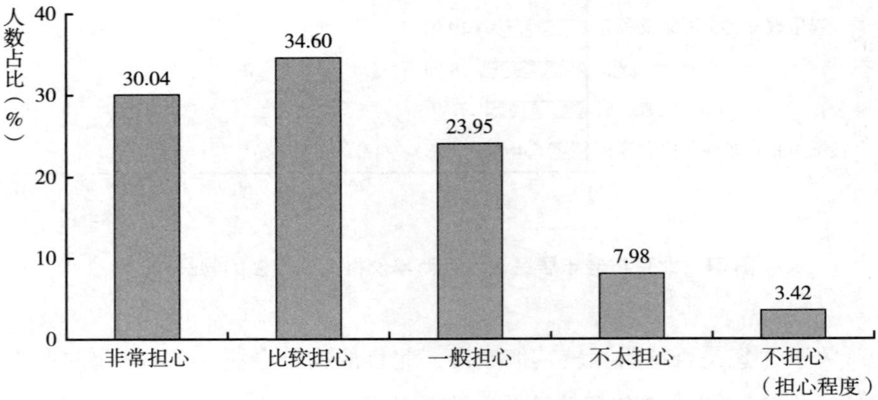

图 23　北京市老年居民对家里存款会因通货膨胀而贬值的担心程度

关于“您觉得通货膨胀对您生活的哪方面影响较大?”一题的调查结果显示，76.05%的老年居民表示食物（如米面粮油等）方面的通货膨胀对生活有很大影响，63.12%的老年居民表示医疗保健方面的通货膨胀对生活有很大影响，57.41%的老年居民表示生活用品方面的通货膨胀对生活有很大影响，36.50%的老年居民表示住房方面的通货膨胀对生活有很大影响，21.29%的老年居民表示交通通信方面的通货膨胀对生活有很大影响，17.49%的老年居民表示服装方面的通货膨胀对生活有很大影响，13.31%的老年居民表示娱乐教育文化用品及服务方面的通货膨胀对生活有很大影响，6.46%的老年居民表示农资用品（如种子化肥等）方面的通货膨胀对生活有很大影响（见图 24）。这一结果表明，半数以上的老年居民认为近两年食物、医疗保健以及生活用品方面的通货膨胀对生活影响较大。

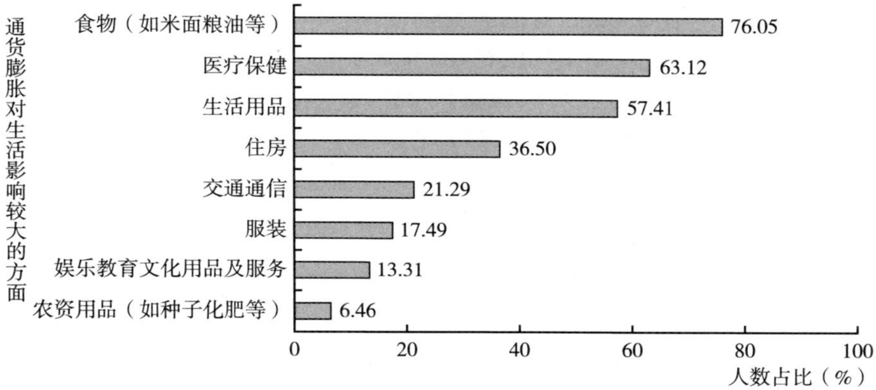

图 24　北京市老年居民认为通货膨胀对生活影响较大的方面

（2）老年居民的社会保障情况

关于“您参加过哪些社会保障项目?”一题的调查结果显示，69.96%的老年居民具有养老保险，69.20%的老年居民具有医疗保险，28.52%的老年居民具有住房公积金，25.48%的老年居民具有失业保险，22.05%的老年居民具有工伤保险，18.25%的老年居民具有生育保险，14.45%的老年居民没有社会保障项目，11.41%的老年居民具有其他补充性商业保险，7.60%的老年居民具有社会福利，5.32%的老年居民具有社会救助（包括低保、廉租房等），3.04%的老年居民具有优抚安置（见图 25）。这一结果表明，大多数老年居民都已有养老保险与医疗保险，但仍有部分老年居民没任何社会保障。

关于“您对现存的社会保障制度总体上感到满意吗?”一题的调查结果显示，10.65%的老年居民表示非常满意，37.26%的老年居民表示比较满意，34.22%的老年居民表示一般满意，15.21%的老年居民表示不太满意，2.66%的老年居民表示非常不满意（见图 26）。这一结果表明，82.13%的老年居民对社会保障制度相对比较满意。

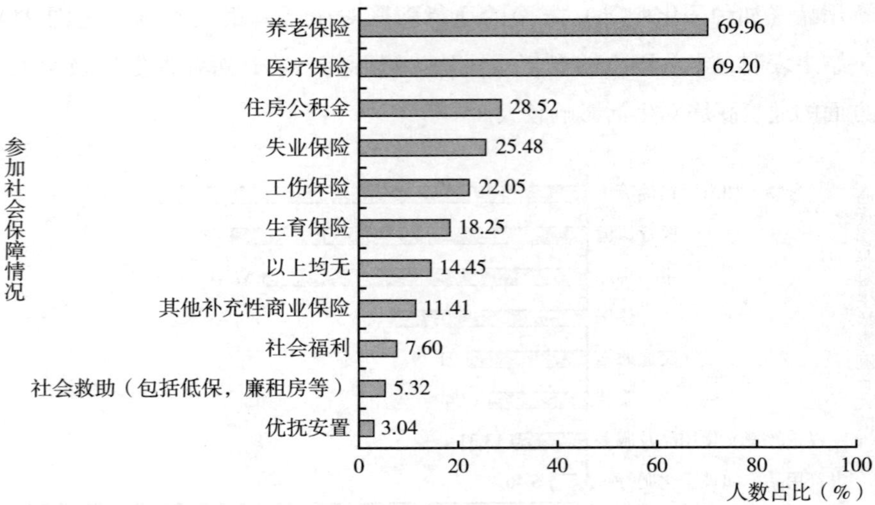

图 25　北京市老年居民参加社会保障情况

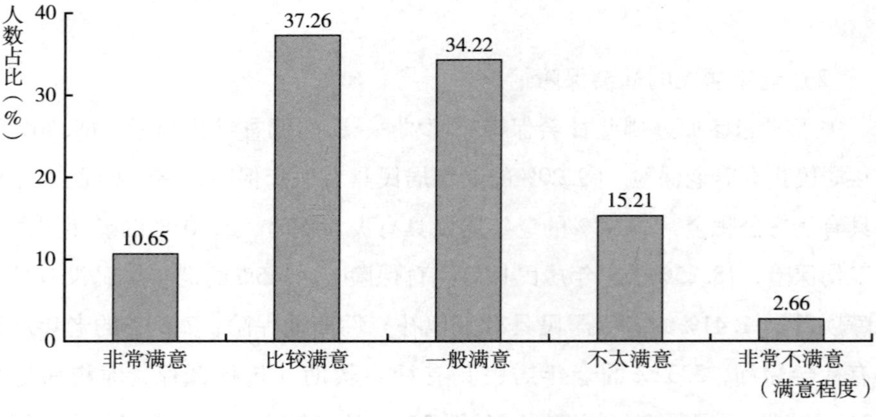

图 26　北京市老年居民对社会保障制度的满意度

关于“您对您所在社区服务满意度如何?”一题的调查结果显示，15.21%的老年居民表示非常满意，35.74%的老年居民表示比较满意，37.26%的老年居民表示一般满意，10.65%的老年居民表示不太满意，1.14%的老年居民表示非常不满意（见图 27）。这一结果表明，88.21%的老年居民对所在社区的服务相对比较满意。

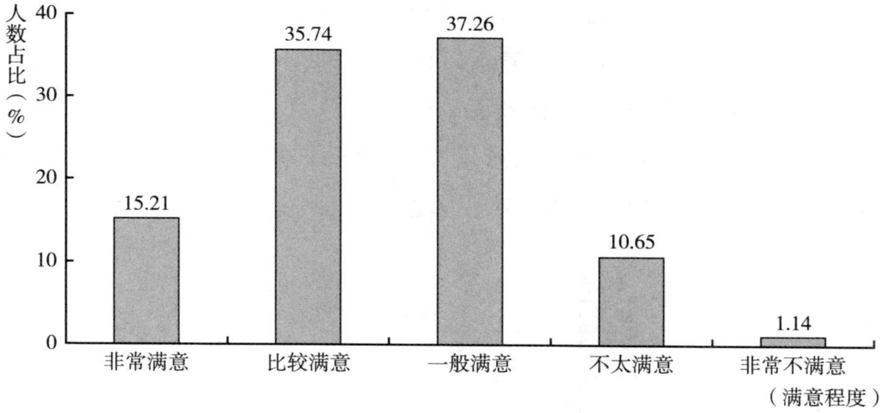

图 27　北京市老年居民对社区服务的满意度

（3）老年居民的养老情况

关于“您目前的养老模式是?”一题的调查结果显示，82.33%的老年居民是自我养老（指经济独立、生活自理、精神自强），16.47%的老年居民是家庭养老（指子女赡养与服务），0.80%的老年居民是机构养老（指养老院、敬老院、老年公寓等），0.40%的老年居民是其他养老模式（见图28）。这一结果表明，自我养老是当前北京市老年居民的主要养老模式。

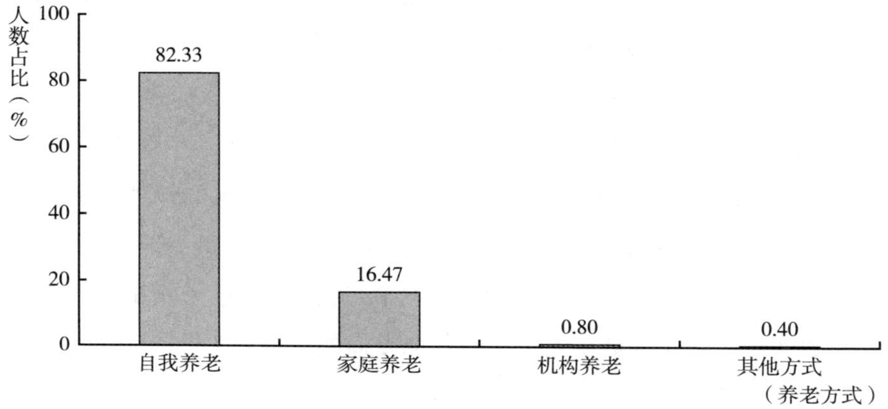

图 28　北京市老年居民目前的养老模式

关于“您对您目前的养老方式感到满意吗?”一题的调查结果显示，15.21%的老年居民表示非常满意，43.73%的老年居民表示比较满意，33.08%的老年居民表示一般满意，6.08%的老年居民表示不太满意，1.90%的老年居民表示非常不满意（见图29）。这一结果表明，92.02%的老年居民对目前的养老模式相对比较满意。

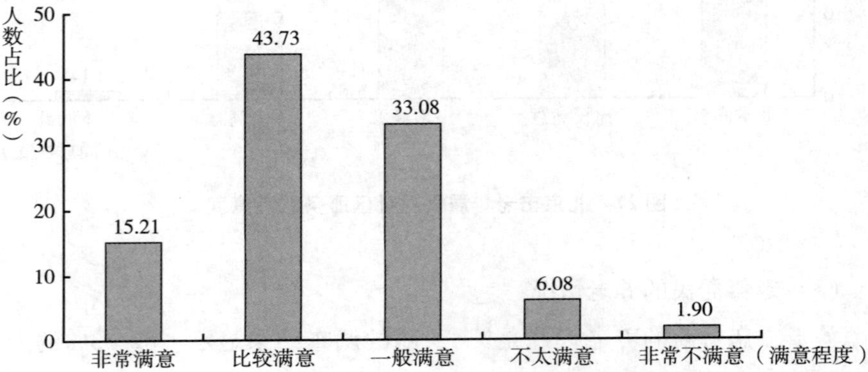

图29　北京市老年居民对目前养老模式的满意程度

关于“您是否为自身未来的养老问题而担忧?”一题的调查结果显示，14.45%的老年居民非常担忧，33.08%的老年居民比较担忧，29.66%的老年居民一般担忧，18.25%的老年居民不太担忧，4.56%的老年居民不担忧(见图30)。这一结果表明，77.19%的老年居民相对比较担忧自身未来的养老问题。

4. 老年居民的养老需求

关于“您更在意子女在哪些方面的‘孝’?”一题的调查结果显示，82.33%的老年居民表示更在意子女的精神慰藉，58.63%的老年居民表示更在意子女的生活照料，26.51%的老年居民表示更在意子女的物质支持，3.21%的老年居民表示更在意子女的其他方面的“孝”（见图31)。这一结果表明，老年居民更在意的是子女的精神慰藉。

关于“您最希望的养老模式是?”一题的调查结果显示，68.26%的老年居民希望自我养老（指经济独立、生活自理、精神自强），18.56%的老

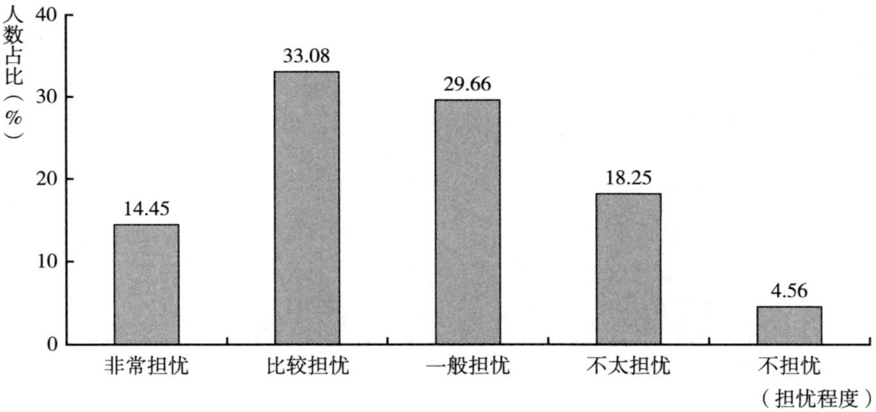

图 30　北京市老年居民对自身未来养老问题的担忧程度

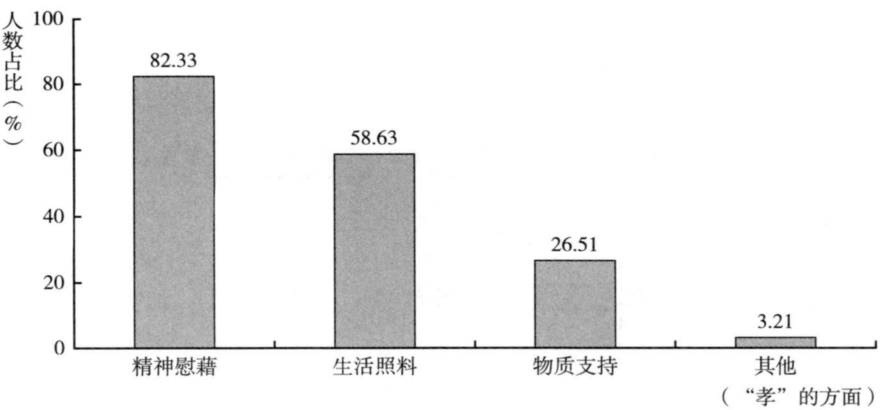

图 31　北京市老年居民更在意子女“孝”的方面

年居民希望家庭养老（指子女赡养与服务），12.57%的老年居民希望机构养老（指养老院、敬老院、老年公寓等），0.60%的老年居民希望其他养老模式（见图 32）。这一结果表明，老年居民更希望自我养老。

关于“在选择不同的养老方式时，您最先考虑哪个因素的影响?”一题的调查结果显示，46.59%的老年居民最先考虑养老费用的多少，21.69%的老年居民最先考虑对自身需求的满足程度，20.48%的老年居民最先考虑服务的质量，10.44%的老年居民最先考虑日常照料负担大小，0.80%的老年

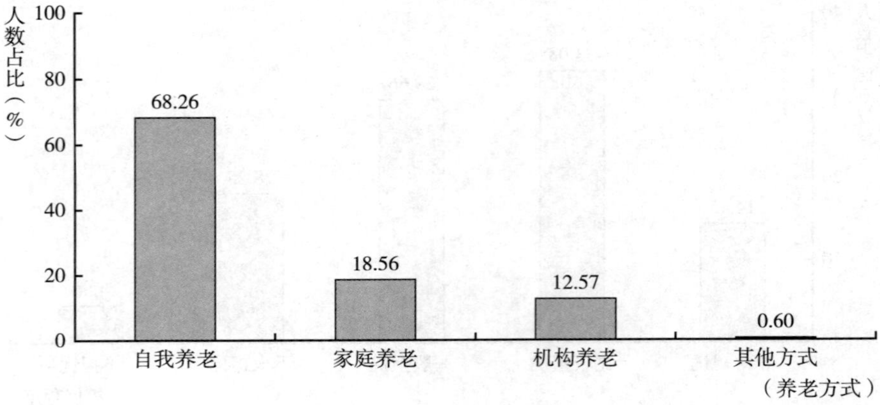

图 32　北京市老年居民希望的养老模式

居民最先考虑其他因素（见图 33）。这一结果表明，养老费用的多少是多数老年人在选择养老方式时的首要考虑因素。

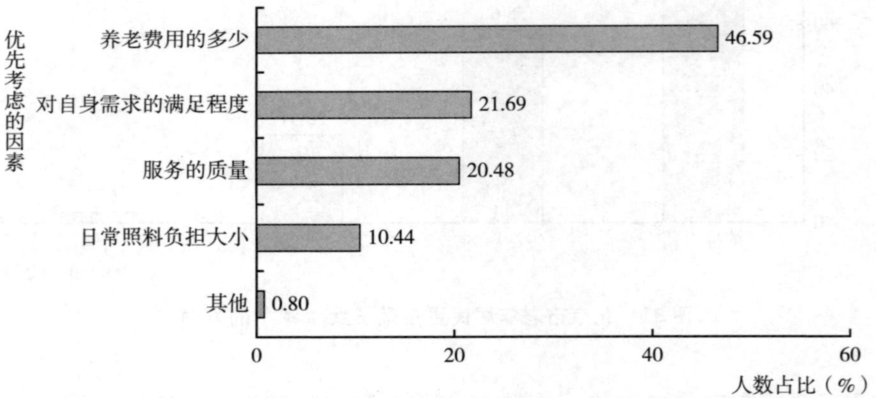

图 33　北京市老年居民选择不同的养老方式时最先考虑的因素

关于“您认为您将来在养老问题上面临的最大困难会是?”一题的调查结果显示，49.00%的老年居民表示最大的困难是身体健康状况，30.52%的老年居民表示最大的困难是经济困难，14.86%的老年居民表示最大的困难是精神孤独，4.82%的老年居民表示没有困难，0.80%的老年居民表示最大的困难是其他因素（见图34）。这一结果表明，身体健康问题是约半数老年居民认为在将来养老问题上面临的最大困难。

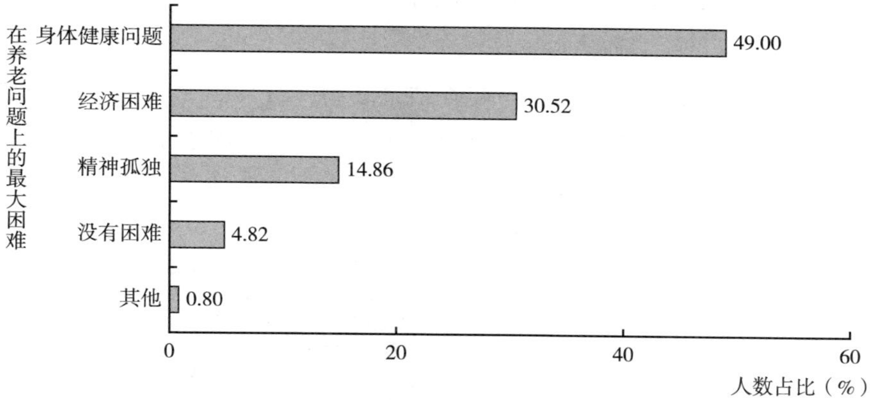

图34　北京市老年居民认为将来在养老问题上面临的最大困难

关于“您认为您目前最需要的服务是什么?”一题的调查结果显示，55.42%的老年居民需要医疗服务，44.98%的老年居民需要家政服务，27.31%的老年居民需要买菜做饭，23.69%的老年居民需要娱乐服务，23.29%的老年居民需要生活陪伴，21.69%的老年居民需要心理疏导，3.21%的老年居民需要其他服务（见图35）。这一结果表明，半数以上的老年居民目前最需要医疗服务。

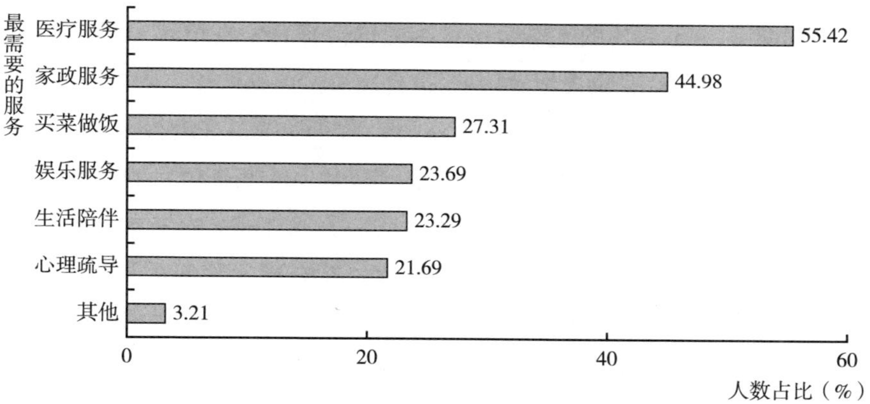

图35　北京市老年居民目前最需要的服务

（二）网络数据分析结果

1. 31.17%的居民能够接受养老机构，但43.12%的居民对养老机构持负性情感

关于居民对养老机构态度的调查结果表明，31.17%的文本表示支持，24.42%的文本表示拒绝，43.90%的文本表示中立（见图36）。

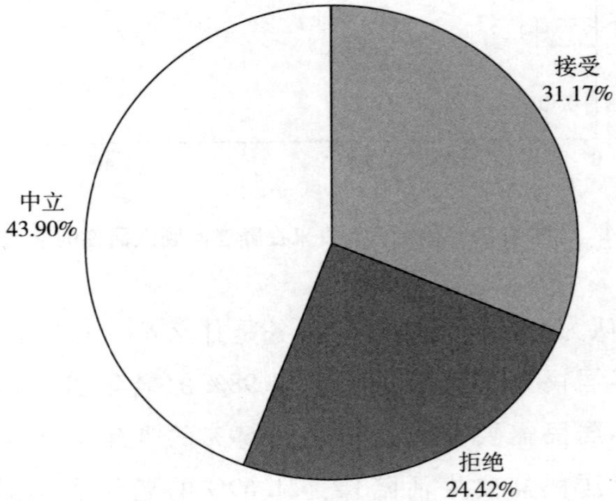

图36　北京居民对养老机构的态度

关于居民对养老机构情感的调查表明，13.77%的文本表示对养老机构持有正性情感，43.12%的文本表示对养老机构持有中性情感，42.60%的文本表示对养老机构持有负性情感（见图37）。

去除627条未表达行为倾向的文本后，对476条本文进行分析。关于居民对养老机构行为倾向的调查结果表明，31.10%的文本表示自己想去养老机构，例如“几十年后，我老了就住养老院”；21.95%的文本表示不愿意送老人去养老机构，例如“我不会送爸妈公婆去养老院……”；16.46%的文本表示自己不想去养老机构，例如“换作我我也不愿意去住”；13.41%的文本表示愿意送老人去养老机构，例如“假期忙着给老爸换新养老院，但愿他老人家在新的环境里吃好住好心情也好~”；9.76%的文本表示正在

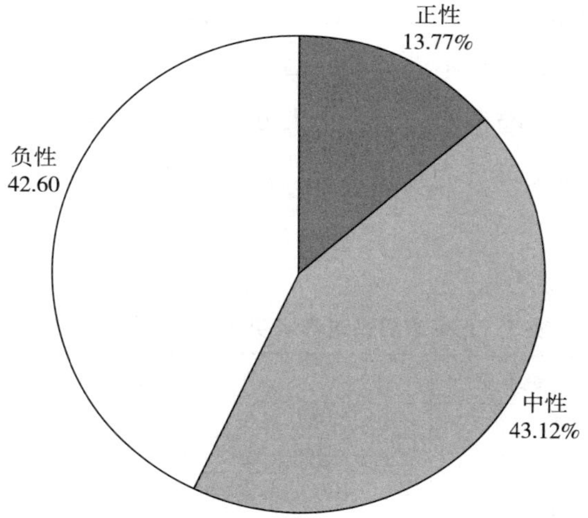

图 37　北京居民对养老机构的情感

犹豫是否要送老人去养老机构，例如“如果设施完善，环境也 OK，我觉得没什么问题，但是……”5. 49%的文本表示老人自己想去养老机构，例如“我姥姥与众不同，非要去住养老院，因为她觉得养老院更有意思，有人陪玩”；1. 83%的文本表示老人自己不想去养老机构，例如“我说我老了要去养老院，我奶奶就觉得我的想法有些不能接受……”（见图 38）。

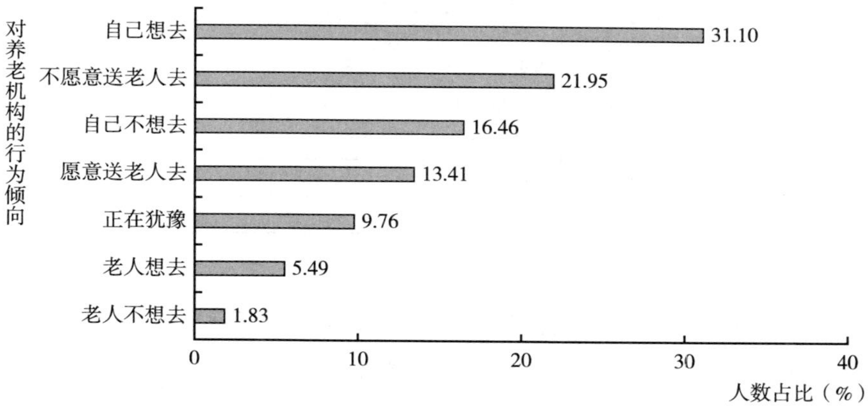

图 38　北京居民对养老机构的行为倾向

2. 心理方面的原因是居民对养老机构不满意的首要原因

关于居民对养老机构不满意的原因分析结果表明，居民对养老机构的不满可归纳为个人方面与机构方面，个人方面可分为经济方面、社交方面和心理方面；机构方面又可分为环境方面、服务方面和设施方面（见表3）。词频分析见图39。

表3　北京市居民对养老机构不满的原因分析

一级维度	二级维度	具体原因
个人方面	经济方面	养老机构费用昂贵
		养老金/退休金无法负担养老机构费用
		子女无法负担养老机构费用
		会遭到养老机构工作人员的虐待
		会遭到养老机构其他老人的欺负
		没有子女的老人难以保证自身安全
	社交方面	无法适应养老机构的集体宿舍
		无力再和养老机构其他老人社交
	心理方面	感到去养老机构是被子女抛弃
		感到去养老机构会丢面子
		在养老机构感到孤单
		在养老机构感到不自由
		在养老机构感到无聊
		在养老机构感到恐惧
机构方面	环境方面	养老机构没有朝气
		养老机构没有家里舒适
	服务方面	专业人员少
		服务质量差
		监管不到位
	设施方面	设施不全面
		床位不充足

结果显示，47.72%的居民出于心理方面的原因对养老机构感到不满，32.49%的居民出于经济方面的原因对养老机构感到不满，26.40%的居民出于服务方面的原因对养老机构感到不满，25.38的居民出于环境方面的原因对养老机构感到不满，24.37%的居民出于安全方面的原因对养老机构感到

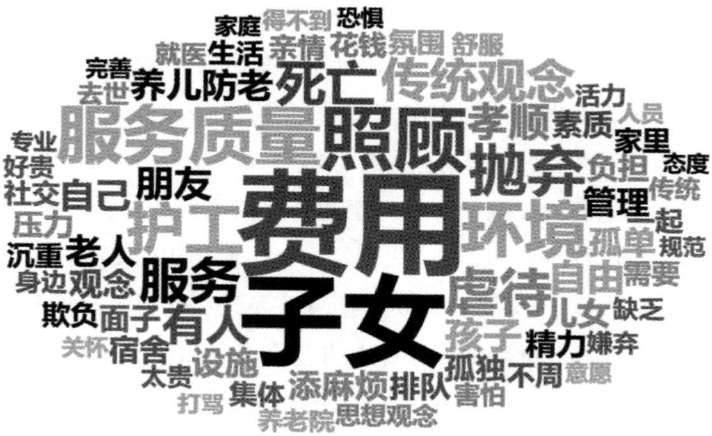

图 39　北京市居民对养老机构不满原因的词频分析

不满，7.11%的居民出于设施方面的原因对养老机构感到不满，7.11%的居民出于社交方面的原因对养老机构感到不满（见图 40）。

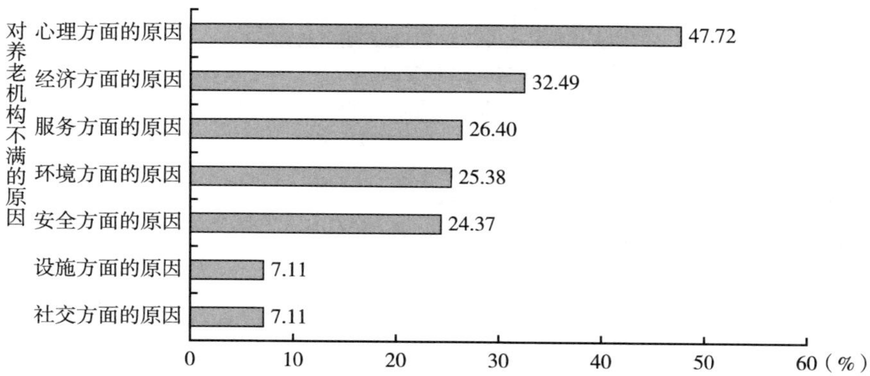

图 40　居民对养老机构不满的原因

具体而言，29.94%的居民认为养老机构费用昂贵，例如“首先好一点的养老院是真的太贵了”；22.84%的居民感到去养老机构是被子女抛弃，例如“要改变养老院在人们心中的印象，很多老人觉得是孩子不养自己才被丢去养老院的”；21.83%的居民认为养老机构服务质量差，例如“奶奶之前在养老院住过一段时间，价钱先不说，服务是真的不好”；14.72%的居民认为养老机构没有家里舒适，例如“归根结底还是不如自家舒坦，哪怕自家没人管到底也自在些……”；10.66%的居民认为养老机构没有朝气，例如“养老院里……整体的状态和接触的人都是慢慢走向完结的，没有什么生气，即使是一个完全有自理能力的老人进去每天看这些也会抑郁”；10.15%的居民认为去养老机构会遭到工作人员的虐待，例如“……普通的又怕遭到虐待，本来还能多活几年的一去没一两年就没了，那谁会去啊?”；8.12%的居民认为在养老机构会感到孤单，例如“人生地不熟的，肯定很孤单，不适应吧!”；5.58%的居民认为没有子女的老人在养老机构难以保证自身安全，例如“我说一个，没孩子的老人住到养老院里可能会被打”；4.57%的居民感到去养老机构会丢面子，例如“第一应该是老人感觉这么做没面子，让他们有种在街坊邻居兄弟姐妹面前儿女不管的假象!”；4.57%的居民认为在养老机构会感到不自由，例如“养老院犹如把人关在笼子里一般，没自由……”（见图41）。

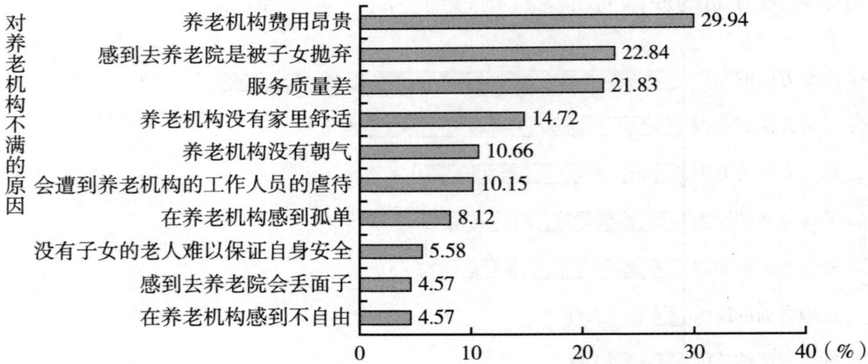

图41　居民对养老机构不满的十大原因

四　政策建议

（一）大力改善老年人的精神文化生活质量

调查结果显示，北京市老年居民的抑郁与孤独感均处于较高的水平，老年居民对社会心理服务的需求程度很高，这表明老年居民比较需要更好的心理帮助。

因此，要加强民生建设，在保障基本的物质生活水平的前提下，满足老年人的心理需求。如今，现代家庭结构发生变化，主干型家庭逐渐被核心型家庭取代，空巢和独居老人数量增加，老年人的抑郁和孤独感水平也逐渐上升。家庭支持的缺位提示我们亟须加强社区服务，这也是加速社会心理服务体系建设的必然要求。提供社区心理服务不仅可以为缺乏家庭子女关爱的老年人提供必要的心理支持，也可满足其他老年群体的不同的心理需求，预防诸如抑郁、焦虑等心理问题的发生。

（二）进一步完善养老保险制度

调查结果显示，大多数北京市老年居民都具有养老保险与医疗保险，但较多老年居民认为近两年医疗保健方面的价格有较大增长，且这种增长对自己的生活影响较大。由此可见，虽然现行的社会保障体制在北京市覆盖率较高并能够在一定程度上降低老年人的医疗支出，起到缓解疾病经济负担的作用，但是这没有较大程度降低老年人对医疗卫生费用的担忧。而且，随着我国人口老龄化的加剧，我国医疗卫生费用也会逐步上升。

因此，进一步完善养老保险制度非常有必要。目前应当进一步梳理养老保障制度的管理体制，确保主管部门的权威性，促进老年人领取养老金的公平性，扩大养老保障制度的覆盖面，明晰国家和政府的责任，确保老龄化背景下养老保障基金的可持续性。此外，还应当加大医疗保险的补贴力度，提高报销比例，扩大报销范围，减少老年人出于经济方面的原因而无法满足医疗服务需求的现象；构建专门面向老年人的医疗保障体系，有针对性地进行政策支持，更好地满足老年人的医疗服务需求。

（三）形成多元化养老模式

调查结果显示，传统的居家养老模式已不再是主流，目前大多数北京市老年居民的养老模式属于自我养老，这也是大多数老年人希望的养老模式，他们对自我养老的养老模式较为满意。但是，老年居民也对未来的养老存在一定程度的担忧，大多数老年居民认为养老最大的困难在于自身的身体健康问题，医疗服务也是当前北京市老年居民最需要的服务。此外，这些老年居民最希望子女为他们带来精神慰藉，物质支持与生活照料都是其次。

因此，还是应该进一步优化养老模式，为了适应老龄化社会，必须构建家庭、政府和社会共同承担的多元化养老体系。当前老年人既不想选择家庭养老、给子女过多压力，也不想选择机构养老。但自我养老的老年人又面临身体健康方面的问题，有着迫切的医疗服务需求。自我养老+社区帮扶的形式或许是优化养老模式的突破口。第一，以社区为中心，从基础环境、社会文化环境和社会支持方面建设老年人友好社区，优化社区生活设施和照护资源配置，协助营造老年人友好的家庭和社会环境，并依托智能化养老平台，促进居家养老老年人的健康和社会参与。第二，依托智能养老服务系统，为辖区内老人建立健康档案，了解居家老年人的健康状况和养老需求，有针对性地为有不同需求的老人提供社区养老服务。第三，协助社区老年人服务中心提供日间照料服务，鼓励社会力量进入社区建设嵌入式养老院或颐养中心，方便“半自理”或抗拒入住较远养老机构的“完全不能自理”老人入住，子女由于居住较近能增加探望次数，有利于调节老人的心情，促进家庭和社会的和谐。

B.11
北京市居民网络社会心态培育探究

刘 嘉 刘思宜 杨智辉*

摘 要： 网络社会心态培育是国家重点关注的社会治理中一项重要内容。本研究采用文献分析、问卷调查及网络数据分析等多种方法，旨在探索北京市居民网络社会心态现状，并为社会心态培育提供政策建议。研究最终收集3243份有效问卷数据，并获得9349条有效微博数据用作后续分析。结果发现：（1）北京市居民对网络社会心态整体较为肯定；（2）网络虚拟性导致民众网络信息信任度低，对网络喷子及网络谣言呈现绝对抵制的态度，居民对网络平台实名制的呼声较高；（3）面对新经济形势下的自媒体运营，多数民众并不认可其中的网红及“巨额打赏”现象，其中女性对待自媒体运营的态度更加理性客观；（4）较多居民认为网红直播等现象对未成年人价值观的形成造成了负面影响，建议严查网络平台的信息有效性及信息的价值导向。综上所述，本研究提出以“多主体、多渠道、多方式”的联合模式为核心，采用线上线下相结合的方式，对不同群体的网络社会心态进行针对性的引导与培育。例如：对作为网络主力军的大学生群体，加强网络空间治理，构建社会心态动态监测与预警体系，培养大学生积极的社会心态和媒介素养。对作为社会主义事业接班人的未成年人，强化网络道德与法制建设；家校联手教育引导其认识、选

* 刘嘉，北京林业大学人文社会科学学院在读博士研究生，主要研究方向为社会与生态环境心理学；刘思宜，北京林业大学人文社会科学学院在读本科生，主要研究方向为临床与咨询心理学；杨智辉，北京林业大学人文社会科学学院教授，博士生导师，主要研究方向为心理咨询与治疗、生态环境与个体发展。

择、使用网上信息及娱乐资源；建设适用于未成年人的浏览网站；加大网络防护技术开发与普及力度。对于作为网络弱势群体的老年人，社区可帮助老年人学会如何正确使用网络媒体，社会企业研发“适老化”的新媒体产品等。

关键词： 网络社会心态　社会心态培育　网络直播　自媒体运营

一　引言

2022年10月，党的二十大报告中指出“需要提高全社会文明程度，完善社会治理体系，推进健康中国的建设”。社会心态的培育和引导作为社会治理的一部分，折射出社会现实，是我们把握时代脉搏的重要参照，也是提高社会治理水平、健全社会治理体系、提升民众生活质量的重要内容。那什么是社会心态，又该如何去培育社会心态呢？长期以来学术界对于“社会心态”概念的界定尚未形成统一定论，但仍可从诸多观点中总结出两点共识：（1）社会心态有一定的时间限制，是一定时期内形成，并且它代表着当时社会中大多数成员共有的一种社会心理状态；（2）在特定的时代下，社会心态是动态的、随时代而变化的①。

社会心态本身具有时代性、社会性、即时性，我们对于社会心态的把握必然不能离开我们所处的时代。在互联网大发展的今天，人们对于网络媒体的依赖程度逐渐加深，在网民与互联网的互动过程中，形成了一个崭新的网络社会，这是一个在与现实世界相互嵌入、相互耦合中形成的一体化的复杂巨系统②。网络社会在深刻影响政治、经济、文化、社会的同时，也催生

① 周晓虹：《转型时代的社会心态与中国体验——兼与〈社会心态：转型社会的社会心理研究〉一文商榷》，《社会学研究》2014年第4期。

② 何明升：《复杂巨系统：互联网—社会研究的一个新视角》，《学术交流》2005年第7期。

了一种独具特色的社会心态。在这样的背景下，网络社会心态伴随着互联网的特性应运而生。网络社会心态，顾名思义，就是一定时间内以网络语言及行为的模式存在于网络社会群体中的社会心态。由此也可以看出，网络社会心态不仅仅是在定义上拓展了的“网络”，更是一种真实社会存在的反映①。它相较于社会心态本身特征，具有更显著的隐匿性、多样性、广泛性、差异性。这也加大了对于其精准捕捉和锁定的难度，同时也为网络社会心态的正确引导和培育带来挑战②。部分不良网络行为带来负面影响，例如网络喷子、误导购买行为等都影响了网络生态，会对整个社会环境造成破坏。由此可见，网络社会心态作为社会心态的重要组成部分，亟须被关注。

培育良好的网络社会心态必须了解当下网络社会心态现状，网络舆情可以真实反映群体社会心态③。在互联网飞速发展的今天，网络社会心态反映了社会民生、经济、政治、外交等方面的现状，能够折射出民众的社会需求及未来国家重点发展的方向，为社会治理和社会发展提供参考依据。同时，网络社会心态的群体差异性也值得重视，网络社会心态的群体差异研究对于提出更有针对性的措施很重要。

本研究旨在探索网络社会心态现状及特点，为未来网络社会心态培育提供理论基础及政策建议。研究采用文献法、问卷调研法等对北京市居民网络社会心态进行研究，并提出培育良好网络社会心态的可行性路径。此外，本研究选取北京市居民作为研究对象，是因为北京市作为中国的政治中心、文化中心、国际交往中心，拥有 2 千多万人口，具有独特的研究价值，研究结果更具推广意义。

---

① 余建华：《网络社会心态何以可能》，《北京邮电大学学报》（社会科学版）2014 年第 5 期。

② 莫青平：《网络社会心态调适与引导策略》，《人民论坛》2020 年第 19 期。

③ 唐子茜、曹勇：《网络社会心态的特征及调适对策》，《北京交通大学学报》（社会科学版）2015 年第 1 期。

二　研究对象与方法

（一）研究对象

本研究在北京市各个区抽样调查了 3569 名居民，年龄分布在 18～88 岁。经过问卷有效性筛查最终获取有效被试 3243 名，被试人口学信息如表 1 所示。参与调查的居民构成如下：性别上，男性 1361 人（41.97%），女性 1882 人（58.03%）。年龄上，18～20 岁的有 964 人（29.73%）、21～30 岁的有 787 人（24.27%）、31～40 岁的有 894 人（27.57%）、41～50 岁的有 461 人（14.22%）、51 岁及以上的有 137 人（4.21%）。婚恋状况上，未婚的 1936 人（59.7%）、已婚的 1251 人（38.58%）、离异的 41 人（1.26%）、丧偶的 15 人（0.46%）。学历水平上，初中及以下有 92 人（2.84%）、中专或职高有 90 人（2.78%）、高中有 207 人（6.38%）、大专有 330 人（10.18%）、本科有 2113 人（65.16%）、硕士有 329 人（10.14%）、博士有 82 人（2.53%）。家庭居住地为城市的有 2342 人（72.22%）、为郊区的有 595 人（18.35%）、为农村的有 306 人（9.44%）。

表 1　北京市居民网络社会心态调查人口学信息

单位：人，%

人口学变量		人数	百分比	人口学变量		人数	百分比
性别	男	1361	41.97	家庭居住地	城市	2342	72.22
	女	1882	58.03		郊区	595	18.35
年龄	18～20 岁	964	29.73		农村	306	9.44
	21～30 岁	787	24.27	政治面貌	共产党员	660	20.35
	31～40 岁	894	27.57		共青团员	1235	38.08
	41～50 岁	461	14.22		民主党派	37	1.14
	51 岁及以上	137	4.21		群众	1311	40.43

续表

<table>
<tr><th colspan="2">人口学变量</th><th>人数</th><th>百分比</th><th colspan="2">人口学变量</th><th>人数</th><th>百分比</th></tr>
<tr><td rowspan="7">婚恋状况</td><td>无恋爱经历</td><td>630</td><td>19.43</td><td rowspan="7">受教育程度</td><td>初中及以下</td><td>92</td><td>2.84</td></tr>
<tr><td>有恋爱经历但现在单身</td><td>662</td><td>20.41</td><td>中专或职高</td><td>90</td><td>2.78</td></tr>
<tr><td>恋爱中</td><td>573</td><td>17.67</td><td>高中</td><td>207</td><td>6.38</td></tr>
<tr><td>同居</td><td>71</td><td>2.19</td><td>大专</td><td>330</td><td>10.18</td></tr>
<tr><td>已婚</td><td>1251</td><td>38.58</td><td>本科</td><td>2113</td><td>65.16</td></tr>
<tr><td>离异</td><td>41</td><td>1.26</td><td>硕士</td><td>329</td><td>10.14</td></tr>
<tr><td>丧偶</td><td>15</td><td>0.46</td><td>博士</td><td>82</td><td>2.53</td></tr>
<tr><td rowspan="4">主观社会阶层</td><td>最上与中上层</td><td>217</td><td>6.69</td><td rowspan="4">户籍所在地</td><td>北京城市</td><td>1678</td><td>51.74</td></tr>
<tr><td>中层</td><td>1570</td><td>48.41</td><td>北京农村</td><td>335</td><td>10.33</td></tr>
<tr><td>下层</td><td>1228</td><td>37.87</td><td>外地城市</td><td>808</td><td>24.92</td></tr>
<tr><td>最下层</td><td>270</td><td>8.33</td><td>外地农村</td><td>422</td><td>13.01</td></tr>
<tr><td rowspan="6">工作状态</td><td>正式工作</td><td>1631</td><td>50.29</td><td rowspan="6">月收入水平</td><td>1999 元及以下</td><td>955</td><td>29.45</td></tr>
<tr><td>临时工作</td><td>178</td><td>5.49</td><td>2000~4999 元</td><td>561</td><td>17.30</td></tr>
<tr><td>无业/失业/下岗</td><td>121</td><td>3.73</td><td>5000~9999 元</td><td>879</td><td>27.10</td></tr>
<tr><td>离退休</td><td>80</td><td>2.47</td><td>10000~19999 元</td><td>621</td><td>19.15</td></tr>
<tr><td>学生</td><td>1194</td><td>36.82</td><td>20000~29999 元</td><td>153</td><td>4.72</td></tr>
<tr><td>其他</td><td>39</td><td>1.20</td><td>30000 元及以上</td><td>74</td><td>2.28</td></tr>
</table>

（二）研究方法

1. 文献法

本研究通过文献检索与分析，对收集到的文献资料进行梳理总结，详细论述了网络社会心态的含义、特点及表现形式。

2. 问卷调查

本研究于 2022 年 8~9 月对北京市居民进行问卷调查，经过问卷有效性筛查最终获取有效被试 3243 名。问卷调研内容分为几个部分：（1）北京市居民对目前我国网络社会心态的认知；（2）北京市居民对热门网络现象（如网络诈骗、网红经济）的认知；（3）北京市居民的网络社会心态群像。

3. 网络数据分析

本研究于 2022 年 10 月将北京市网络社交媒体使用用户作为研究对象，首先以网络社会心态研究关注的相关内容作为关键词搜索获取相关微博；然后使用 python3. 6. 5 爬取微博数据，其中包含全国各地的微博用户；通过微博定位信息，对其中的转发微博、垃圾微博、广告、明星应援等无关微博进行清洗，得到北京微博用户及微博内容。将相关网络微博内容分为两种操作类型进行爬取：（1）通过关键词定位发送相关内容的微博，爬取微博内容，进而筛选北京用户的微博内容进行分析；（2）定位与网络社会心态相关的热门微博，爬取微博下方的用户评论，进而筛选北京用户的评论内容进一步分析。

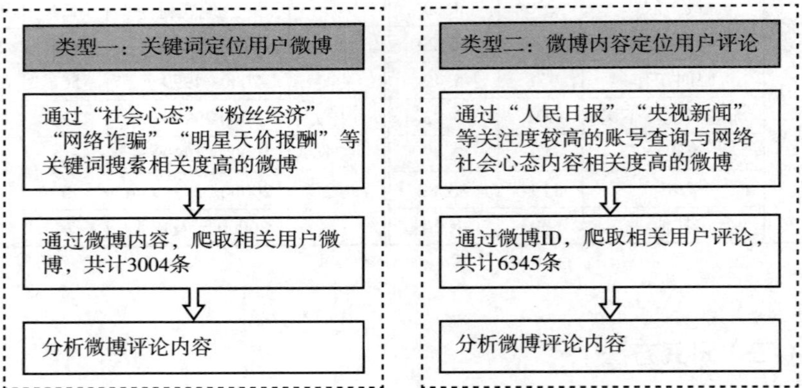

图 1　网络社会心态大数据分析数据获取类型及数量

三　网络社会心态概述

（一）网络社会心态的概念及类型

人们在互联网中获取信息，进行社会联系，抒发对生活事件的看法及感慨等，逐渐形成了网络社会心态。网络社会心态，顾名思义，就是一定时间内以网络语言及行为的模式存在于网络社会群体中的社会心态。网络社会心态产生于大数据时代，相对于社会心态来说不只是简单的概念扩展，更是对社会现实的呼应。网络社会心态，总体上可以分为积极和消极两类社会心态，本项目着重于对消极网络社会心态的分类以及对治理思路的探索。非理性的网络社会心态以言语暴力、网络谣言、人肉搜索等多种形式展现，主要可以分为以下几类。

（1）仇视对立型，主要表现为弱势心态、逆反心态、仇视心态。中国特色社会主义市场经济取得突出成就，人民物质社会不断丰富，伴随的是社会收入差距拉大，贫富差距问题凸显，滋生了一系列不平衡心态。底层意识、相对剥夺感、强烈的不公感以及面对现状的无力感、不安全感被放大，进一步转化成仇富、仇官，忽视努力过程，针对人本身进行攻击的行为。而互联网的匿名性为这类人群提供了“安全的”发挥场所。

（2）信仰危机型，主要表现为质疑心态、盲从心态。网络中“杠精”“喷子”“水军”等都是其具体体现。对主流价值观极端不信任，有遇事必质疑的心态。一方面由于主流媒体对热点事件未能及时澄清造成了网民的不信任感，另一个方面也是在经济发展不断提速、生活压力日益加大的背景下，中产阶级对未来焦虑的表现①。

（3）麻木冷漠型，主要表现为不负责任心态、冷漠心态。对于社会变化的麻木、对于他人痛苦的无动于衷，毫无共情心理地肆意发文，都是麻木冷漠的表现。雪崩的时候，没有一片雪花是无辜的，面对网络暴力，麻木冷漠便是帮凶。

（4）哗众取宠型，主要表现为被关注心态、恶搞心态、宣泄心态。当今快节奏的生活下，出现了一系列精神危机，精神匮乏的人们难以找到精神寄托，转而向网络世界寻找情感归宿和被关注感②。通过恶搞、宣泄、哗众取宠的方式博得眼球。

---

① 杨蓉：《网络舆情不良社会心态分析与治理》，《学术探索》2017 年第 2 期。

② 孟育耀、刘昕：《舆论场中网民社会心态的变化分析》，《重庆第二师范学院学报》2018 年第 5 期。

（二）网络社会心态的特点

网络社会在深刻影响现实政治、经济、文化、社会的同时，也催生了一种独具特色的社会心态。因此，网络社会心态不只在定义上拓展了“网络”，更是一种真实社会存在的反映①。有以下鲜明的特征。

（1）共享性。互联网网络环境本身传播迅速、复杂多变。依托互联网数量庞大的网民以及各种社群组织，言论观点的传播力极强，在网络即时性特点下，网民自我表露的程度加大、速度加快，情绪、态度得到了充分的展示，心态完成共享②。

（2）隐匿性。互联网的匿名性造成了现实与网络两种身份的割裂，导致了现实社会与网络的两重性，相比于现实生活，人们更能释放出自己内心深处的想法，在一定程度上消除“沉默的螺旋”，体现了网络社会心态的隐匿性。

（3）广泛性。网络社会心态的广泛性是多种因素共同影响而成的。首先，互联网信息传播途径广泛，社交平台、新闻网站、即时通信都加速了热点信息的传播。其次，网络社会心态主体广泛，有网民、主流媒体、有影响力的大 v，等等。最后，涉及内容广泛，医疗、教育、机构、政府、个人、企业等都能够影响网络社会心态。

（4）差异性。即使是在互联网大环境下，网络社会心态也呈现很强的差异性。在快速的网络世界更容易产生“回音室效应”，即网民会主动选择与自身观点、情感相似的内容，或者放弃个性、提升群体接纳程度，做到求同存异③。在这样的机制下，群体之间的差异越来越大。而且社交媒体多以兴趣点作为分类标准，个性化的精准推送使个体对于信息的接受越来越单一化，也使得群体之间的认知差异在不断加深。

（5）现实性。网络社会存在虚拟性，网络社会心态与现实社会心态相比

① 余建华：《网络社会心态何以可能》，《北京邮电大学学报》（社会科学版）2014 年第 5 期。

② 刘璐、谢耘耕：《当前网络社会心态的新态势与引导研究》，《新闻界》2018 年第 10 期。

③ 莫青平：《网络社会心态调适与引导策略》，《人民论坛》2020 年第 19 期。

更难察觉出心理现实性特征，但仍然是对于现实社会心态的折射。我们对于网络社会心态的把握也需要回到社会事件当中去。没有凭空产生的网络社会心态。

（6）表达多样性。网络社会心态的表达有着稳定性、割裂性、集中性、情绪化的特征[①]。在总体上呈现多样化特性。互联网群体庞大、多元都促使互联网的表达丰富多样。无论是音频、视频、文章还是表情包都反映出人们复杂的网络社会心态。

（三）网络社会心态的表达形式

一般可通过公众常用的社交媒体及网络平台上人们发表的言论来识别网络社会心态。常用的发布言论的网络平台有：微博、B 站、贴吧、知乎、豆瓣、抖音/快手/微信短视频、微信朋友圈、公众平台留言板等。在隐匿性强、传播速度快的网络环境下，人们在网络平台发布的能够反映社会心态的相关言论。下面通过一些例子来展示网络社会心态在不同媒体平台上如何得到表达。

2022 年 6 月《北京晚报》在微博上发布了一则呼吁北京疫情风险区域活动人群主动上报自己的活动轨迹的博文，通过下面的评论我们可以清楚地了解评论者的社会心态倾向。例如：评论者 A 说道：“四月初开始有疫情，四月底更严格管控，管控到六月中以为好了结果没一天啪啪打脸。请问这个管控是管控了个啥？这样的力度都管控不了病毒到底是什么问题？这样要搞多久？别人还要不要生活？”通过 A 的评论可以发现因为疫情管理的原因，他可能存在一些焦虑烦躁的负面心态，并且通过网络语言在微博平台中展示。有网友 B 对 A 的言论评论道：“政府已经很努力了，要不你提出更好的政策呀”，相比较 A 的言论，B 的网络社会心态更加积极，对政府的工作持有较为肯定的态度。

2022 年 5 月知乎上有作者发布了一个话题《美报道称东航失事飞机为蓄意坠机？中国民航局回应》，其中对事件的发生及民航局的回应做了简单

① 赵培强：《基于微博热点事件的网络社会心态特征的大数据研究》，硕士学位论文，河南大学，2020，第 4 页。

的介绍。通过此文章下的一些评论我们也可以对评论者的网络社会心态做出一些倾向判断，有些评论表现出对相关机构的不信任及对整个事件的一些消极认知态度。

四　北京市居民网络社会心态现状及特点

（一）网络社会心态整体积极趋势认同度高，警惕文化思维陷阱

近几年，对社会心态的引导与培育成为我国社会治理的重要内容，我国民众的网络社会心态呈现较多的积极发展趋势，理性与非理性的心态并存，有冲突有和谐，积极与消极心态共存；从宏观上看，网络社会心态中理性因素逐步增加，愈发凸显出和谐积极的发展趋势①。通过问卷调查的结果可知，北京市59%的居民主观上认为当前我国网络社会心态的发展趋势是积极向上的。在认同的群体中64%为“90后”“00后”的年轻人。“90后”“00后”正是未来国家社会发展的主要力量，作为生长在互联网时代的群体，开始逐渐重新塑造网络舆论的方向与基本形态。

值得注意的是，8%的居民对积极发展趋势表示非常的不认同，这其中拥有本科及以上学历的居民占80.07%（见图2）。通过调查数据可知，不认同网络社会心态积极发展趋势的绝大多数居民为高学历群体，造成此种现象的原因可能是高学历带给人们批判性思维，高学历人群对待社会现象有自己的分析及加工，更有可能寻找社会现状背后的本质问题，上升到更加抽象的社会心态认知层面。

（二）网络虚拟性导致信任感缺失，民众杜绝谣言呼声极高

在对于未来发展乐观的同时，不可忽视发展过程中所面对的困难。调查发现，85.8%的居民对于网络社会心态真实性表示怀疑，近一半的人

① 刘璐、谢耘耕：《当前网络社会心态的新态势与引导研究》，《新闻界》2018年第10期。

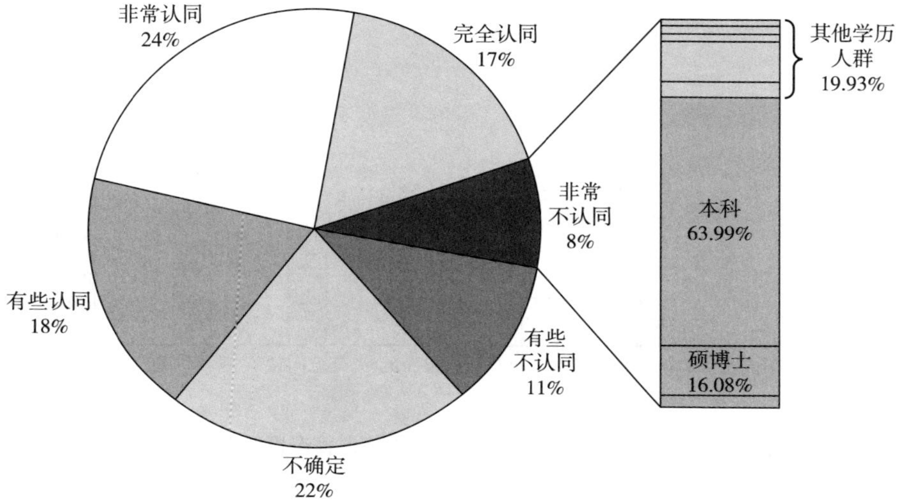

图2　北京市居民认同网络社会心态积极发展趋势的人数比例

（49.5%）认为网络上获取的信息准确性及可靠性很低。造成这种现象的原因是互联网的匿名性导致了现实与网络两种身份的割裂，导致现实社会与网络的两重性，虚拟的网络世界使人们缺乏真实感。正是基于这种不真实性，63.5%的居民认为网络社会心态无法反映出当前我国民众的真实社会心态。

基于网络的实时性、匿名性、互动性，谣言在网络中传播速度极快、影响力很大，网络谣言传播中伴随着个体规避损失的心态，并转化为群体心态[①]。不实的消息误导群众，引起社会恐慌，网络谣言甚至会危害国家安全、对整个社会心态造成严重危害。网络谣言会进一步滋生质疑社会诚信、价值观偏离、负面情绪暴发等现象。在调查中，72.30%的居民要求杜绝一切网络谣言（见图3），从居民的态度中，能看出培育良好网络社会心态的一大难点也正在于此。

---

① 刘延海：《网络谣言诱致社会风险的演化过程及影响因素——基于扎根理论的研究》，《情报杂志》2014年第8期。

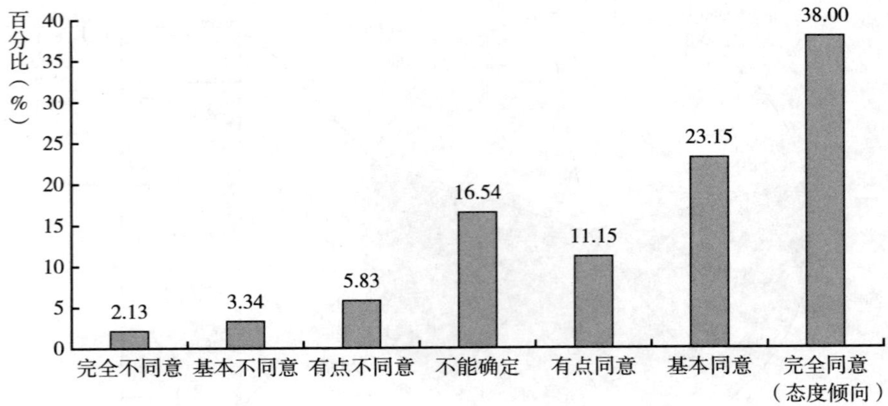

图 3　北京市居民杜绝一切网络谣言态度倾向

（三）网络言语不代表绝对自由，网络喷子被人嫌

在互联网时代，网络构建了我们新的社会形态，网络语言不仅仅是社会现实的折射，更是网络社会心态的符号表征。通常来看，网络语言具有以下几个特征：对现实语言的继承和移植、对现实语言的发展和渗透、结构的简约和精练、风格的幽默和调侃、使用非规范性、明显的时代特征。但是网络语言的自由度需要我们重点关注，过于自由的网络语言可能会改变甚至扭曲语言本身想要表达的思想。通过调查可知，北京市 54.90%的居民认为对网络语言需要加以干涉，不能过于随心所欲。其中态度呈现显著的性别差异，45.57%的女性认可网络语言的绝对自由，50.14%的男性认可网络语言的绝对自由。与女性喜爱分享不同，男性在日常生活中大多扮演“沉默者”的角色，将内心的想法压抑得较深，或许正是这样的差异性使得男性需要寻找一个倾诉和发泄的渠道，从而更倾向于在网络上能够无忧无虑自由发言。

我们从变动的网络语言中，可以看出社会心态发生的系列变化，比如网民关注点更多转向了赋予休闲娱乐语言更多的正性情绪，对于社会的调侃越来越多①。人民网在对 2022 年网络热词分析中说道："热词呼应人民群众关切，热词呈现社会情感流动，热词体现家国情怀的强势回归。"但是网络上仍然存在一些非理性网络心态的表现者，这样的心态伴随着底层意识、相对剥夺感、极端不公平感。

对现状有不安全感和无力感者，容易在网络虚拟世界当中，基于利用匿名性、隐藏性、无权威性等特性表现出一系列非理性、非道德、极端化的行为，俗称这类人为"网络喷子"。他们在网上发布或发送信息，意在激怒他人或者扰乱讨论话题和空间②。北京市居民对待网络喷子的态度较为一致，不赞同网络喷子行为的居民高达 85.88%（见图 4），侧面表现出北京市居民的理性、平和、积极的社会心态。

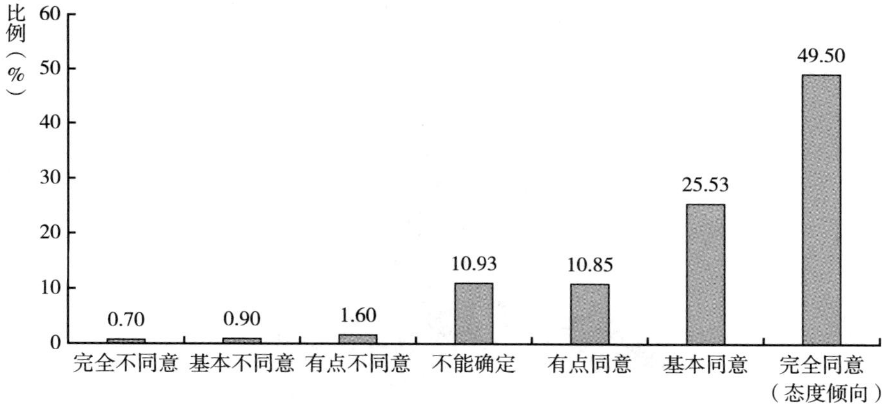

图 4　北京市居民不赞成网络喷子行为的人数比例

（四）粉丝经济需正向引导，网络平台实名制呼声高

流量本身是娱乐行业市场分析、热度测量、规范治理的重要参考，客观

① 王佳鹏：《从政治嘲讽到生活调侃——从近十年网络流行语看中国青年社会心态变迁》，《中国青年研究》2019 年第 2 期。

② 窦东徽、罗明明、刘肖岑：《网络喷子：演变过程、产生机制及干预路径》，《现代传播（中国传媒大学学报）》2017 年第 10 期。

的流量数据为社会热点的把握、用户信息的筛选、影视作品质量的提高提供了重要的参考，因此，明星的流量也是其经济价值、影响力的数字化体现①。流量的重要性促使资本、明星、粉丝相互依赖，对流量的病态需求形成了一整条的产业链。当前很多明星在粉丝的拥护与追捧中进行经营性创收行为，但是目前这种粉丝经济的方向出现了问题。在互联网造星背景下，“数据为王”盛行，粉丝为偶像在媒体平台的应援行为也拓展了网络媒体平台的“业务”。同时娱乐行业深受数据流量造假问题的影响，这也成为整个行业之痛。流量明星红极一时，大量粉丝的追捧呈现不理智的趋势，黑粉及网络喷子的出现引发明星网络平台的大混乱。通过微博数据的文本分析（见图 5）能够看出群众呼吁网络平台实行实名制的政策，通过群体监督的形式杜绝网络不文明的现象。并且民众希望能够对明星现象、粉丝行为进行规范，引导明星及粉丝的正向情绪，理智追星。

① 马少珍：《流量造假现象分析》，《新闻研究导刊》2019 年第 3 期。

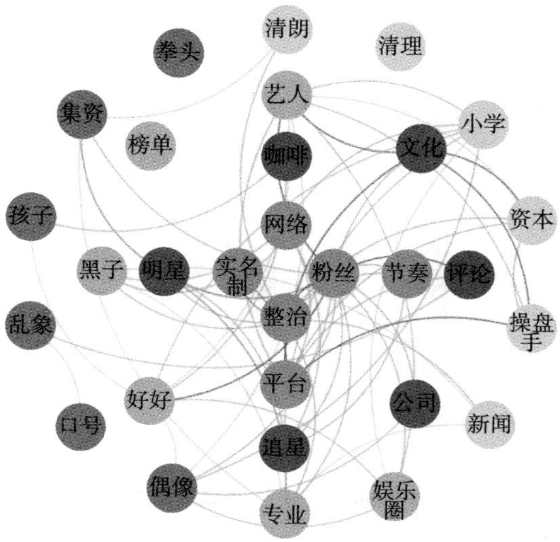

图 5　北京市居民对网络明星及粉丝行为的看法与认识

（五）明星天价报酬惹众议，网络热点需正向转移

据调查，87.3%的居民认为明星的天价报酬需要得到管控和遏制。“明星天价片酬”带来的不仅是对于影视圈的污染，更是破坏了我国的文化产业，在浮躁畸形的态势下，影视作品粗制滥造、价值导向背离主流①。调查结果发现，北京市居民对明星天价报酬的抵制意愿随主观社会阶层的降低而升高（见图 6），相对于其他阶层，高主观社会阶层的居民抵制意愿相对较弱。由此可见，底层群体不公平感表达更为强烈，由于底层人们做着最为辛苦的体力劳动，并且工资普遍较低，明星一部剧上亿元的片酬冲击了人们“劳有所得”的传统观念，激发了居民强烈的不满情绪，此种情绪在劳动所得最少的阶层中体现得更为明显。此外，82.1%的北京市居民认为网络热点事件应该关注时事政治而不是明星八卦，表现出北京市居民的网络社会心态呈现正面倾向，能够朝着理性积极的方向进一步发展。

---

① 朱丹：《遏制“天价”片酬是对文化健康的保护》，《青年记者》2016 年第 28 期。

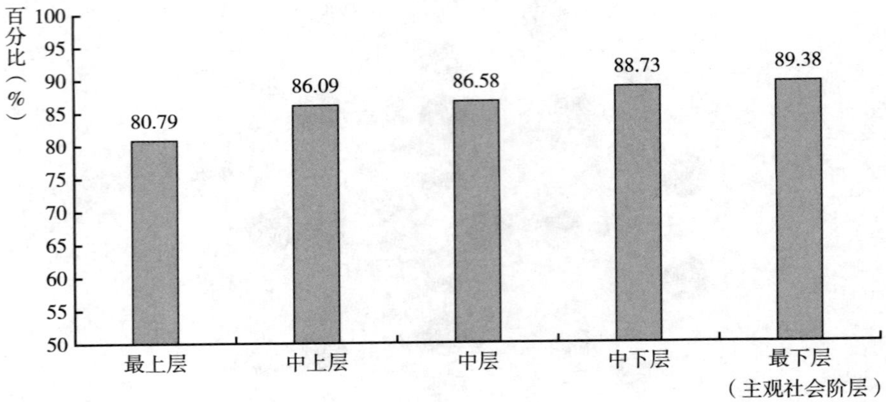

图 6　北京市居民抵制明星天价报酬意愿的主观社会阶层差异

五　北京市居民对待近些年自媒体运营现象的社会认识

对于网络社会心态的培育，也需要从时代特点中寻找角度。当今时代，在互联网持续的技术赋权下，越来越多的新事物、新现象涌入人们视野。调查中，有 72%的人表示会对网络上的热门现象非常关注。互联网的特性凸显出文化和经济的张力。媒介、消费、文化成为当今时代变革的关键词，我们有必要关注到当下逐渐常态化的媒介、新型的消费形式、新式的文化——直播平台、网红经济和粉丝文化①。新的文化传播方式赋予了文化内容传播新的张力，随之产生的是越来越多的新的网络社会心态。例如，对网红经济巨额利益的不平衡心态，对自媒体运营的性别偏见，对文化传播迅速的潜在担忧，等等。每一个新产品背后的心态都值得我们去细细思考。因而我们有必要在网络发展的附产品中探索背后不同群体的网络社会心态。

---

① 谢辛：《被引爆的网红　互联网直播平台粉丝文化构建与 KOL 传播营销策略》，《北京电影学院学报》2017 年第 5 期。

（一）自媒体运营职业引争议，男性群体排斥度更高

通过调查数据可知，在对自媒体运营职业的认可度上，北京市居民对其认可度整体较高，但有 21.5%的居民认为这是不务正业。其中认可度在性别上表现出显著差异，男性中有 29.6%的居民对自媒体运营持负面态度，而女性群体中该比例仅为 15.4%。自媒体扎根于普通公众，在传播媒介、传播渠道、受众上区别于传统媒体①。自媒体运营的获利一般依靠传统的“流量变现”，也有以“品牌开发”为主的创新型运营模式。对于自媒体商业化争议很大，但必须意识到自媒体运营商业化是自媒体发展的必然趋势，商业是支持一切自媒体的核心竞争力，经济手段推动自媒体本身不断创新发展、优化资源配置②。我们对于自媒体运营行业的争议也来自对这个新兴行业的陌生，它不同于传统行业，自媒体的运营者往往需要承担全程责任，行业本身风险大，收入不稳定，行业乱象丛生。加之，网络传播本身的特殊性，行业乱象更容易被放大、被传播。对于自媒体行业的不认同心态，除了源自自媒体行业本身的特质外，也离不开素人变网红巨大红利背后的不平衡心态。男性群体相较于女性有更强的排斥心态，也离不开大文化背景下男、女社会分工的差异，也和在互联网平台上自媒体运营群体更多是女性有关。

（二）大量网红爆火引发民众强烈不认同，多数居民建议严查

在调查中发现，对于大量网红在网络上火爆的现象，有 64.3%的北京市居民并不认同。这种不认同感的原因除了网红时代网络违规行为频发、网络经济暴利、数字为王价值观的扭曲外，不可忽视的是背后的底层意识、相对剥夺感、极端不公平感等网络社会心态。“网红”本身是互联网时代的产物，是众生群聚的互联网世界中的特色群体。资本红利的追逐、网民的呼声

① 周晓虹：《自媒体时代：从传播到互播的转变》，《新闻界》2011 年第 4 期。

② 张曦：《自媒体产品生产与商业化现状研究》，暨南大学，硕士学位论文，2016。

将“网红”本身从边缘的亚文化逐步推向了时代舞台。在这个趋势下，“人人寻找网红，人人都想成为网红”[①]。

通过对微博数据的文本分析可知（见图 7），网红直播行业存在很多治理不足的问题，自媒体行业快速崛起，相应的规章制度还未健全。民众呼吁能够对网红直播这个行业严加管理，进行行业整治，杜绝售假现象，严查不符合正确价值观念的内容。

图 7　对网红直播现象的民众态度调查词云图

（三）网红直播引发民众对未成年人价值观教育的强烈担忧

基于相关性，本研究对微博文本进行网络关系分析，结果如图 8 所示。网红直播对大量未成年人造成影响，未成年人开始通过网贷、信用卡“打赏”所谓的主播。并且“畸形、低俗”视频和网络言语让年轻人的价值观

① 敖鹏：《网红为什么这样红？——基于网红现象的解读和思考》，《当代传播》2016 年第 4 期。

培育受到极大的挑战。不仅如此，网络直播还通过贩卖劣质产品甚至虚假产品来牟取利益，违法违规现象频频发生。未成年群体相较于成年人更加容易受到网络舆论的误导、产生社会信任危机。而当未成年人在纷繁复杂的直播世界遭遇身份危机，他们会出现人生意义感缺失与迷茫。这对国家的未来构成很大的威胁。因此民众强烈呼吁国家严厉整治网红直播的行业乱象，依法处理违法犯罪分子，就自媒体运营应设置相应的法律规范，并且出台相关的法规来维护未成年人的利益。引导未成年人的价值观念和社会心态朝向积极的方向发展，远离网络直播的不良影响。

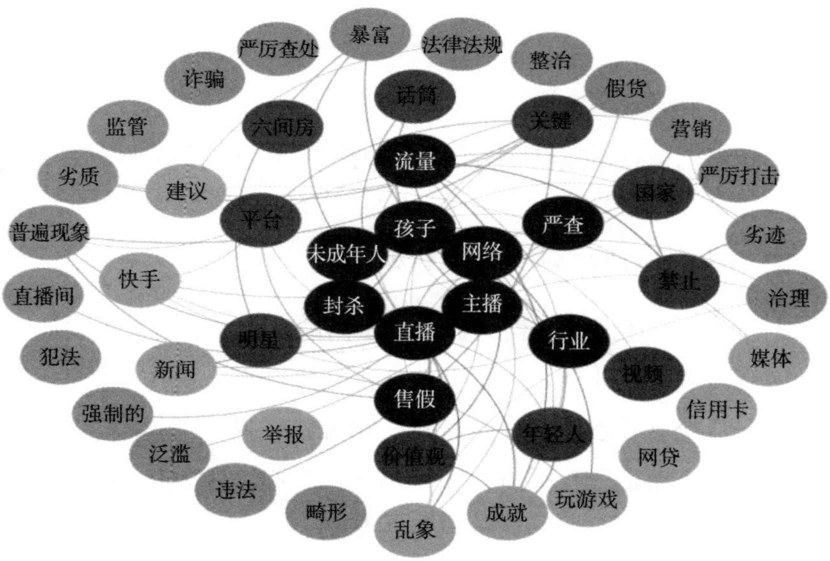

图 8　民众对网红直播现象态度和认知的网络关系

（四）居民反对粉丝经济下直播巨额打赏，反对程度逐龄增加

粉丝经济下直播巨额打赏行为从本质上来说是粉丝消费行为，但娱乐“粉丝”的消费已经展现出不同于正常消费的突出特点，用消费来表示身

份，用消费来证明归属感，表现出鲜明的特征①。在这样的消费模式中，产品不仅对粉丝没有实用价值，甚至会引发盲目消费、过度浪费的现象。粉丝行为本身的“过度性”“充沛性”扩展到了消费领域，正如《创造营》节目播出后，一系列对于奶制品的消费应援行为，造成了大量浪费行为，更有“倒奶”现象产生。

对于狂热粉丝“巨额打赏”偶像直播的现象，82.1%的居民认为这是很荒诞的行为。在群体特征上，呈现随年龄增长更加排斥的趋势。在网络造星背景下，粉丝应援行为、消费行为都是互联网媒体平台常见的粉丝行为。直播作为网络产业领域中的新兴成员，必然也成为粉丝行为的重要舞台。

六　北京市居民网络社会心态培育

（一）网络社会心态培育的现状及意义

在不同事件发生时，不同人群呈现不同的社会心态特征。调查发现，北京市居民对于网络社会心态培育的呼声从未减弱，其中84.6%的居民赞同对于网络社会心态的引导与培育。培育积极向上的网络社会心态不仅是现实所需，更是民心所向。在对网络社会心态引发的不合理行为如“网络喷子”“网络谣言”“杠精”等现象的抵制上，在对网络表达的隐私程度讨论上，都可以看到居民从期望、路径、切入角度等多方面讨论培育路径，也体现出对于培育网络社会心态的期待。从上述调查数据可知，85.88%的北京市居民抵制网络喷子，72.3%的同意任何形式的网络谣言都应该被杜绝。大多数人（54.9%）并不认为在网络上随心所欲地发言是民众的基本权益，认为我们需要对随心所欲的表达权进行合理的干涉。关于热点话题讨论，82.1%的居民认为网络社会心态所关注的重

① 唐佳敏、张韦唯：《娱乐明星网络“粉丝”消费行为原因分析》，《视听》2017年第2期。

点应更多的是时事政治而非娱乐八卦。非理性网络社会心态体现着弱势、逆反、仇视心态，是伴随着底层意识、相对剥夺感、极端不公平感、对现状的不安全感和无力感而生的一系列不良心态。而这些心态衍生出的一系列群体行为亟待解决。

网络社会心态往往反映了社会民生、经济、政治、外交等方面的现象，能够折射出民众的社会需求及未来国家重点发展的方向，为国家的社会治理和社会发展提供参考依据。但当关注点盲目涌向娱乐八卦，群众被困于信息茧房中，精神文明建设何去何从？我们在群众的反馈中，感受到了不健康的网络社会心态以及伴随而产生的问题，也感受到了培育网络社会心态的必要性。

（二）对不同群体进行网络社会心态的引导和培育

通过调查，我们对网络社会心态进行了分析，了解具体事件发生时不同人群的社会心态特征，这对于我们避免网络引发负面社会心态，实现自尊自信、理性平和与积极向上的社会心态培育具有非常重要的意义。关于社会心态培育的主体，社会心理服务体系建设是一个需要多主体参与的系统性工作，主要主体包括政府、公务员、社会组织、专业人才队伍和媒体等。在培育客体方面，由于心理服务需求具有差异性，可以把民众分为重点人群、特殊人群和一般人群。不同群体有着不同的经济地位、文化背景，也面向不同的客体。因此网络社会心态有着明显的群体性特征，需要我们根据不同群体有针对性地分析，并探索培育途径。

（三）对大学生进行网络社会心态引导与培育

大学生是一个较为活跃的网络群体，网络影响着大学生的生活、学习方式等各方面。近些年的社会发展迅速，西方文化影响年轻一代的学习、生活及价值观念，社会转型中的利益冲突也时有发生。青年群体易受到网络舆论的误导，产生社会信任危机，在网络大环境的渲染下，部分大学生群体缺乏社会责任，缺乏社会能力，人际信任薄弱，社会心态表现出非理性、发散性及时代性的特点[①]。同时，在“娱乐至上”的今天，不少青年群体习惯以娱乐方式解读网络信息，其社会心态更容易非理性化，出现盲从、情绪起伏大、多重矛盾并存现象[②]。因此网络中的正向信息对培育大学生积极社会心态发挥着不可忽视的作用，可以引导大学生产生积极情绪和正向情感，对网络事件产生正确认识，构建良好人际关系，增强自我调适能力以及疏解不良情绪。具体可以从以下方面入手：一是要在培育过程中强化人文关怀，二是构建大学生社会心态动态监测与预警体系，三是加强网络空间治理，四是培养大学生积极、自尊自信、理性平和的社会心态，提升其媒介素养。

（四）对未成年人进行网络社会心态的引导和培育

目前，网络是未成年人了解世界的主要窗口，网络上的信息会影响未成年人的认知和行为方式。未成年人是社会主义事业接班人，其身心健康关系到国家长远发展。未成年人是未来国家社会发展的主要力量，正在经历国家变革带来的思想、文化及价值观的冲击，多样化的社会心态在未成年人群体中较为常见。作为未成年人，需要辩证地看待生活中的问题，针对一些压力导致的消极网络社会心态可以及时寻求社会及家庭的帮助，通过思想文化的碰撞逐渐寻求适合自己发展的道路，形成良好的网络社会心态，促进国家及社会的稳步前进。

未成年人网络社会心态的引导培养可从如下几个方面入手：第一，父母要转变不健康教养方式，调节对子女的过高期望。第二，学校设置计算机网络课程时，除向未成年人传授网络知识、网络技能外，还可以向他们讲授如何认识、选择、使用网上信息及娱乐资源，也要为青少年剖析上网的利与弊，正确引导他们开展网络活动。第三，强化网络道德与法制建设。“法”就是依据、准绳，没有“法”就没有天。第四，建

---

① 张启森：《网络时代大学生社会心态的把握和引导》，硕士学位论文，中北大学，2014。

② 林于良、刘广登：《网络谣言传播与青年积极社会心态培育》，《中国广播电视学刊》2018年第5期。

设一系列适合未成年人的浏览网站。第五，加大网上信息资源开发利用力度。第六，加大网络防护技术开发与普及力度。第七，引导青少年自觉抵制不良信息的侵蚀。

（五）对老年人网络社会心态进行引导和培育

近年来，随着中国老龄化进程加快，针对老年人的犯罪活动也越来越猖獗。2022 年中国互联网络信息中心（CNNIC）指出，截至 2021 年 12 月，中国 60 岁及以上老年网民规模达 1.19 亿人，互联网普及率达 43.2%。数量还在不断扩大，在网络中综合性养老信息和专门性养老信息网站门户也在不断增加。老年人本身无论在身体还是心理上都属于弱势，生理上，身体功能不同程度退化，客观要求与应对能力失衡，难以做出理性判断；心理上，由于与社会联系减少，孤独感、自责感、恐惧感增加。因而对老年人网络社会心态的培育尤为重要：一是政府加强顶层设计。二是社区帮助老年人学会正确使用网络媒体。三是家庭成员为老年人提供网络支持。四是社会企业研发“适老化”的新媒体产品。五是老年人本身也要跟上时代的步伐，拥抱数字化生活。

（六）对不同职业民众网络社会心态进行引导和培育

网络是一个巨大的信息库，为职工选择信息提供了便利，包括选择信息的内容、接收信息的时间以及方式等，职工在网络环境中有更多的自主性。由于网络环境具有非常强的互动性，可以轻松实现企业与职工之间以及职工与职工之间的沟通和交流。与此同时，网络环境下的交流具有很强的虚拟性、隐秘性，在一定程度上为职工提供了较为安全的沟通环境，职工对于隐私问题可以无所顾忌地表达，畅所欲言，充分地表露自己。因而，不同职业群体的网络社会心态呈现丰富性、差异性、复杂性等诸多特征。不同的心态之间有碰撞与交流，正确的引导尤为重要，需要我们根据不同职业的特性有针对性地采取相应的措施。

七　利用不同方式进行网络社会心态引导与培育

（一）线上途径引导培育良好网络社会心态的方式和内容

以大数据为支撑，建立社会心态分析平台。开发“互联网+心理健康”的新型发展模式，结合本地区的现实发展需要，建立社会心理服务和社会心态分析平台。通过构建心理健康常模来实现对心理健康大数据的管理。将风险等级的预警功能叠加到个体心理服务中，并期待探索构建社会心态预警指数。线上解决普遍问题，如防范、自助、教育、危机预警和简单咨询等，线上线下解决特殊问题，例如咨询、危机介入和教育等，使预警由个人、群体提升至社会面，由特殊到普遍有的放矢地做好社会心态及时预警与疏导工作，更加有的放矢地消解个人、群体的情绪，正确疏导社会情感、社会心态，化被动防范为主动介入，把风险防范消解于萌芽之中。借助网络平台对网民心理状态进行量化，以便能有的放矢地及时预防和控制。

（二）线下途径引导培育良好网络社会心态的方式和内容

社会服务系统的社会心理服务以社会人士（如社区居民和外出务工人员）为主要服务对象，所针对的主要是人们日常生活中对社会心理服务的需要。如：在社区中宣讲心理健康知识，处理人际关系冲突，处理亲子教育冲突。此类社会心理服务需求主要表现为公众主动寻求帮助，大部分问题程度轻微，可以通过社区工作人员和专业人士在短期内加以解决，以无偿方式提供服务。

学校教育系统社会心理服务所针对的对象主要为学校学生和教职工人群，它所面向的既有学生在学校学习期间的心理需要，也有教职工在工作期间的心理需要。如：校内心理咨询、入学心理测评。教育系统的社会心理服务涉及从幼儿园至大学不同教育程度的学生，可以是所服务的群体主动求助，也可以根据教师的工作经验和专业知识为特定群体提供预防性或者干预性社会心理服务。在教育系统，社会心理服务是以免费服务形式提供。

行业系统社会心理服务以企业为职工订购为主。如员工团体辅导。行业系统社会心理服务多属员工福利或者公司建设。企业职工无须为其支付费用，这类服务通常面向某一群体社会心理需要，很难满足民众个体对心理服务的需求。行业系统社会心理服务通常是向社会上的心理服务机构和其他机构购买。

医疗系统的社会心理服务基本上是以医疗机构或者体检机构为依托，面向那些主动或者被动求助于医疗机构的群体。积极求医的群体多存在心理问题困扰，或者经历过某些社会事件，对心理服务有着具体需求。被动求助于医疗机构者多为从其他体系转介而来，心理问题比较严重或者已达到精神疾病水平，需专业医生确诊、医疗手段协助及药物支持。医疗系统绝大部分社会心理服务属于付费项目，对服务人员的专业水平有较高要求。

B.12

北京市居民对社会工作的价值认知、服务质量的评价及社区工作的满意度调查

杨智辉　李秋怡　余树懋*

摘　要： 本调查分析了北京市居民对社会工作的认知、服务质量评价及对社区工作的满意度现状，并就北京市社会工作与社区工作提供建议。采用问卷调查法收集到3243份数据，同时采用网络数据分析法获取3924条有效微博数据。主要分析结果如下：（1）北京市居民对社会工作的专业价值认可度较高，中专或职高及以下、40岁以上的居民对社会工作价值认知的评分较低；（2）北京市居民对社会工作的服务质量评价较高，个人月收入在5000~9999元的郊区居民对社会工作的服务质量评价更高；（3）北京市居民对社区工作的满意度较高，北京市郊区居民对社区工作的满意度更高；（4）网络中居民对疫情防控最为关注；（5）网络数据体现出居民对社会工作中疫情防控方面最为关注，并且在反馈社会工作的相关问题时，居民的负面情绪较为明显。明确社会工作的责任主体与权力分配，整体提升社会工作者的心理应用技能水平，帮助解决居民的现实生活问题，增进群众对社会工作者的理解。

* 杨智辉，北京林业大学人文社会科学学院教授，博士生导师，主要研究方向为心理咨询与治疗、生态环境与个体发展；李秋怡，北京林业大学人文社会科学学院在读博士研究生，主要研究方向为社会与生态环境心理学；余树懋，北京林业大学人文社会科学学院在读本科生，主要研究方向为临床心理学。

关键词： 社会工作　服务质量　满意度　北京市居民

社会工作是秉持利他主义价值观，以科学知识为基础，运用科学的专业方法，帮助有需要的困难群体，解决其生活困境问题，协助个人更好地适应其社会环境的职业活动[①]。社会工作在我国各个发展层面都起到了重要作用，比如与社会保障、社会福利、教育等事业协同发展，为民政领域的专业化发展提供了科学的理论与实践的工具性支持等[②]，社会工作已经深深嵌入社会各领域工作中，成为我国社会服务体系的一部分。

然而，当前我国社会工作的推进面临结构性或非结构性的压力，如社会工作的专业性下降、社会工作专业人才流失、社会工作者职业倦怠等心理问题严重[③]。据统计，当前每年向社会上输送的专业社会工作者的数量与社会实际的需求量差距甚远[④]，而繁重的任务不减，这就意味着每一位社会工作者所承担的工作量极有可能超过了他们本身所能负荷的程度，进而诱发社会工作者角色模糊、抑郁等心理问题[⑤]，加速社会工作专业人才流失。上述因素不仅限制了社会工作职业与社会工作者群体本身的发展，同时也殃及社会上迫切需要社会工作援助的一部分人群。社会工作行业和从业人员越不稳定，公众获得的社会服务就越有可能偏离社会预期，容易导致公众产生认知失调，即对社会工作本身的理解和期待与现实情况出现严重分歧，进而对社会工作各方面的满意度下降，损害社会工作在公众心目中的形象。因此，我们应改善给社会工作及社会工作者带来消极影响的因素，创造更有利于推进社会工作的环境。

---

① 王思斌：《社会工作概论》，高等教育出版社，2014。

② 王思斌：《中国社会工作的嵌入性发展》，《社会科学战线》2011 年第 2 期。

③ 文豪、呼斯勒：《素质-压力模型视角下社会工作者的压力症状及其化解——基于中国社会工作动态调查（CSWLS2019）数据的分析》，《社会工作》2022 年第 3 期。

④ 党帅旗：《社会工作专业大学生就业意向分析——以河南省某大学为例》，《社会与公益》2020 年第 1 期。

⑤ Huang, C., Xie, X., Cheung, S. P., Zhou, Y. & Ying, G., "Job Demands, Resources, and Burnout in Social Workers in China: Mediation Effect of Mindfulness," *International Journal of Environmental Research and Public Health*, 9 (2021).

随着城市的发展，城市社区的管理难度增大，社会工作逐渐发展出“社区导向”，在社会工作转向社区时，其与复杂、独特的社区环境不匹配的问题时常出现①。社会工作下沉社区是探索适应城市的社区治理模式的重要内容，也是社会工作与居民最直接、亲密的接触途径。因此，帮助居民明晰社会工作的价值所在，寻找推动社会工作的关键点，是能够提高社会工作服务质量和居民满意度的有效办法。

需要注意的是，通过问卷分析出的结果可能具有局限性，如今网络快速发展，网络环境也成为居民发表对社会工作和社区工作看法、分享交流观点的重要场所。由此，利用网络媒体数据识别分析辅助问卷调查，可以更好地知晓居民对社会工作的认知与态度倾向。考虑到新浪微博是国内最具代表性的社交媒体之一，本调查将基于新浪微博平台获取数据，剖析居民对社会工作及社区工作的关注重点以及情感倾向。综合上述分析，本调查将结合问卷与网络数据分析结果，了解北京市居民对社会工作的价值认知、服务质量评价以及对社区工作的满意度，考察北京市社会工作的现存短板与改进方向，为相关部门提供数据支持，有针对性地开展工作。

一 目的

本调查旨在通过问卷调查了解居民对社会工作的认知、服务质量评价和满意度，并基于微博平台获取数据以了解居民对社会工作的关注重点和情感倾向。

二 方法

（一）问卷调查法

1. 研究对象

2022 年 9 月在北京市 16 区发放并收集调查问卷 3568 份，剔除作答时间

① 吴越菲、文军：《从社区导向到社区为本：重构灾害社会工作服务模式》，《华东师范大学学报》（哲学社会科学版）2016 年第 6 期。

过短、测谎未通过及作答不认真的无效问卷，保留有效问卷 3243 份，回收有效率为 90.89%。性别分布：男性居民 1361 人（41.97%），女性居民 1882 人（58.03%）；年龄分布：3243 人平均年龄为 30.17±11.18 岁，16~20 岁居民 964 人（29.73%），21~30 岁居民 787 人（24.27%），31~40 岁居民 894 人（27.57%），41~50 岁居民 461 人（14.22%），51 岁及以上居民 137 人（4.21%），其他调查人员信息见表 1。

表 1　调查人员信息

单位：人，%

人口学变量		人数	百分比
性别	男	1361	41.97
	女	1882	58.03
年龄	16~20 岁	964	29.73
	21~30 岁	787	24.27
	31~40 岁	894	27.57
	41~50 岁	461	14.22
	51 岁及以上	137	4.21
婚恋状况	无恋爱经历	630	19.43
	有恋爱经历但现在单身	662	20.41
	恋爱中	573	17.67
	同居	71	2.19
	已婚	1251	38.58
	离异	41	1.26
	丧偶	15	0.46
个人月收入水平	1999 元及以下	955	29.45
	2000~4999 元	561	17.30
	5000~9999 元	879	27.10
	10000~19999 元	621	19.15
	20000 元及以上	227	7.00

人口学变量		人数	百分比
家庭居住地	城市	2342	72.22
	郊区	595	18.35
	农村	306	9.44
政治面貌	共产党员	660	20.35
	共青团员	1235	38.08
	民主党派	37	1.14
	群众	1311	40.43
受教育程度	中专或职高及以下	182	5.32
	高中	207	6.38
	大专	330	10.18
	本科	2113	65.16
	硕士	329	10.14
	博士	82	2.53
户籍所在地	北京城市	1678	51.74
	北京农村	335	10.33
	外地城市	808	24.92
	外地农村	422	13.01
主观社会阶层	最上与中上层	217	6.69
	中层	1570	48.41
	中下层	1228	37.87
	最下层	270	8.33

2. 研究工具

社会工作价值认知量表：采用中国社会工作动态调查（CSWLS）中调查社会工作宏观认知的题目[①]，共 7 个题目，分别为“推动社会公平”“促进社会福祉”“维护社会稳定”“倡导社会变革”“促进社区和谐”“提升家庭幸福感”“改变服务对象的生活境遇”，题项采用 5 点计分，从“非常不同意”到“非常同意”分别计 1~5 分，总分范围为 7~35 分，总分越高代表对社会工作的社会价值越认可，在本调查中 Cronbach's $\alpha=0.93$。本调查结果将总分换算为百分制。

社会工作服务质量评价量表：采用中国社会工作动态调查（CSWLS）中调查社会工作服务质量评价的题目[①]，调查时，本调查将题目中的“我”改为“社会工作者”，并调整表述使其能用于对北京市居民进行调查（见附录）。共 9 个题目，如“我帮助服务对象解决一到两个能改善他们生活的关键问题”“我可以与街道（社区）合作以调整我们的服务方案与计划”“我可以有效地回应服务对象及其家人提出的需求”等，题项采用 5 点计分，从“非常不同意”到“非常同意”分别计 1~5 分，总分范围 9~45 分，总分越高代表居民对社会工作者的服务质量评价越高，在本调查中 Cronbach's $\alpha=0.95$。本调查结果将总分换算为百分制。

社会工作满意度问卷：参考陈秋瑶对社区公共服务质量划分的维度[②]，自编社会工作满意度问卷，共 34 个题目，包括党群服务、政务服务、生活服务、法律服务、健康服务、文化服务和管理服务 7 个方面。党群服务包括“线上党课、党性教育与书籍阅读”、“组织志愿队进行困难帮扶、文化教育、社区环境美化与治理等便民与救助服务”等 5 道题目，政务服务包括“在服务台进行现场咨询”“相关证明开具（婚育、独生子女、户籍等）”等 4 道题目，生活服务包括“社区内弱势群体（独居老人、百岁老人、残障人士、未成年人、妇幼）的关爱与照顾”“就业、医疗、社会保障、电子

---

① 侯利文、聂璞：《民政社会工作者的专业认同与职业发展——基于中国社会工作动态调查（CSWLS2019）的数据分析》，《社会工作》2021 年第 3 期。

② 陈秋瑶：《社区公共服务质量提升研究》，华东政法大学硕士学位论文，2021，第 24~25 页。

产品使用等科普宣讲”等5道题目，法律服务包括“防诈骗宣传”“法律知识宣讲”等5道题目，健康服务包括“心理辅导与心理咨询（免费、付费、个人、家庭）”“医疗救治相关（组织健康义诊、免费体检、疾病筛查、测量血压等）”等3道题目，文化服务包括“组织多样的文娱活动（观影/戏剧、手工等）与体育活动（户外锻炼、健身等）”“社区宣传栏的展示与更新”等5道题目，管理服务包括“流动人员登记与管理”“居民监督反馈渠道的多样性与畅通性”等7道题目。题项采用5点计分，从“非常不满意”到“非常满意”，分别计1~5分，总分范围34~170分，总分越高代表居民对社会工作的满意度越高，在本调查中Cronbach's $\alpha=0.98$。本调查结果将总分换算为百分制。

（二）大数据分析法

1. 数据采集与预处理

新浪微博用户可以在发布微博时@某一账号提醒该账号注意自己发布的内容，向指定账号咨询问题，也可以带上超级话题发表看法、分享问题受理的经验、与其他有同样兴趣和需求的用户进行交流。“北京12345”是北京市市民热线服务中心，大量微博用户通过以上两种方式（@北京12345发布微博和在北京12345超话中发布微博）可以直接、公开地向北京12345反馈自己遇到的问题，表达诉求，其中涉及社会工作和社区工作的不在少数。除此之外，“北京12345”官方账号也发布微博更新与介绍北京市政策措施、为市民答疑解惑等，其中《接诉即办》和《社情民意》栏目会对群众诉求的处理意见、进度和结果进行播报，通过官方账号发布的原创微博也能间接了解居民关心北京市社会工作和社区工作的哪些方面及态度如何。

考虑到微博用户与北京12345官方账号的微博互动现状，本调查于2022年9月采用python3.6.5：①以“@北京12345 ”为检索词采集用户@北京12345发布的原创微博；②采集北京12345超级话题中的用户原创微博；③采集“北京12345”官方账号自2020年1月1日以来发布的全部微博。三种来源共采集到微博数据1.68万条。

按照如下流程对数据进行预处理：①除来源于“北京 12345”官方账号的微博数据外，对其他两种来源的数据剔除非北京市用户的微博数据；②剔除与主题无关的微博数据。预处理后，获得用于分析的有效微博数据共3999 条。

2. 数据清洗与分析

按照如下流程进行数据清洗：①剔除用户@北京 12345 发布的微博中2018 年以前的微博数据；②合并三份数据后剔除重复数据。经过预处理和清洗后，共获得北京市社会工作相关微博数据 3924 条。

按照如下流程进行词频分析：①将三份微博数据合并放入中文分词工具包中，对微博文本进行分词。过滤“的”“我”“嗯嗯”等无实际意义的单字或词语，提取北京市居民的微博文本关键词；②对微博文本关键词编码形成三级节点，其中三级节点为微博文本经过词频分析后产生的关键词，通过整合具有相似含义的词语、短语，归纳形成二级节点，进一步归纳二级节点产生一级节点。

三　调查结果

（一）居民对社会工作的价值认知

1. 总体情况

北京市居民对社会工作的价值认知得分均值为 79. 53 分，显著高于中位数 50. 5 [t (3242) = 123. 33, p<0. 001]，表明北京市居民较为肯定社会工作的社会价值。

2. 居民认可社会工作能够维护社会稳定和促进社区和谐

“维护社会稳定”和“促进社区和谐”两道题目的得分均值较高，达到了 80. 6 分，在“倡导社会变革”题目上的分数均值最低，为 77. 8 分（见图 1）。说明居民认为社会工作者在维护社会稳定和促进社区和谐上的作用较大。

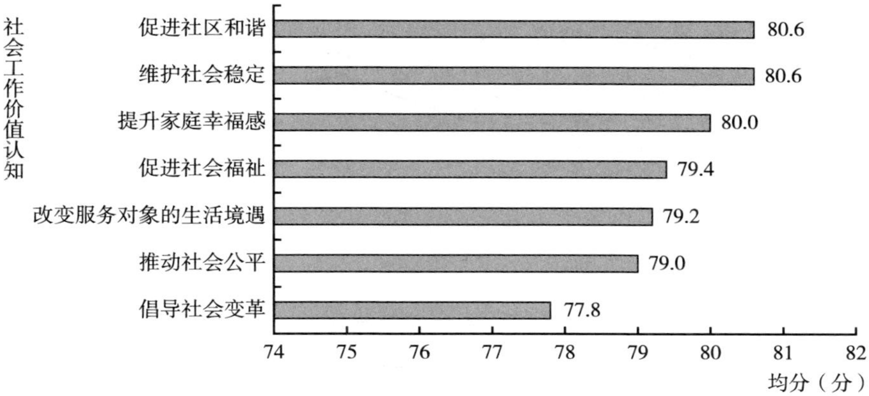

图 1　社会工作价值认知题目均分

3. 中专或职高及以下对社会工作价值认知的得分较低

采用单因素方差分析检验北京市居民对社会工作价值认知的文化程度差异，结果发现，北京市居民对社会工作的价值认知存在显著的文化程度差异［$F=(5, 3237)\ 4.36$，$p<0.001$］，进一步分析发现，学历在中专或职高及以下的居民的社会工作价值认知得分显著低于其他文化程度的居民（$ps<0.05$）（见表 2、图 2）。

表 2　不同受教育程度居民对社会工作的价值认知均分

单位：分

变量	受教育程度	$M \pm SD$	F
社会工作价值认知	中专或职高及以下	74.77±14.56	4.36***
	高中	78.77±13.24	
	大专	78.61±13.63	
	本科	79.95±13.38	
	硕士	79.51±78.19	
	博士	77.76±11.32	

注：*** $p<0.001$，** $p<0.01$，* $p<0.05$，下同。

4. 40岁以上居民对社会工作价值认知的得分较低

采用单因素方差分析检验北京市居民对社会工作价值认知的年龄差

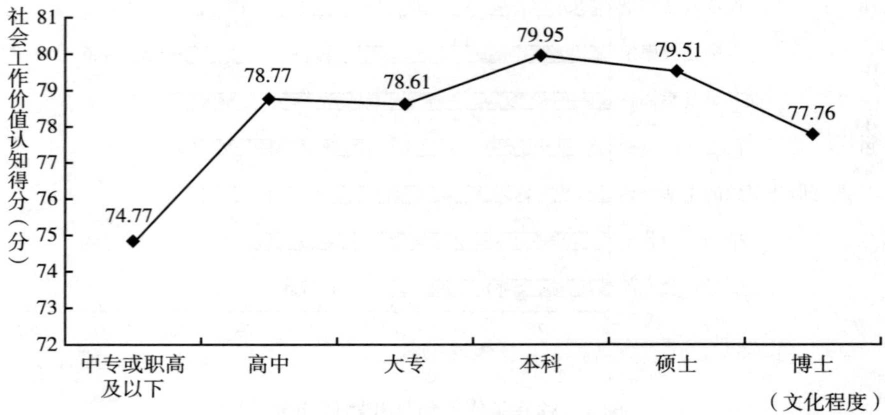

图 2　不同文化程度居民对社会工作的价值认知

异，结果发现，北京市居民对社会工作的价值认知存在显著的年龄差异［F（4，3238）= 31.03，$p<0.001$］，进一步分析发现，40 岁以上居民对社会工作价值认知的得分显著低于 40 岁及以下的居民（$ps<0.05$）（见表 3、图 3）。这可能是因为 40 岁以上的居民对目前发布社会工作相关信息的渠道（如微信公众号、各服务网站）不够熟悉，对社会工作的认知观念还没有与时俱进。

表 3　不同年龄阶段居民对社会工作的价值认知均分

单位：分

变量	年龄阶段	$M±SD$	F
社会工作价值认知	16～20 岁	79.70±12.93	31.03***
	21～30 岁	82.76±12.42	
	31～40 岁	79.61±13.81	
	41～50 岁	74.49±13.53	
	51 岁及以上	76.16±13.35	

5. 个人月收入在5000～9999元的居民对社会工作价值认知的得分较高

采用单因素方差分析检验北京市居民对社会工作价值认知的家庭月收入

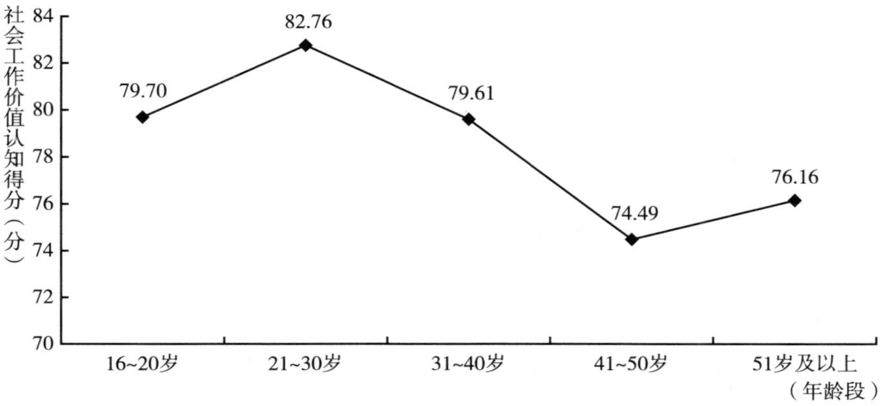

图3　不同年龄段居民对社会工作的价值认知

差异，结果发现，北京市居民对社会工作的价值认知存在显著的月收入差异［F（5，3237）＝2.44，p<0.05］，进一步分析发现，月收入在5000～9999元的居民，他们的社会工作价值认知得分较高（ps<0.05）（见表4、图4）。月收入中等的居民相比月收入较低和过高的居民有更多机会接受接触社会工作，也更了解社会工作，因此对社会工作价值的感知较强。

表4　不同个人月收入的居民对社会工作的价值认知均分

单位：分

变量	个人月收入	M±SD	F
社会工作价值认知	1999元及以下	79.20±13.22	2.44*
	2000～4999元	78.31±13.32	
	5000～9999元	80.46±13.37	
	10000～19999元	79.83±13.44	
	20000元及以上	79.46±14.23	

（二）居民对社会工作的服务质量评价

1.总体情况

北京市居民对社会工作的服务质量评价得分均值为76.63分，显著高于

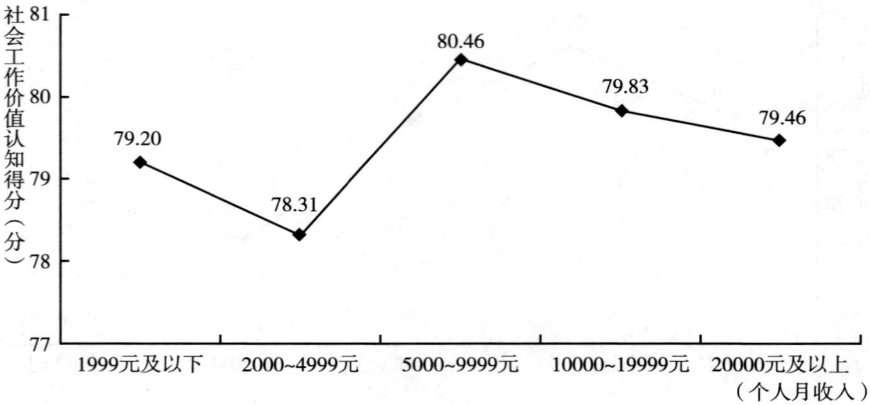

图 4　不同个人月收入的居民对社会工作的价值认知

中位数 50.5 [t（3242）= 109.53，p<0.001]，表明北京市居民对社会工作的服务质量评价较高。具体而言，“社会工作者能够帮助居民改变境遇，提升生活质量”一道题目的得分均值最高，达到 77.6 分，“社会工作者能够对居民进行危机干预”一道题目的得分均分最低，为 74.8 分，说明居民对社会工作提升生活质量最有体会，评价最高；对社会工作者进行危机干预评分较低的原因可能有两个：其一是社会工作者危机干预的技能缺乏，导致居民对这项服务的质量评价较低；其二是居民心理健康状态较好，对危机干预的需求不多，几乎没有接受过社会工作者的危机干预，因为不了解所以评分较低（见图 5）。

2. 月收入在5000~9999元的居民对社会工作服务质量的评价较高

采用单因素方差分析检验北京市居民对社会工作服务质量评价的月收入差异，结果发现，北京市居民对社会工作的服务质量评价存在显著的月收入差异 [F（4，3238）= 6.38，p<0.001]，进一步分析发现，月收入在 5000~9999 元和 10000~19999 元的居民对社会工作服务质量的评价得分显著高于月收入 1999 元及以下、2000~4999 元和 20000 元及以上的居民（ps<0.05）（见表 5、图 6）。

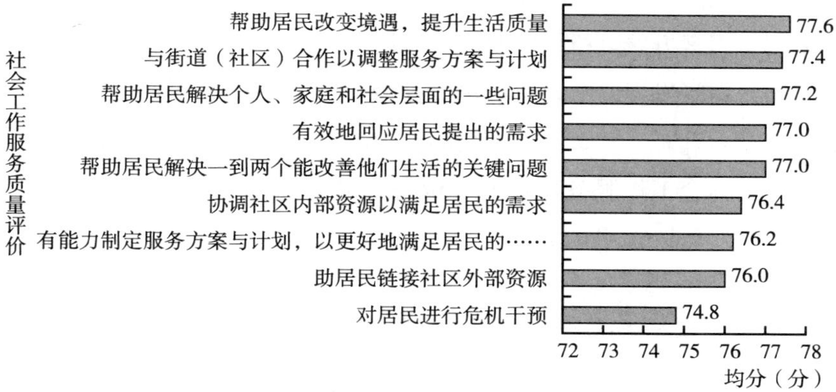

图 5　社会工作服务质量评价题目均分

表 5　不同个人月收入居民对社会工作服务质量评价的均分

单位：分

变量	个人月收入	$M \pm SD$	F
社会工作服务质量评价	1999 元及以下	75. 56±13. 23	6. 38***
	2000～4999 元	75. 15±13. 57	
	5000～9999 元	78. 08±13. 25	
	10000～19999 元	77. 22±14. 17	
	20000 元及以上	74. 95±14. 14	

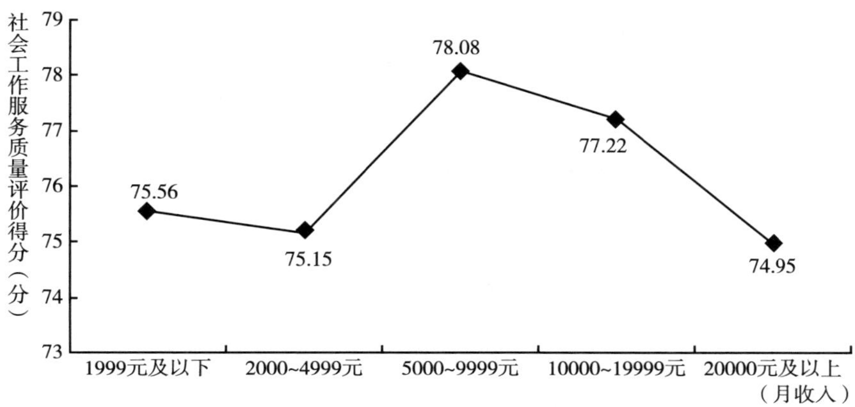

图 6　不同个人月收入居民对社会工作的服务质量评价

3. 郊区居民对社会工作服务质量的评价较高

采用单因素方差分析检验北京市居民对社会工作服务质量评价的家庭居住地差异，结果发现，北京市居民对社会工作的服务质量评价存在显著的家庭居住地差异［F（2，3240）= 5.53，$p<0.01$］，进一步分析发现，住在郊区的居民对社会工作服务质量的评价得分显著高于住在城市和农村的居民（$ps<0.05$）（见表 6、图 7）。

表 6　不同居住地居民对社会工作服务质量评价的均分

单位：分

变量	家庭居住地	$M±SD$	F
社会工作服务质量评价	城市	76.10±13.74	5.53**
	郊区	78.14±13.23	
	农村	76.20±12.89	

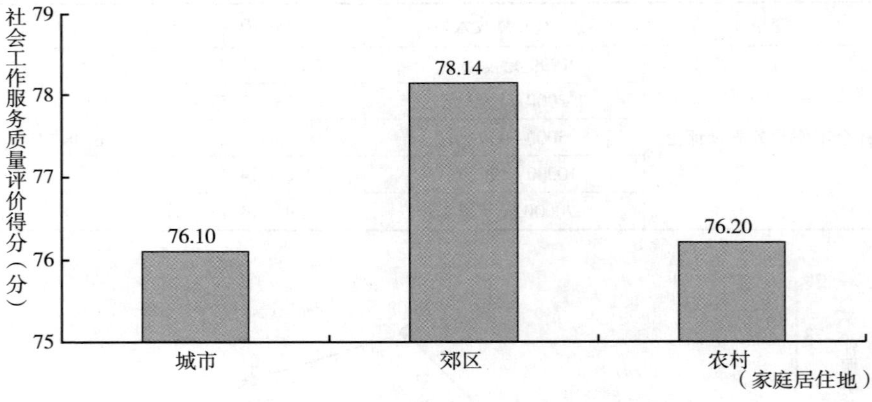

图 7　不同家庭居住地居民对社会工作服务质量的评价

（三）居民对社区工作的满意度

1. 总体情况

北京市居民对社区工作的满意度得分均值为 75.03 分，显著高于中位数 50.5［t（3242）= 104.46，$p<0.001$］，表明北京市居民对社区工作的满意

度较高。

具体而言，在党群服务方面，“组织志愿队进行便民与救助服务”一道题目的得分均值最高，为 76. 8 分，“提供就业与创业”一道题目的得分较低，为 73. 6 分（见图 8）。党群服务方面，居民较为满意的是社区组织志愿队对居民进行的困难帮扶、文化教育、社区环境美化与治理等便民与救助服务，而在协调落实就业、创业技能培训、推荐就业与再就业等服务上，社区工作不太令居民满意。

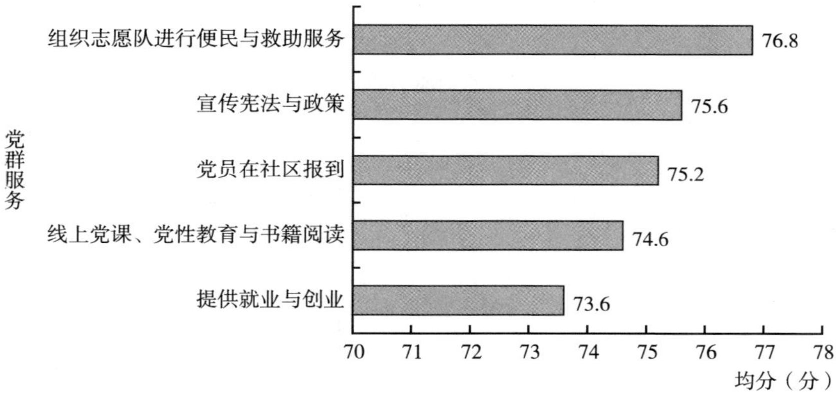

图 8　党群服务题目均分

在政务服务方面，“卡证办理”和“在服务台进行现场咨询”两道题目的得分均值较高，为 76. 0 分，“相关证明开具”一道题目的得分均值较低，为 75. 6 分（见图 9）。

在生活服务方面，“社区内垃圾分类、绿化、卫生保洁、节水减排等”一道题目的得分均值较高，为 76. 8 分，“社区活动室的预约与开放、活动器械使用”一道题目的得分均值较低，为 74. 0 分（见图 10）。

在法律服务方面，“防诈骗宣传”一道题目的得分均值较高，为 79. 8 分，“针对各年龄群体的维权服务”一道题目的得分均值较低，为 72. 8 分（见图 11）。可见，法律服务方面，居民对社区的防诈骗宣传工作较为满意，而社区针对各年龄群体的维权服务不太令居民满意。

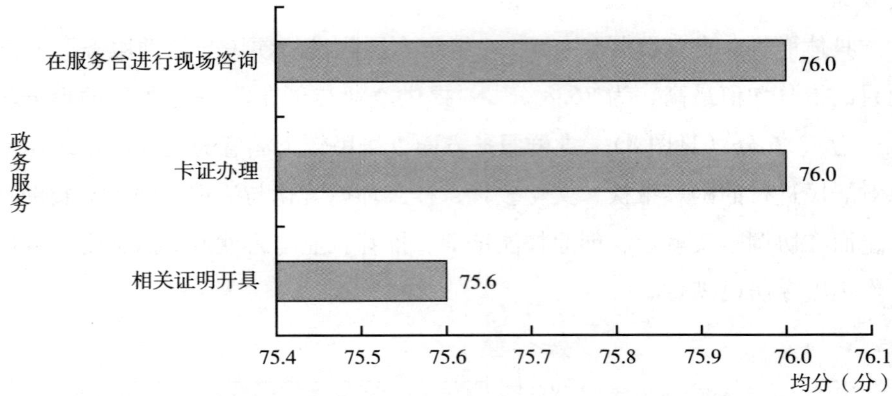

图9　政务服务题目均分

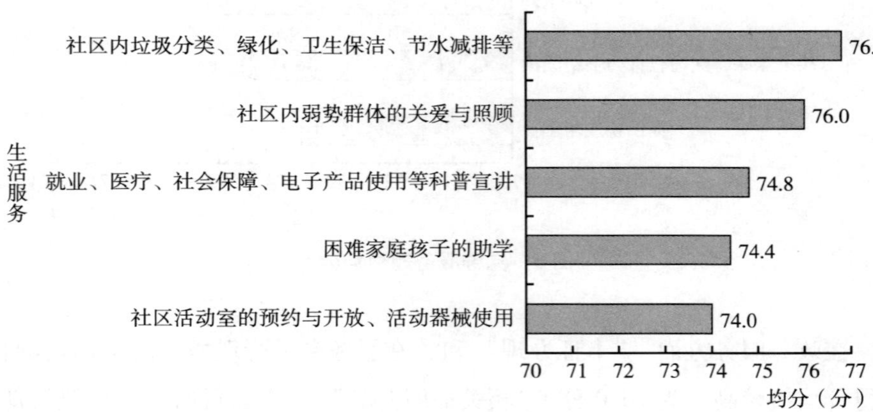

图10　生活服务题目均分

在健康服务方面，“医疗救治相关”一道题目的得分均值较高，为76.0分，“心理辅导与心理咨询”一道题目的得分均值较低，为73.0分（见图12）。可见，健康服务方面，居民对医疗相关服务，如组织健康义诊、免费体检、疾病筛查、测量血压等工作较为满意，而对心理辅导与心理咨询工作的满意度较低。

在文化服务方面，“社区宣传栏的展示与更新”一道题目的得分均值较

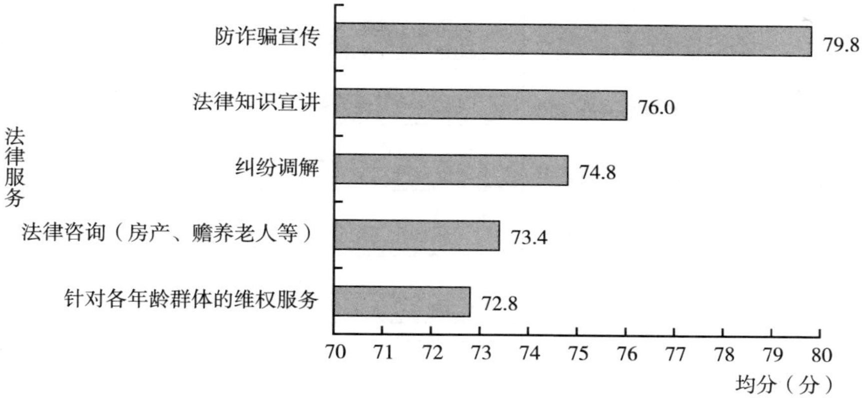

图 11　法律服务题目均分

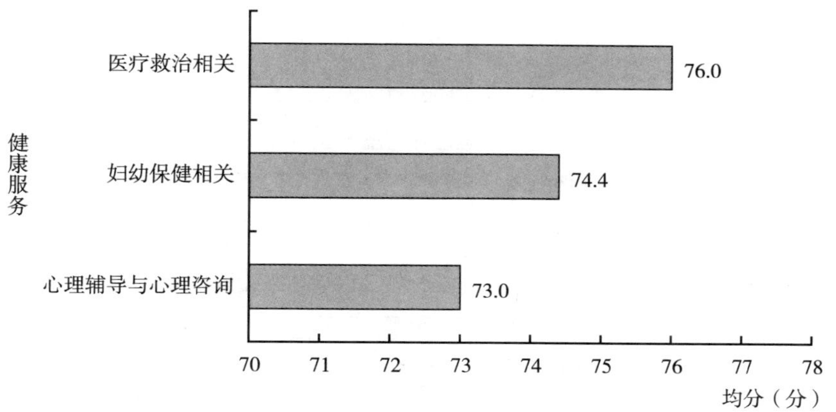

图 12　健康服务题目均分

高，为 75.8 分，“书报订阅”一道题目的得分均值较低，为 73.2 分（见图 13）。文化服务方面，居民对社区宣传栏的展示与更新较为满意，而对社区的书报订阅服务满意度较低。

在管理服务方面，“治安巡逻”一道题目的得分均值较高，为 77.4 分，“社区内机动车与非机动车停放管理”一道题目的得分均值较低，为 72.8 分（见图 14）。

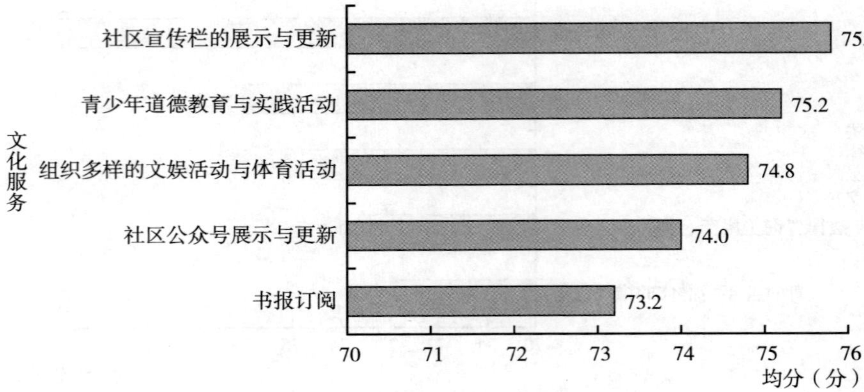

图 13　文化服务题目均分

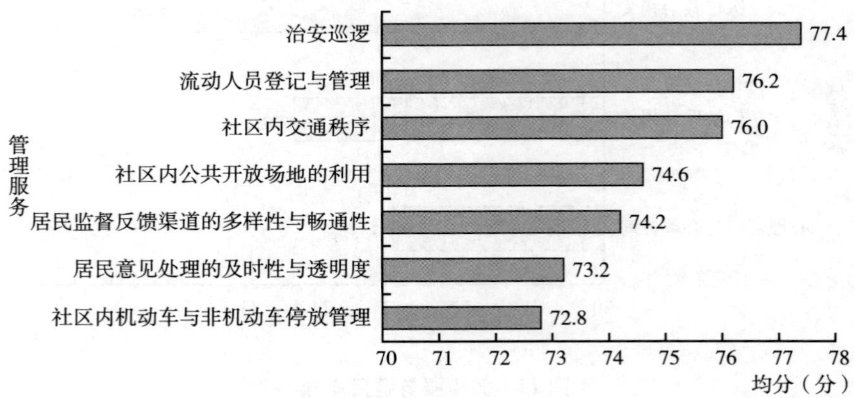

图 14　管理服务题目均分

2. 郊区居民对社区工作的满意度较高

采用单因素方差分析检验北京市居民对社区工作满意度的家庭居住地差异，结果发现，北京市居民对社区工作的服务质量评价存在显著的家庭居住地差异［$F(2, 3240) = 6.25$，$p<0.01$］，进一步分析发现，住在郊区的居民的社区工作满意度显著高于住在城市和农村的居民（$ps<0.05$）（见表 7、图 15）。

表 7　不同家庭居住地居民对社区工作的满意度均分

单位：分

变量	家庭居住地	$M \pm SD$	F
社区工作满意度	城市	74.54±13.37	6.25**
	郊区	76.53±13.58	
	农村	74.52±12.75	

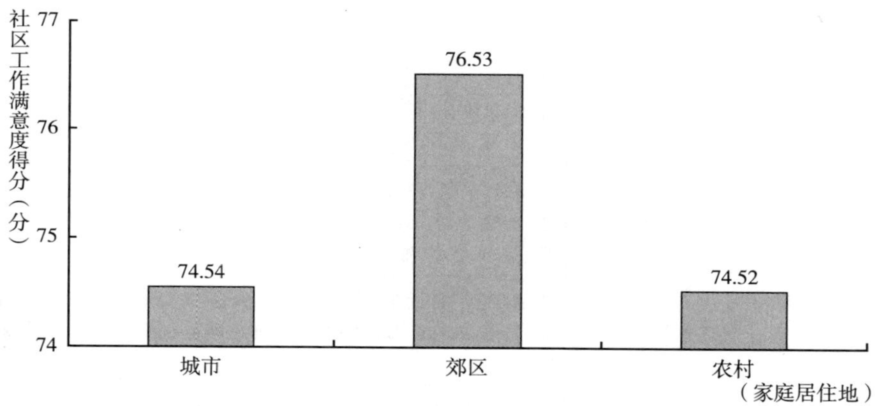

图 15　不同家庭居住地居民对社区工作的满意度

（四）网络数据体现出的居民对社会工作的关注重点与情感倾向

1. 居民对疫情防控最为关注

分词结果显示，北京市社会工作相关微博数据可根据关键词分为社会工作构成、社会工作服务范围、居民反馈（见表 8）。

统计各一级节点下的关键词个数与词频，结果显示社会工作服务范围一级节点下所含的关键词个数与词频较多，其中疫情防控二级节点的关键词最多。说明北京市社会工作相关微博提及疫情防控方面最多（见表 9）。一方面，疫情防控一直是北京市所有工作的重中之重，也是当下关乎民生利益的关键问题，因此居民对疫情防控工作尤为关注。居民频繁反映疫情防控问题可能也意味着社会工作相关机构及从业人员在该方面的工作还存在许多不足，面临较多困难与挑战。

表8　社会工作相关微博数据三级节点

一级节点	二级节点	三级节点(关键词)
社会工作构成	相关机构与工作人员	居委会、物业、社区、工作人员、办事处、基层、服务中心、事务所、民政局、卫健委、疾控中心、物业公司、服务平台、单元楼、城管办、医护人员、街道、志愿者、辖区、派出所、服务站
	工作环境	值班、加班、工资、待遇、机制、社会福利、停休、工作作风、社情民意、锦旗
	办事流程	审核、核实、组织、落实、处理、登记、受理、解决、手续、维护、对接、复核、宣传、整治、勘察、整改、答疑解惑、响应、解决、落地、加急、尽快、协商、告知、调解、劝导、接诉、电话、联系、求助、投诉、申诉、反馈、反映、热线
社会工作服务范围	环境卫生	外墙砖、车棚、漏水、绿化带、绿化、绿地、管道、遮雨棚、树坑、污水、栅栏、积水、杂物、侵占、堵塞、垃圾分类、下水管、修剪、清扫、堆积、渗水、种植、杂草、防汛
	交通出行	通勤、违反、自行车、机票、退票、停车、电动车、车辆、乱停、乱放、盲道、人行道、路面、减速带、非机动车、路灯、私家车、停放、喇叭
	生活服务	纳税、看病、维修、施工、充电、扰民、就医、资源、产权、派单、拆除、疏通、抢修、违建、张贴、燃气、安装、拆除、施工、快递、走访、健身器材、暖气、房屋、超市、装修、噪音、供暖、扰民、塌陷、分贝、安装
	疫情防控	进京、返京、疫情、风险、防疫、京外、离京、出入证、抵京、复工、返岗、口罩、疫苗、消杀、接种、扫码、补种、弹窗、解除、赋码、绿码、健康宝、疫情、核酸、密接、居家、监测、隔离、点位、封控、感染、确诊、轨迹、流调、测温、检测、测体温、肺炎、交叉感染、报备
	社会安全	法治、警务、巡逻、消防安全、城管、公安、巡查、督察
居民反馈	内心感受	着急、莫名其妙、烦请、希望、困扰、好不容易、绝望、无奈、诚挚、算了、恶心、灰心、还好、质疑、焦急、太难、被迫、满意、担心、暖心
	服务评价	糟糕、装聋作哑、没人管、明显改善、不辞辛苦、尽职尽责、认真、负责、耐心、坚守、一刀切、强制、踢皮球、强硬、严格、打通、没人接、挂断、耽误、不便、非常感谢、无用、没用、死循环、懒政、不分青红皂白、为民办实事、廉洁、无效、损失、不合理、离谱、点赞、辛苦、表扬、肆无忌惮

表 9　一级节点与二级节点包含的关键词个数

单位：个

一级节点	二级节点	关键词个数	
社会工作构成	相关机构与工作人员	21	66
	工作环境	10	
	办事流程	35	
社会工作服务范围	环境卫生	24	123
	交通出行	19	
	生活服务	32	
	疫情防控	40	
	社会安全	8	
居民反馈	内心感受	20	56
	服务评价	36	

2. 在微博中联系“北京12345”是居民反馈社会工作问题的重要渠道

居民通过@北京 12345 和发表带有北京 12345 超话的微博反馈社会工作相关问题，在表达自己的诉求时更倾向于表达消极情绪。如倾吐自己遇到问题时的愤怒、无奈、悲伤等，埋怨指责相关机构与工作人员工作进展不到位、履职不尽责的问题（见表 10）。对微博数据进行情感倾向的标注，结果显示，在@北京 12345 和带有北京 12345 超话的微博数据中，情感倾向为消极的比例达到 96.55%，大部分情感倾向为消极的微博都是居民对社会工作提出意见，可见，除了拨打电话、微信公众号留言等方式外，在微博中联系北京 12345 也成为居民反馈社会工作问题的一个重要渠道。

表 10　社会工作相关微博数据情感倾向

情感倾向	类型	微博示例（未完整列出）
消极	愤怒、抱怨	侵占绿地！……居民对此很有意见！……特此希望@北京 12345 监管解决问题清理移除各种杂物！恢复绿化！拆除栅栏！还百姓美好的家园!!!!!
	无助、无奈	女社工何时能有劳动保护？xx 办事处为表政绩，频繁安排辖区工作者值班，国庆将至更是安排社工 24 小时值守……@北京 12345
	悲伤、绝望	@北京 12345 您好，每天不断地拨打 12345 电话及提交申诉……除了无望的等待、申诉、电话毫无办法……实属不能接受该结果

续表

情感倾向	类型	微博示例(未完整列出)
中立	礼貌建议	电动车充电是非常大的安全问题……希望工作安排更加细致合理,不要出现好心办坏事的结果
	不解、疑惑	xx 区社工什么时候涨工资以及补发工资
	分享经验	……6 号中午北京健康宝已经恢复正常了,愿回京的朋友们也能顺利
积极	感谢、满意	@北京 12345 公众号反映问题还是挺好用的,xx 社区的乱停车希望继续得到整治,谢谢交警和城管
	激动、开心	#北京健康宝##弹窗 3##北京 12345#打了一天物业和社区电话,弹窗终于解除啦□□丶(°▽°)ノ□

注：……表示省略原微博部分内容。

3. 官方微博更突出居民对社会工作的积极情绪

“北京 12345”官方账号的微博数据其情感倾向则多数为积极（见表 11）。对微博数据进行情感倾向的标注，结果显示，在“北京 12345”官方账号的微博数据中，积极情感倾向的比例达到 86.20%。北京 12345 官方微博更倾向于陈述居民反馈的问题得到妥善解决的过程和结果，并表示相关机构及工作人员响应及时、考虑周全、处理办法适当，最后强调居民称赞社工/社区的工作、对社工/社区表示感谢、对相关部门及工作人员的办事效率和结果表示满意，凸显居民对社会工作情感中积极的部分。

表 11　社会工作官方微博数据情感倾向

情感倾向	类型	微博示例(未完整列出)
消极	无	无
中立	无	近日,市民来电主要涉及以下三个方面:一是表扬工作人员……二是反映公共场所疫情防控措施不到位。王先生反映……三是反映雨水天气道路湿滑影响通行问题。岳女士反映……以上问题,北京 12345 热线均已及时转交给有关单位办理

续表

情感倾向	类型	微博示例(未完整列出)
积极	居民的感谢、表扬	【“垃圾处理不及时的问题已经解决了,对居委会社工和物业认真工作的态度点赞!”】……市民来电反映,小区内的垃圾堆得到处都是,清理不及时,希望增加清理次数……社区工作人员现场查看……近日,市民通过“北京12345”微信服务号留言……居委会的社工和物业及时清理垃圾,并及时反馈处理结果,对他们认真的工作态度提出表扬
	社会工作/社区改善	学史力行,我为群众办实事【居民“微心愿”,社区帮实现】

注：……表示省略原微博部分内容。

从群众视角看，居民的需求是解决问题，因此焦急、迫切、不满的情绪不可避免，也有可能为让自己的问题引起重视而宣泄情绪或夸大问题的严重性。而从官方视角看，“北京 12345” 作为北京市市民热线电话的官方微博账号，有责任和义务向公众呈现一个正面形象，对公众作出正向的引导，因此发布内容更为积极。

四　政策建议

本调查首先通过发放问卷的方法，分析北京市居民对社会工作的认知、服务质量评价及对社区工作的满意度，发现北京市居民对社会工作的认知、服务质量评价及对社区工作的满意度受一些人口因素影响，如受教育程度、年龄、个人月收入和家庭居住地影响。具体而言，中专或职高及以下、40 岁以上的居民对社会工作的价值认知得分较低，个人月收入在 5000～9999 元的居民对社会工作的价值认知得分与社会工作质量评价的得分都较高；郊区的居民对社会工作的服务质量评价与社区工作的满意度都更高。其次，本调查通过获取新浪微博平台中与社会工作、社区工作有关的网络数据，分析北京市居民重点关注北京市社会工作和社区工作的哪些方面及对服务质量、服务者的态度如何。网络数据分析的结果显示，新浪微博中的相关数据包括居民对社会工作构成、社会工作服务范围的关注讨论以及居民反馈，具体而言，居民对社会工作中疫情防控方面最为关注。另外在反馈问题时，居民的情绪丰富，但以悲伤、无奈等消极情绪为主。综合以上两部分结果，本调查在最后对北京市社会工作及社区工作的开展完善适当提出建议。

（一）加大社会工作重要性的宣传力度，突破学历及年龄壁垒

调查显示，学历为中专或职高及以下的居民，40 岁以上的居民以及低收入和高收入（月收入 5000 元以下与月收入 20000 元及以上）居民对于社会工作的认知程度较低。而学历为中专或职高及以下、40 岁以上的这部分居民恰恰是急需社会工作援助的一批居民，他们的认知程度低可能是因为宣传不到位，他们对相关的援助工作了解得较少。所以应当加强对社会工作重要性以及必要性的宣传，帮助这批居民更好地了解社会工作的内涵和所能获得的帮助，从而帮助他们解决生活中的问题，提高生活质量；而高收入居民的认知程度低可能是因为他们本身生活水平及质量较高，不需要接触社会工作以及相关的援助，加强对于高收入居民关于社会工作重要性的宣传工作能够使他们更加清晰地认识到自己的社会责任，从而能够从经济以及传播层面更好地助力社会工作的开展。

（二）注重提升社会工作者的心理应用技能水平，扩展服务范围

调查显示，社会工作者在危机干预层面的得分较低，可能是相关技能的缺乏所导致。而在帮助居民改变境遇、提升生活质量等社会层面的工作部分得分高，表示相关工作者的技能和实践水平较高。由此可见，社会工作者在社会协调以及居民服务这些偏向社会工作层面的技能应用方面有着较高的业务水平，在心理疗愈以及危机干预等偏向个体心理层面的技能支持方面则有所欠缺。国家应当提升相关社会工作从业者的心理治疗及干预的水平，培养在社会以及个体心理层面都能够妥善处理问题的复合交叉型人才，从而拓宽

服务范围，对于各个层面出现的问题都能及时处理，也能够为面临不同问题的收入群体提供更加高效的服务。

（三）政府顶层规划设计中明确板块与权限，明确责任主体与权利分配

调查显示，在具体社会工作中有许多层面服务的不到位，如在就业创业、书籍阅读、社区活动室的开放权限等方面存在诸多问题。这些问题的症结是顶层设计中板块的不清晰与边界模糊。对于社会工作者而言，应当清晰规划他们的权限和主体责任以及能够切实掌握的权利。当权利分配以及责任分工不到位时，社会工作者就无法承担解决居民问题的责任，而政府权力部门若职责不清晰，最终会导致社会工作从业者表现得不如人意。因此，政府应当在顶层设计规划层面清晰地划分每个服务的板块与内容，将具体的权限下放到各个部门以及社会工作者的手中，让他们拥有权限和能力去处理居民所面临的实际问题；责任范围明确，各单位及部门分配好相应的责任与义务，在问题出现时就能够一目了然地发现问题的症结，而不会相互推诿，从而能够提高办事效率，切实地解决居民所面临的问题，从而提高他们对社会工作者服务的认可水平，激励社会工作从业者更好地工作。

（四）着力解决居民的现实生活问题，增进群众与政府之间的互通互融

大数据的调查结果显示，居民对社会工作的态度比较消极，原因是自己的问题即使发布在网上也没有得到令人满意的处理。居民关注的现实问题除了疫情防控外，还涉及教育、就业、住房和医疗等方方面面，这些问题可能微小，在很短的时间就能解决，比如只是居住楼道里有一处杂物堆放，也可能需要社会工作者付出长期努力，比如给独居老人送上关怀与照顾，但无论是哪一种情况，在长时间未得到回应的情况下都会给居民的生活带来困扰，长此以往也会使居民心中的不满积久成怨。因此，工作者应该尽力去了解居民最关心的现实生活问题，提供基本的公共产品和服务，在收到居民诉求的

时候能够做到“事事有回音”，对于每一位居民的需求都能够不忽视、不怠慢，如社会工作者团结齐心健全帮扶政策，优化面向弱势群体的补助制度设计及扩充热线电话、微信公众号等反馈渠道的工作团队并保证多种渠道的畅通性等，这些都有助于改变居民对社会工作的消极态度。除此之外，要增进群众与政府之间的互通互融，比起只将好的一面呈现在公众面前、化解居民心中的不平衡感，政府机构更应适当指出社会工作中存在的问题并对相关机构予以警示，以此加强对社会工作的监管作用。

Abstract

This book is the tenth "Blue Book of Beijing Social Mentality" organized and compiled by the Beijing Social Psychological Service Promotion Center under the guidance of the relevant leaders of the Social Work Committee of Beijing Municipal Party Committee and the Civil Affairs Bureau. The book consists of three main parts: general report, social mentality survey and social psychological services. In terms of social mentality, Beijing residents' sense of gain, well-being, security and mental health are at the upper middle level, and attention should be focused on improving gaining experience, public safety and occupational security. Beijing residents' life satisfaction in terms of work, greenery and transportation is relatively high, yet the issues of commuting time, housing, parking facilities and social support for elderly residents should be given priority attention. In terms of psychosocial services, the quality of community work and social work is generally high, yet more progress is still needed, especially in the area of internet-based social psychology monitoring.

In terms of psychosocial services, the overall quality of social work is high, but there is still much more room for improvement. The existing psychosocial service system should be improved, the monitoring of social psychology on the Internet should be strengthened, a service system for the general public should be built, training on special issues in social work should be carried out, and the governance skills of grassroots organisations should be improved.

Based on the above survey, we expect to further understand the current situation of social mentality and mental health of Beijing residents, and identify the current situation of social psychological service construction in Beijing. In order to provide data support and theoretical basis for improving the construction of social psychological service system in Beijing, and then cultivate self-esteem and self-confidence, rational and calm, and positive social mentality.

Keywords: Beijing; Social Mentality; Mental Health; Social Psychological Service

Contents

Ⅰ General Report

Abstract: This survey analyzes the current situation of the social mentality and the construction of the social psychological service system in Beijing. In terms of social cognition, the overall sense of gain among residents has been enhanced, and emphasis should be placed on the enhancement of gaining experience; Between 2019 and 2022, the level of subjective well-being of Beijing residents shows a steady increase; Residents' sense of social security is at a higher than medium level, and their sense of public and occupational security is relatively low during the COVID-19 pandemic; Beijing residents' life satisfaction is relatively high in terms of work, greenery and transportation, while commuting time, housing and parking facilities should be given priority attention; In terms of social demands, older residents need spiritual comfort and domestic services more than material needs; In terms of social emotions, the Beijing Winter Olympic Games have increased residents' national pride through technology and national culture; residents' attention to hot events reveals the values of resident's fairness and justice and national identity; Natural contact can improve residents' positive emotions; In terms of mental health, Beijing residents' mental health is at a moderate-upper level, with an upward and then downward trend from 2019 to 2022. In terms of Beijing residents' perception of the current state of construction of the psychosocial service system, the quality of community work and social work is generally high, but there is still much room for improvement. The existing psychosocial service system should be improved in order to promote the guided cultivation of a positive social mindset among Beijing residents. It is recommended to strengthen the screening of residents' mental health, enhance the monitoring of social mindset on the Internet, build a service system which is accessible to the public, conduct training on special issues of social work and improve the governance skills of grassroots organisations.

Keywords: Social Attitudes; Psychosocial Service System; Beijing Residents

Ⅱ Social Mentality Survey

B.2 Survey on Sense of Gain of Beijing Residents (2022-2023)

Abstract: In order to understand the current situation of Beijing residents' sense of gain and the main influencing factors, this report used a questionnaire to survey 3, 383 Beijing residents' sense of gain and a network data analysis to analyse 1, 200 microblog related to Beijing residents' sense of gain. The results of the questionnaire survey showed that: (1) the overall sense of gain of Beijing residents was at an upper-medium level; (2) the sense of gain of married residents was significantly higher than that of unmarried, divorced and widowed residents; (3) the sense of gain of residents with formal jobs was significantly higher than that of residents with temporary jobs, jobless, unemployed or laid-off residents and retired residents; (4) the sense of gain of residents tended to increase with the increase of monthly income level; (5) Residents with a master's degree or above had a significantly higher sense of gain than those with a high school degree or below; (6) Beijing residents had a significantly higher sense of gain than non-Beijing residents; (7) The latent profile analysis revealed that the low gain group accounted for 17. 10% of all subjects, the medium gain group accounted for 42. 00%, and the high gain group accounted for 40. 90%. The high gain group was higher in all dimensions of gain than the medium and low gain groups; the medium gain group was lower gaining content and higher gaining way and sharing; and the low gain group had the lowest gaining experience. According to the results of the network data analysis, it showed that the factors affecting the sense of gain of Beijing residents were gaining content, such as houses, employment and wages. Therefore, this paper suggests that: (1) focus on employment issues and improve the distribution system; (2) strengthen infrastructure construction and improve community services; (3) focus on the sense of gain of underage and middle-aged people; (4) focus on the protection of the rights and interests of non-Beijing residents; (5) further improve social policies to increase residents' sense of security in marriage.

Keywords: Beijing Residents; Sense of Gain; Social Mindset

Abstract: This report used questionnaire research methods and network data analysis to examine the current situation of subjective well-being and the main influencing factors of Beijing residents. A total of 2815 respondents were surveyed, and the questionnaire scales included the subjective well-being scale, the family-friend support scale, the satisfaction with the natural environment scale and the satisfaction with the supporting facilities of the place of residence scale. We used python 3. 6. 5 to obtain microblog comments under the keyword of subjective well-being and microblogs on the topic of well-being published by "People's Daily" . After data cleaning, a total of 1246 original microblogs, retweets and microblog comments were collected. The main findings of the questionnaire survey are as follows: Overall, the subjective well-being of Beijing residents in 2022 is at an upper-middle level. Compared with previous years, the subjective well-being of Beijing residents has increased. Specifically, factors which influence subjective well-being include age, marital experience, education level, income, employment status, household registration and length of residence in the city. The results of correlation and regression analyses show that support from family and friends, satisfaction with the natural environment and satisfaction with the facilities of the place of residence have a positive predictive effect on subjective well-being. The results of the subjective well-being network data analysis show that social support, individual mindset and the level of national economic development affect the level of subjective well-being of residents. Suggestions for improving residents' well-being include: (1) improving social security and re-employment training for jobless, unemployed and laid-off residents; (2) providing psychological support for divorced and widowed people; (3) strengthening social support for various groups; (4) protecting the legal rights and interests of non-Beijing residents; (5) strengthening the construction of infrastructure in residential areas and optimising residents' living environment; (6) enhancing self-psychological adjustment; (7) strengthening natural environmental protection and construction, and increase residents' natural exposure and experience.

Keywords: Subjective Well-being; Life Satisfaction; Positive Emotions; Negative Emotions; Beijing

B.4 Report on Beijing Residents' Sense of Social Security (2022-2023)

Abstract: The sense of social security, as an important indicator of the quality of life of residents is of great significance to the development of society. This survey uses questionnaire survey method and network data analysis method to conduct the research. The questionnaire survey method takes 3, 568 permanent residents of Beijing as the survey object, and the network data analysis method takes the microblog text of 1, 944 Beijing netizens as the survey object, aiming at understanding the current situation of the overall sense of social security of Beijing residents. The results of the questionnaire survey show that the social security of Beijing residents is in the middle to upper level, the results of the latent profile show that more than half of Beijing residents are in the middle level of security, and the results of the logistic regression show that residents who are unmarried, unemployed, and have a lower education have a lower sense of social security. The results of network data word frequency survey on 1944 Beijing netizens' microblog texts show that Beijing residents are more concerned about improving their sense of security in terms of occupational safety, community safety and social stability. Based on this, we further constructed a word cloud map of the online data, and found that Beijing residents are more concerned about security issues in social development, family harmony, economic security, and marriage and childbearing. In view of the characteristics of Beijing residents' sense of social security, this report puts forward the following suggestions: (1) Strengthen women's protection in employment and family; (2) Pay attention to jobless, unemployed and laid-off residents; (3) Strengthen the protection of marriage and maternity; (4) Insist on dynamic medical services; (5) Create a good community environment; (6) Increase the strength of social governance.

Keywords: Social Security; Beijing Residents; Social Mindset; Network Data Survey

B.5 Survey on Mental Health Levels of Beijing Residents (2022-2023) *Gao Jing, Meng Jiahui* / 113

Abstract: This report investigates the level of mental health of Beijing residents and the psychological status and main concerns of psychologically challenged groups in Beijing using questionnaire method and network data analysis method. This report conducted a questionnaire survey on 2, 285 Beijing residents, and the results found that: the mental health of Beijing residents in 2022 is at a moderate to high level, and the development of mental health of Beijing residents from 2019 to 2022 is on an upward and then downward trend. Specifically, there are significant differences in mental health levels by gender, age group, household registration, education, monthly income, work status and marital status; there are significant positive correlations between residents' mental health levels and support from family and friends, life satisfaction, satisfaction with the natural environment and satisfaction with the supporting facilities of the place of residence; there is a positive effect of life satisfaction, family and friends support, natural environment satisfaction and living facilities satisfaction on the mental health of Beijing residents. In this report, we analyzed a total of 6, 022 microblog entries published by users with IP location of Beijing in 2022 on the social network platform Sina Microblog in six psychological disorders, including depression, anxiety disorder, bipolar disorder, bulimia, social phobia and obsessive-compulsive disorder, and the number of entries published by women was much higher than that of men, and people with each psychological disorder were more disturbed by the pathology and generally had a higher concern for Medical problems have a higher concern. Accordingly, the report makes the following recommendations: to improve the utilization of existing psychosocial services; increase mental health literacy; to provide new methods of decompression adapted to normal epidemic prevention and control; focus on the mental health status of unemployed, unemployed or laid-off residents; improve the mental health status of rural and non-Beijing residents from multiple perspectives; arouse residents' enthusiasm for ecological protection and further improve ecological and environmental governance; we should strengthen the screening of network data risk groups, focusing on key groups.

Keywords: Beijing Residents; Mental Health; Group Differences; Network Data Analysis

Abstract: This survey aimed to analysed the current situation of Beijing residents' national pride and to make some suggestions for further improving the residents' national pride. This survey also selected Olympic Winter Games Beijing 2022 as a typical event to analyse the extent to which Beijing residents were concerned about the event, their willingness to visit relevant venues and the sources of Beijing residents' national pride based on the Olympic Winter Games Beijing 2022. A total of 6259 questionnaires and 3243 comments from Beijing users based on the Sina Weibo platform were collected. The results showed that the national pride of Beijing residents was generally high. National pride scores were higher for female residents, residents aged over 50 and those in the middle of society. During the Olympic Winter Games Beijing 2022, people were most concerned about the Chinese national team's competition. Residents were most impressed by China's technological achievements which was the most important source of national pride. Residents enthusiastically participated in online viewing and they were proud of their nation's history, culture, art and sport. National pride could be expressed by peoples' confidence, excitement and touching feeling. We should continue to pass on the national spirit, promote economic development, enhance publicity and education, and use online media to foster a positive online social mentality.

Keywords: National Pride; Olympic Winter Games Beijing 2022; Beijing Residents

B.7 Influence of Natural Environment Exposure on Positive Emotions of Beijing Residents

Chen Xiaoyan, Li Yibing and Yang Zhihui / 164

Abstract: The purpose of this report was to illustrate the status of the natural environment exposure of Beijing residents, and whether there are differences in the positive emotions of residents with different natural environment exposure frequency and duration, distance from natural places, activity types, and the elements of the natural environment that trigger residents' positive emotions. In this survey, 2757 permanent residents of Beijing were surveyed using the questionnaire method. The results of the analysis show that the higher frequency of residents' contact with the natural environment, the higher level of positive emotion; the closer residents are to the natural place, the higher level of positive emotion; there is no significant difference in the level of positive emotion among residents who stay in the natural place for different periods of time; residents' positive emotion levels are significantly related to various activities in natural places. In addition, using Python 3.6.5, a total of 21540 public and original Sina microblogs located in Beijing parks were collected. After data cleaning, 9226 texts were retained. According to the findings, 83.86% of Sina MicroBlog texts contain positive emotions, and the breeze, spring, photography, flowers, weather, summer, and mountain climbing can provoke positive emotions in residents. Therefore, it is suggested to increase the attention of residents to natural activities, ensure the construction scale of natural places, pay attention to the environmental maintenance of natural places, improve the attractiveness of natural environments, enrich the entertainment activities of natural places, improve the appreciation and entertainment of natural places, etc.

Keywords: Exposure to Nature; Harmonious Co-existence between Human and Nature; Beijing Residents; Positive Emotions

Abstract: In order to understand the life satisfaction of Beijing residents, this report conducted a survey using the questionnaire method, and a total of 2707 valid questionnaires were collected. The survey results show that: (1) The most unsatisfactory aspects of residents' work are commuting time and promotion opportunities, residents with 6-7 hours of work have the highest job satisfaction, and there is a gap between the actual housing area and the ideal standard for most residents. (2) Residents generally marry late and have children late, the marital satisfaction of female residents among married residents is lower than that of male residents, residents have a strong will not to have a second or third child, and their fertility willingness is influenced by economic, personal and social factors. (3) Residents are most satisfied with urban parks and greenery, least satisfied with the noise of life in supermarkets, vegetable farms and residential areas, and residents who live far from the central city are more satisfied with the environment. (4) Residents are most satisfied with public transportation facilities around their residence, such as subways, and least satisfied with parking facilities. (5) Residents' satisfaction with the provision of community sports equipment is relatively high, and satisfaction with community security and safety is the lowest. The percentage of rural residents who are dissatisfied with all aspects of the environment and services around their place of residence is higher than that of urban residents, especially in terms of property services and parking convenience. (6) Social support for elderly residents, widowed residents, and residents with foreign rural households is poor, and residents' sleep problems are more serious. Based on the findings, the present study proposes to improve the corporate promotion mechanism and performance appraisal system, introduce a housing subsidy policy, make up for the shortcomings in the construction of the natural environment, improve the hardware facilities around the place of residence, and open up the feedback channels for residents.

Keywords: Work and Life; Natural Environment; Social Support; Beijing Resident

B.9 A Research Report on the Attitudes of Beijing Residents towards Hot Events

Yang Jingyuan, Wang Siyu and Yang Zhihui / 207

Abstract: Public opinion is an important basis for decision-making. Promoting citizens' orderly participation in public affairs is conducive to promoting the modernization of the national governance system and governance capabilities. This report uses questionnaire surveys and network data collection to understand the attitudes of Beijing residents towards hot events from October 2021 to September 2022. The results of 2474 questionnaires show that residents with lower subjective socioeconomic status pay significantly less attention to hot events than middle and upper residents. In addition, members of the Communist Party pay more attention to hot events than members of the Communist Youth League, democratic parties, and the masses. The 7732 pieces of network data show that values of fairness, justice, a strong sense of national identity, cultural identity, national pride among Chinese residents. Therefore, in the face of public opinion issues, we should adhere to the viewpoint of "uniform and non-uniform public opinion". At the same time, give full play to the guiding role of mainstream media in positive social attitudes, interact with public opinion consultation, and pay attention to the hidden social needs of residents behind their attitudes towards hot events.

Keywords: Hot Events; Network Data; Public Opinion; National Identity; Beijing Resident

Ⅲ Social Psychological Services

Abstract: In order to understand the psychological services and the needs of elderly residents in Beijing, this report conducted a survey using questionnaire method and network data analysis method, and collected 1145 valid questionnaires and 1103 microblog texts. The survey results show that: (1) The incidence of depression among the elderly residents in Beijing is 19.10%, and the loneliness condition is at the middle to upper level, and there is a close connection between loneliness and depression among the elderly residents. (2) 91.40% of the elderly residents think it is necessary to open psychosocial service stations in the community, and the psychological services most needed by the elderly residents are free psychological counseling and mental health lectures, etc. (3) More than half of the elderly residents in Beijing have old-age insurance and medical insurance, but most of them have some degree of concern about their future old-age, and think the biggest difficulty of old-age is their own physical Medical services are the most needed services for senior citizens in Beijing. (4) There are more residents who can accept senior care institutions than those who cannot, and more residents have negative feelings toward senior care institutions than those who have positive feelings toward senior care institutions. (5) The primary reason for residents' dissatisfaction with senior care institutions is psychological, followed by economic and service reasons. Therefore, it is recommended to further meet the needs of elderly residents in Beijing in terms of vigorously improving the quality of spiritual and cultural life of the elderly, further improving the pension insurance system and forming a diversified pension model.

Keywords: Elderly Residents; Psychological Services; Elderly Care Needs; Beijing

B.11 Exploring the Cultivation of Online Social Mentality among Beijing Residents

Liu Jia, Liu Siyi and Yang Zhihui / 269

Abstract: The cultivation of online social mindset is a crucial aspect of social governance that receives special attention from the state. This study employs a range of methodologies, including literature analysis, questionnaire surveys, and network data analysis, to explore the current state of online social mindset among Beijing residents. Its objective is to provide policy recommendations for the cultivation of a positive social mentality. The study collected a total of 3, 243 valid questionnaire responses and analyzed 9, 349 valid Weibo data for further examination. The findings are as follows: (1) In general, Beijing residents exhibit a positive attitude towards the online social mindset. (2) The virtual nature of the online space leads to low trust in online information, resulting in strong resistance to online trolling and rumors. Residents express a high demand for a real-name registration system on online platforms. (3) In the face of self-media operations within the new economic landscape, most individuals do not recognize the phenomenon of online celebrities and "enormous rewards." Notably, women tend to adopt a more rational and objective stance towards self-media operations. (4) Many residents believe that live streaming by online celebrities negatively impacts the formation of values among minors. It is recommended to conduct thorough investigations into the validity of information and the value orientation of online platforms.

To summarize, this study proposes the integrated approach of "multi-subject, multi-channel, and multi-mode" as its core, and employs a combination of online and offline methods to guide and foster a positive online social mindset among various groups. For instance, regarding college students who constitute the primary demographic of internet users, it is essential to enhance governance over online spaces, establish a dynamic monitoring and early warning system for social attitudes, and promote the development of a constructive social mindset and media literacy. Additionally, emphasis should be placed on reinforcing the ethical standards and legal framework for young individuals who are successors to the socialist cause. Collaborative efforts between homes and schools can guide them in comprehending, selecting, and responsibly utilizing online information and entertainment resources. Creating age-appropriate websites and intensifying the advancement and widespread adoption of online safety technologies are also crucial endeavors. Furthermore, for elderly individuals who are more vulnerable on the internet, communities can provide support in teaching them how to use online media appropriately, while social enterprises can develop new media products tailored to their needs.

Keywords: Online Social Mentality; Social Mentality Cultivation; Webcasting; Self-media Operation

Abstract: This survey analyzed the current situation of Beijing residents' perceived value and evaluation of service quality of social work, and satisfaction with community work, and provided suggestions on social work and community work in Beijing. A total of 3243 questionnaires and 3924 data based on the Sina Weibo platform were collected. The main results were as follows: (1) Beijing residents had a good recognition of the professional value of social work. Residents with education equal to or below secondary school and vocational high school had lower scores on the perceived value of social work. Residents over 40 years old had lower scores on the perceived value of social work; (2) Beijing residents had a good evaluation of the service quality of social work. Residents with a monthly personal income of RMB 5, 000-9, 999 and those in the suburbs had higher scores on evaluation of the service quality of social work; (3) Beijing residents were satisfied with community work, and residents in suburban areas were more satisfied with community work; (4) According to the results of web data analysis, residents were most concerned about epidemic prevention and control. Residents' negative emotions were more obvious when describing issues related to social work. We should clarify the subject of responsibility and distribution of power in social work. Alse, we should improve the overall level of psychological application skills of social workers to help solve the real-life problems of residents. In this way, We can enhance the public's understanding of social workers.

Keywords: Social Work; Service Quality; Satisfaction; Beijing Residents

皮 书

智库成果出版与传播平台

皮书定义

皮书是对中国与世界发展状况和热点问题进行年度监测，以专业的角度、专家的视野和实证研究方法，针对某一领域或区域现状与发展态势展开分析和预测，具备前沿性、原创性、实证性、连续性、时效性等特点的公开出版物，由一系列权威研究报告组成。

皮书作者

皮书系列报告作者以国内外一流研究机构、知名高校等重点智库的研究人员为主，多为相关领域一流专家学者，他们的观点代表了当下学界对中国与世界的现实和未来最高水平的解读与分析。截至 2022 年底，皮书研创机构逾千家，报告作者累计超过 10 万人。

皮书荣誉

皮书作为中国社会科学院基础理论研究与应用对策研究融合发展的代表性成果，不仅是哲学社会科学工作者服务中国特色社会主义现代化建设的重要成果，更是助力中国特色新型智库建设、构建中国特色哲学社会科学“三大体系”的重要平台。皮书系列先后被列入“十二五”“十三五”“十四五”时期国家重点出版物出版专项规划项目；2013~2023 年，重点皮书列入中国社会科学院国家哲学社会科学创新工程项目。

皮书网

（网址：www.pishu.cn）

发布皮书研创资讯，传播皮书精彩内容
引领皮书出版潮流，打造皮书服务平台

栏目设置

◆ **关于皮书**

何谓皮书、皮书分类、皮书大事记、
皮书荣誉、皮书出版第一人、皮书编辑部

◆ **最新资讯**

通知公告、新闻动态、媒体聚焦、
网站专题、视频直播、下载专区

◆ **皮书研创**

皮书规范、皮书选题、皮书出版、
皮书研究、研创团队

◆ **皮书评奖评价**

指标体系、皮书评价、皮书评奖

◆ **皮书研究院理事会**

理事会章程、理事单位、个人理事、高级研究员、理事会秘书处、入会指南

所获荣誉

◆ 2008 年、2011 年、2014 年，皮书网均在全国新闻出版业网站荣誉评选中获得“最具商业价值网站”称号；

◆ 2012 年，获得“出版业网站百强”称号。

网库合一

2014年，皮书网与皮书数据库端口合一，实现资源共享，搭建智库成果融合创新平台。

皮书网　　“皮书说”微信公众号　　皮书微博

S 基本子库
SUB DATABASE

中国社会发展数据库（下设 12 个专题子库）

紧扣人口、政治、外交、法律、教育、医疗卫生、资源环境等 12 个社会发展领域的前沿和热点，全面整合专业著作、智库报告、学术资讯、调研数据等类型资源，帮助用户追踪中国社会发展动态、研究社会发展战略与政策、了解社会热点问题、分析社会发展趋势。

中国经济发展数据库（下设 12 专题子库）

内容涵盖宏观经济、产业经济、工业经济、农业经济、财政金融、房地产经济、城市经济、商业贸易等12个重点经济领域，为把握经济运行态势、洞察经济发展规律、研判经济发展趋势、进行经济调控决策提供参考和依据。

中国行业发展数据库（下设 17 个专题子库）

以中国国民经济行业分类为依据，覆盖金融业、旅游业、交通运输业、能源矿产业、制造业等 100 多个行业，跟踪分析国民经济相关行业市场运行状况和政策导向，汇集行业发展前沿资讯，为投资、从业及各种经济决策提供理论支撑和实践指导。

中国区域发展数据库（下设 4 个专题子库）

对中国特定区域内的经济、社会、文化等领域现状与发展情况进行深度分析和预测，涉及省级行政区、城市群、城市、农村等不同维度，研究层级至县及县以下行政区，为学者研究地方经济社会宏观态势、经验模式、发展案例提供支撑，为地方政府决策提供参考。

中国文化传媒数据库（下设 18 个专题子库）

内容覆盖文化产业、新闻传播、电影娱乐、文学艺术、群众文化、图书情报等 18 个重点研究领域，聚焦文化传媒领域发展前沿、热点话题、行业实践，服务用户的教学科研、文化投资、企业规划等需要。

世界经济与国际关系数据库（下设 6 个专题子库）

整合世界经济、国际政治、世界文化与科技、全球性问题、国际组织与国际法、区域研究 6 大领域研究成果，对世界经济形势、国际形势进行连续性深度分析，对年度热点问题进行专题解读，为研判全球发展趋势提供事实和数据支持。

法律声明